단군왕검의
국가통치법

홍범사상

증산도상생문화연구총서 15

단군왕검의 국가통치법, 홍범사상

발행일   2020년 8월 1일 초판 1쇄
저 자   양재학
발행처   상생출판
발행인   안경전
전 화   070-8644-3156
팩 스   0303-0799-1735
출판등록 2005년 3월 11일(제175호)
홈페이지 www.sangsaengbooks.co.kr
Copyright ⓒ 2020 상생문화연구소

ISBN 979-11-90133-55-5
      978-89-94295-05-3 (세트)

가격은 뒤표지에 있습니다.

이 도서의 국립중앙도서관 출판예정도서목록(CIP)은 서지정보유통지원시스템 홈페이지(http://seoji.
nl.go.kr)와 국가자료종합목록 구축시스템(http://kolis-net.nl.go.kr)에서 이용하실 수 있습니다. (CIP
제어번호 : CIP2020023302)

증산도상생문화연구총서 ⑮

단군왕검의
국가통치법

홍범사상

양재학

지음

상생출판

　이 글은 필자의 석사논문 『서경 홍범사상의 고찰』을 새로운 시각으로 수정 보완 및 확대한 것이다. 삼십여 년 전에 홍범사상에 대해 거시적 안목으로 호랑이를 그리려 했으나, 지금 보니까 고양이를 그린 꼴이었다. 뜻만 높았을 뿐 그릇에 담는 테크닉이 너무도 모자랐고, 시야도 좁았고 표현도 거칠었다. 다만 홍범사상이 동양철학에서 차지하는 위상이 매우 중차대하다는 사실 만큼은 분명히 인지했었던 것으로 기억한다. 석사논문을 그대로 출판하는 것은 독자들에 대한 예의가 아니라고 생각했다. 그래서 홍범과 연관된 고대의 역사적 사실을 보강할 필요를 느꼈다. 역사 전공자가 아님에도 불구하고 심도있게 접근하려고 심혈을 기울였으나, 한계를 절감했다.

　석사논문에서는 홍범과 낙서洛書의 연관성을 중심으로 얘기했고, 우임금 때 낙수洛水에서 나온 거북이 등껍질에 새겨진 낙서를 아홉 개의 범주로 넓혀 정치철학의 체계로 세운 기자의 고뇌를 살폈다. 그런데 증산도 상생문화연구소에 근무한 이후에 처음으로 한민족의 고유 정신이 담긴 『환단고기』를 읽는 기회를 가졌다. 홍범사상은 우임금에서 유래된 것이 아니라, 단군왕검이 국가 통치법인 홍범사상을 우임금에게 전달한 것이라는 내용을 보고 충격을 받았다. 대학원 과정에서는 전혀 듣도 보도 못한 내용이었기 때문이다.

　여기서는 역사 문제보다는 사상의 전개에 비중을 두면서 한대의 우주 생성론과 송대의 하도낙서 수리론, 특히 채침의 1-3-9-81의 수학을 집중적으로 검토하였다. 그것은 한민족의 원형 문화가 담긴 "천부경"과 매우 흡사한 논리를 지니고 있는 까닭에 『주역』의 1-2-4-8-64 논리와 차별화되는 분기점을 발견할 수 있었던 점이 흥미로웠다.

이 책을 기획하면서 많은 분들의 도움을 받았다. 안경전 증산도 상생문화연구소 이사장님은, "홍범"은 한민족의 고유 사상이 수록된 『환단고기』의 정신으로 읽어야 한다면서, 이 소책자가 발간되기까지 지대한 관심을 보여주었다.

대전대학교 윤창열 교수님은 "홍범" 원문의 번역을 꼼꼼하게 체크하여 논리 전개의 빈틈이 없도록 지적해 주었으며, 상생문화연구소 이재석 박사님은 처음부터 끝까지 원고를 읽으면서 오탈자 교정은 물론 번역 과정에서 흔히 나타날 수 있는 오역을 바로잡아 주었다. 노종상 박사님은 중국에서 찍은 주자와 채침 묘소의 사진을 제공하였다. 이 책의 편집을 깔끔하게 처리한 강경업 팀장의 수고에 감사드리며, 매번 책이 나올 때마다 멋진 표지를 디자인해 준 홍원태 팀장에게도 고맙다는 말을 전한다. 그리고 미진한 공부에 채찍과 격려를 아끼지 않은 송인창 교수님께 감사의 말을 드린다. 항상 생각나게 하는 고마운 분들이다.

모쪼록 이 책자가 홍범사상에 대한 새로운 이해와 현대화 작업에 조그마한 디딤돌이 되기를 기대한다.

2020. 5. 양 재 학

목 차

프롤로그

유교의 학술서에 자주 인용되는 『주역周易』과 『시경詩經』과 『서경書經』은 고전 중에서도 가장 으뜸가는 경전으로 손꼽힌다. 특히 『서경』「주서周書」 "홍범洪範"은 치국의 요체와 각종 정책 수립의 준거 및 수신의 목표를 밝힌 뛰어난 문장으로 구성되어 있다.

서울 경복궁景福宮[1]의 주요 건축물 명칭에는 『서경』과 『주역』과 『시경』의 이념이 배어 있다. 왕이 국정을 살피는 근정전勤政殿과 사정전思政殿, 왕과 왕비의 생활 공간인 강녕전康寧殿과 교태전交泰殿, 세자가 거처하는 동궁東宮으로도 불리는 자선당資善堂 등은 이 세 경전에 나오는 단어를 조합한 글귀로 이루어졌다. 또한 천문과 역易의 원리에 기초하여 공간이 구성된 경회루慶會樓와 창경궁昌慶宮을 비롯하여 자연과 조화를 이룬 창덕궁昌德宮[2]이 있다. 조선을 건국한 태조 이성계李成桂(1335-1408)의 초상화를 모신 태원전泰元殿, 고종高宗(1852-1919)이 휴식을 취하면서 거처할 목적으로 지었다는 건청궁乾淸宮 등도 예외가

---

1 景福宮은 왕이 공식 행사를 주관하는 궁전으로 『詩經』「大雅」 "生民之什"의 "旣醉"에 나오는 "군자가 만년토록 큰 복을 누리도다[君子萬年, 介爾景福]"에서 따온 구절이다. 조선 건국 초기에 지은 경복궁을 비롯한 여러 전각들의 명칭 대부분은 鄭道傳(1342-1398)이 붙였다.
2 다른 궁궐들이 왕의 권위를 상징하기 위해 인위적으로 지어졌다면, 창덕궁은 자연 지형에 맞게 배치되어 아름다운 자태를 자랑한다. 창덕궁은 조선 왕조의 독특한 건축과 정원 문화를 대표하는 궁궐이라 할 수 있다.

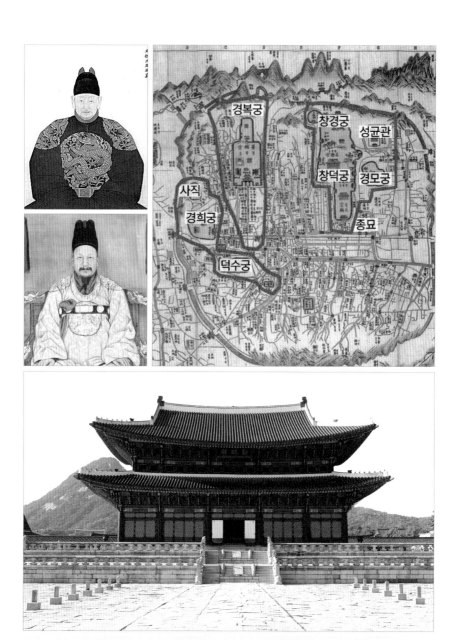

❶ 태조 이성계 ❷ 고종
❸ 경복궁 도성도都城圖
❹ 서울 경복궁 근정전

아니다.

또한 이웃나라 중국의 명청明淸 시대 때, 북경北京 자금성紫禁城에는 황제가 국가의 주요 정책을 주재했던 태화전太和殿·중화전中和殿·보화전保和殿이 있다. 이 세 건축물은 최고 국무 행정의 공간이다. 자금성에서 가장 존귀한 건축물인 태화전은 때로는 '황극전皇極殿'으로 불렸고, 태화전 앞 태화문太和門 역시 황극문皇極門으로 불렸으며, 태화전 양쪽 협화문協和門과 희화문熙和門은 "홍범편"에 나오는 회극문會極門 또는 귀극문歸極門으로 불렸고, 태화전 뒤에 있는 중화전中和殿은 중극전中極殿으로 불리기도 했다.

특히 각 건물의 중앙에 인간은 하늘과 소통해야 하며, 군주는 스스로 노력해야 하고, 군신은 근면해야 한다는 편액扁額이 걸려 있다. 태화전 편액의 '인륜의 푯대를 세워 백성들의 편안함을 꾀하라[建極綏猷건극수유]',[3] 중화전 편액의 '진실로 그 중도를 잡아라[允執厥中윤집궐중]', 보화전 편액의 '군주는 지극한 표준을 세워라[皇建有極황건유극]'[4] 는 3대 원칙이 바로 그것이다. 그것은 황권의 최고 정치 슬로건이자 보편 가치의 관념으로 작동하였다. 여기서 우리는 홍범의 목표가 '황극皇極', '건극建極', '귀극歸極', '회극會極', '석극錫極', '보극保極'의 실천을 통해 불행은 멀리하고 행복을 추구하는 오복五福과 육극六極으로 직결되는 사상임을 발견할 수 있다.

이런 의미에서 『서경』에 나오는 "홍범"의 위상은 중차대하고, 후대에 끼친 영향 또한 깊고도 넓었다. 홍범은 이미 선진 시대 문헌에 많

---

3 이는 大中至正한 이념을 체득한 至尊無上의 군왕이 至高至純한 가치를 바탕으로 천하사를 실천하는 의지를 뜻한다.

4 최고의 경계에 도달한 군왕이 지극한 표준을 세워 위대한 사업을 펼친다는 뜻으로 새길 수도 있다.

이 인용될 정도로 중요한 테마였으며,『환단고기桓檀古記』에 의해 새롭게 밝혀진 동아시아 문명의 원형 국가였던 환국桓國과 배달국倍達國과 단군조선檀君朝鮮의 주요 이념으로 활용되어 고조선 이후 고려와 조선까지도 지대한 영향을 끼쳤다.

예컨대 19세기 후반 내우외환으로 시달리기 시작한 조선은 풍전

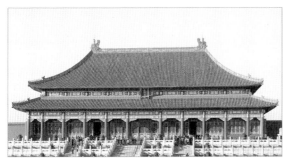

북경 자금성
❶ 태화전太和殿 ❷ 태화전 내 건극수유建極綏猷 편액
❸ 중화전中和殿 ❹ 중화전 내 윤집궐중允執厥中 편액
❺ 보화전保和殿 ❻ 보화전 내 황건유극皇建有極 편액

❶	❷
❸	❹
❺	❻

등화와 같은 위기를 맞았다. 당시 정권을 거머쥐었던 보수 세력을 몰아내는 데 성공한 개화당은 김홍집金弘集(1842-1896)을 수반으로 혁신 내각을 조직, 내정을 개혁하였다. 개화파는 정치 제도의 근대화와 자주 독립국으로서의 기초를 굳건히 하기 위해 "홍범 14조"[5]를 제정 선포하여 국가를 새롭게 하는 이념을 홍범으로 삼았던 것이다.

그런데 "홍범"을 지은 기자箕子는 위대한 사상가라는 평가 이외에도 조선과 이웃 중국 사이에 정치와 군사 충돌이 일어날 때마다 분쟁 사건의 피고인으로 지목되었다. 특히 기자조선箕子朝鮮, 위만조선衛滿朝鮮, 한사군漢四郡, 임나일본부설任那日本府說 등의 어휘가 반영하는 것처럼 기자는 식민사관의 논리에 가장 먼저 이용당하는 대상이었다. 기자가 동쪽으로 와 조선을 통치했다, 혹은 주나라 무왕武王이 기자를 통해 조선에 식민지를 세웠다는 것이 곧 기자동래설箕子東來說의 핵심이다. 이는 모두 인정될 수 없다. 왜냐하면 기자가 주나라의 명을 받아 직접 동쪽 땅 조선에 와서 통치했다는 기자동래설은 애당초 성립될 수 없기 때문이다.

기자동래설을 외치는 사람들에 따르면, 조선은 타민족의 지배에 의한 타율의 역사만 존재한다고 주장한다. 그래서 조선이 식민지로부터 출발했다는 논거를 기자동래설에서 찾는다. 한민족은 역사 발전이 없는 정체된 사회였다는 것이 바로 식민사관의 핵심이다. 주지하다시피 1945년 해방 이후 일제가 심어놓은 식민사관의 극복이 우리나라 학계의 급선무였다. 식민사관의 꼭대기에 기자조선이 있으며, 실제로

---

5 高宗은 1895년 1월 7일 주한 일본공사 이노우에[井上馨]와 내부대신 朴泳孝의 권고에 따라 대원군·왕세자·종친 및 신하들을 거느리고 종묘에 나아가 獨立誓告文과 더불어 홍범 14조를 선포하였다. 홍범 14조는 순한글체·순한문체·국한문 혼용체로 각각 작성되었다.

기자는 피해자 중의 대표자로 손꼽힌다.[6] 정작 기자는 뛰어난 사상가 였음에도 불구하고 정쟁의 소용돌이에 휩싸여 불행한 말년을 보냈다. 단지 그는 '팔조금법八條禁法'으로 백성을 교화한 스승으로만 조명되고 있을 따름이다.

기존의 역사학계는 한민족의 역사 경전이자 인류문화의 원형이 담긴 『환단고기』의 출현으로 인해 긴장하기 시작했다. 강단 사학자들 은 식민사관에 의해 씌여진 역사가 송두리째 무너지면 자신들의 입지 마저 흔들리기 때문에 『환단고기』를 부정하기에 이른다. 지금 치열한 역사전쟁이 벌어지고 있다. 식민사관의 전면에 기자가 존재한다. 『환 단고기』는 이 글의 주제인 기자의 홍범을 비롯하여 9천년 한국 문화 와 역사 경전의 의미를 다음과 같이 제시하고 있다.

환국桓國	배달倍達	조선朝鮮
환인천제桓因天帝	환웅천황桓雄天皇	단군왕검檀君王儉
천부경天符經	삼일신고三一神誥	홍범구주洪範九疇
천부인天符印	하도河圖	낙서洛書

기자가 지은 홍범의 뿌리는 "천부경"[7]에 있다. 홍범의 전승을 얘기 하는 『환단고기』는 역사책에 없는 동북 아시아 역사의 숨겨진 진실을 밝히고 있다. 특별히 홍범의 유래는 우 임금에서 비롯된 것이 아니라,

6 대부분의 문헌은 기자를 학문과 품성이 뛰어난 현자로 기술하였다. 그러나 中華史觀을 바탕으로 하는 일부 학자들은 기자가 조선땅으로 가서 지배자가 되었다고 주장한다.

7 천부경은 9천년 전 桓國時代에 천지의 근거와 생성 변화를 밝힌 경전이다. 천부경은 1 부터 10까지의 수로 만물의 근원과 생성 원리를 설명하는데, 총 81글자 중 31자가 숫 자로 이루어져 있다. 환국시대에는 口傳되다가 배달 시대에 문자로 기록되어 오늘날까 지 전한다.

단군왕검이 베푼 금간옥첩金簡玉牒이라고 말하고 있다.

그런데 『서경』은 홍범이 낙수洛水에서 나온 거북이 등껍질에 새겨진 형상에 근거했다는 수리론과, 하늘이 치수 사업에 성공한 보답으로 우 임금에게 천하를 다스릴 수 있는 비법을 내려준 내용을 기자箕子가 정리한 것이라고 전한다.

『주역』 36번 명이괘明夷卦(䷣)는 홍범의 저자인 기자箕子에 대해 아주 짧게 얘기한 반면, 역사가들은 감옥에 갇힌 상황에서 『주역』을 지었다는 주나라의 건국 시조인 문왕文王은 성인으로 추존하고 있다. 기자는 『서경』의 주요 인물임에도 불구하고 『주역』에서는 엑스트라로 소개되고 있다. 그리고 문왕팔괘도文王八卦圖가 시사하듯이, 현재의 『주역』은 문왕을 주연급으로 설정하고 있다. 이같은 배경에는 은말주초殷末周初의 정권 교체기에서 승리자 위주의 정치 상황이 역사와 학술에 직간접으로 영향을 주었던 것으로 추정할 수 있다.[8]

기자는 진정한 문화의 전승자로 칭송되고 있다. 비록 고국은 멸망당했으나, 동포의 앞날과 진리의 전수를 위해서 홍범구주洪範九疇의 요체를 정적이었던 무왕武王에게 가르쳐주었기 때문이다. 여기서 기자의 가슴 아픈 고뇌를 읽을 수 있다.

홍범에는 자연과 인간사를 꿰뚫는 만물의 법칙이 내포되어 있다. 오행五行은 자연의 질서를 언급한 만물의 공식이요, 황극皇極은 지엄한 왕권과 중용의 가치를 드높이고 있으며, 인간의 행위와 자연 현상은 동일한 인과율의 지배를 받는다는 천인감응天人感應의 사유가 녹아 있

---

8 『周易』「繫辭傳」下 11장, "역의 흥기는 은나라 말세와 주나라의 성덕에 해당될 것인저! 문왕과 주의 일에 해당될 것인저![易之興也, 其當殷之末世, 周之盛德耶. 當文王與紂之事邪.]" 『주역』은 은말주초의 시대 정신을 반영하고, 천하의 안녕을 위하여 지어졌다고 할 수 있다.

다. 더 나아가 신의 의지를 묻는 점占과 인간의 자유의지를 결합하려는 시도는 당시 은나라의 종교 문화와 주나라의 인문 문화, 즉 종교와 이성의 융합 정신이 반영되어 있다.

『주역』의 전승 계보에서 문왕과 무왕은 정통의 위치에 올랐으나, 기자는 정통과 비정통의 경계선에서 주목받고 있을 따름이다. 문왕의 사상은 2수[陰陽] 중심의 『주역』으로 전개되었고, 기자의 사상은 오히려 『주역』의 밑바탕에 깔려 있는 3수[三才] 논리를 형성한 까닭에 전문가조차도 이 둘 사이의 뚜렷한 차이점을 분별하기는 매우 어려운 실정이다.[9] 그 미세한 흔적을 하도낙서河圖洛書의 연원을 비롯하여 하도河圖는 『주역』, 낙서洛書는 홍범과 연관성이 있다는 것에서 찾을 수 있을 것이다.

『주역』과 "홍범편" 및 하도낙서는 동양철학의 성격을 특정짓는 핵심이 담겨 있다. 그것은 만물의 이치를 상징과 이미지로 설명한 『주역』의 상학象學과, 만물은 수의 이치로 구성되었다는 홍범의 수학數學이 바로 그것이다. 전자가 1-2-4-8(괘)의 논리라면, 후자는 1-3-9-81(수)의 논리로 구성되어 있다. 이 양자는 별개의 학문이 아니라, 만물의 공식을 해석하는 방법이 다를 뿐이다.

동북 아시아 고대의 정치와 사상과 역사의 극심한 혼돈기에 출현한 홍범사상은 왕권과 천명의 심볼로 대변된다. 홍범의 정치철학에 대해 북송 이전의 유학자들은 '오행五行'을 중시여겼고, 남송 이후의 철학자들은 '황극'을 중심으로 홍범사상을 이해하였다. 특히 한대漢代

---

9 『周易』 「說卦傳」 2장, "昔者聖人之作易也, 將以順性命之理, 是以立天之道曰陰與陽, 立地之道曰柔與剛, 立人之道曰仁與義, 兼三才而兩之." 3수를 바탕으로 음양을 덧붙인 것이지, 음양 2수를 바탕으로 3을 곱한 것이 아니다. 3수가 만물 구성의 궁극 원리라는 뜻이다.

상서학尚書學에서 금문今文[10] 28편의 핵심은 "홍범"이었고, 오행은 구주의 첫머리를 장식하는 까닭에 『한서漢書』 이후의 역대 역사책에는 「오행지五行志」가 그 중요 부분을 차지하는 전통이 생겼다.[11]

이처럼 홍범은 고대로부터 줄곧 동양철학의 핵심으로 자리잡아 정치제도와 문물의 푯대로 작동하였다. 이 글은 철학과 사상에 비중을 높일 것이므로 역사 문제는 사실을 밝히는 차원에서만 간단하게 언급할 것이다.

---

10 秦始皇의 焚書坑儒로 인해 고대의 전적이 많이 불태워졌다. 한나라 文帝 때, 伏生은 기억에 의존하여 『尙書』를 가르쳤다. 文帝는 90세에 가까운 복생의 가르침을 바탕으로 책을 만들었는데, 그것은 할아버지 복생이 불러준 대로 손녀가 기록한 불완전한 상태의 『尙書』를 원본과 비슷한 책으로 인식했던 까닭에 今文이라고 불렀다. 한편 魯 恭王이 공자가 살던 담장 벽을 수리하던 중, 다량의 책이 발견되었다. 이를 孔壁尙書라고도 부른다.(이로 말미암아 僞書 論爭이 불붙기 시작했다.) 금문상서보다 19편이 많은 45편이었다. 이 책은 옛글자로 쓰였기 때문에 古文尙書라 불렸다. 몇 해 뒤, 공자의 12대 후손인 孔安國이 조정에 바쳤는데, 司馬遷은 바로 공안국의 제자다.

11 丁四新, 「再論"尙書·洪範的政治哲學 – 以五行疇和皇極疇爲中心」『中山大學學報 2017年 第2期』, 2017, 32頁 참조.

2.

홍범의 유래와
고대 동북아시아의 문화와 정세

1) 홍산문화와 단군조선

지금 동북아는 고대 역사의 주도권을 차지하려는 치열한 역사 전쟁이 벌어지고 있다. 과거에는 황하 문명이 인류 4대 문명의 하나로 손꼽혀 왔으나, 동북아시아 지역에서 새롭게 발굴된 문화의 실체를 두고 문명의 기원설에 회의가 일어나기 시작했기 때문이다.

20세기 고고학의 성과 가운데 가장 주목받는 것은 홍산문화紅山文化다. 홍산문화는 현 인류 문명의 근원이 되는 '뿌리 문화', '시원 문화'의 모습을 보여준다. 홍산문화의 발굴은 세계 문명사를 다시 쓰게 하는 엄청난 사건이었다.

중국 내몽골 자치구와 요령성 접경 지역에서 세계 4대 문명권으로 꼽히는 이집트, 메소포타미아, 인더스, 황하 문명보다 무려 1~2천 년이나 앞선 인류의 시원문명이 발견되었다. 이 만리장성 밖의 문명이 이른바 '홍산문화', 일명 '요하문명'이다. 단군왕검의 옛조선 이전의 상고 문화인 환인의 환국과 환웅의 배달 문명을 알아야만 이 문명의 실체를 제대로 설명할 수 있다.[12]

---

12 이 내용은 안경전 譯註,『桓檀古記』(대전: 2016, 상생출판), 271쪽 참조.

홍산문화는 동북아 신석기 문화의 최고봉으로서 중국 한족의 것과는 계통이 다르다. 오히려 중국 문화에 지대한 영향을 끼친 환국과 배달국 시대(환단 시대) 동이족의 독자적인 문화이다. 시베리아 과학원의 고고학자 세르게이 알킨 교수도 홍산문화의 독자성에 대해 "홍산문화는 중원문화에 많은 영향을 끼쳤지만, 중원문화가 홍산문화에 영향을 주었다고 보기는 어렵다"라고 주장하였다. 그리고 "중국의 용龍 문화는 독자적으로 발생하지 않았다. 고대 중국의 기록을 보면 북방이민족 가운데 용을 토템으로 하는 민족도 있었다고 하는데, 바로 홍산문화의 주인공들을 이야기하는 것이다"라고 밝혔다. 한마디로 홍산문화는 환단 시대를 인정하지 않고서는 올바르게 해석될 수 없다. 환국·배달·고조선이라는 동북아 시원역사를 인정해야만 홍산문화를 포함한 발해 연안의 유적과 유물을 해석할 수 있다는 뜻이다.[13]

중국 학자들은 철광석으로 뒤덮여 산 전체가 붉게 보이는 '홍산紅山'에서 이름을 따서 '홍산문화'라고 이름붙였다. 이형구는 홍산문화를 '발해연안 문명'으로 부를 것을 제안했다. 발해 연안이란 발해를 둘러싸고 있는 산동반도, 요동반도, 한반도를 말한다. 세계 4대문명과 마찬가지로 이 문명은 북위 30-40°에서 발생하였다. 그는 "지중해 문명(지중해를 둘러싸고 태동한 이집트 문명, 에게 문명, 그리스로마 문명)이 서양 문명에 자양분을 공급했듯이, 동이족이 발해 연안에 창조한 문명은 중국은 물론 만주, 한반도, 일본의 고대 문명을 일궈내는 젖줄이었다"[14]라고 밝혔다.

홍산문화가 크게 주목받은 이유는 1970년대에 발견된 C자형 옥기

---

13 안경전, 앞의 책, 264-265쪽 참조.
14 이형구·이기환, 『코리안 루트를 찾아서』(서울: 성안당, 2014), 27쪽.

玉器가 용龍이란 학설이 제기된 것에서 비롯되었다. 그 옥기가 용의 형상이라고 알려지자 중국의 상징인 용이 홍산문화에서 시작되었다는 몇몇 고고학자의 주장은 중국 정부로 하여금 홍산문화 연구에 국가 차원에서 투자하도록 만들었다. 이 과정에서 우하량牛河梁에서 발굴된 대형 무덤들, 수많은 옥기의 발견은 홍산문화가 항간의 관심을 끌기에 충분했다.[15] 특히 우하량에서 발견된 총묘단 유적의 전방후원前方後圓, 천원지방天圓地方의 모양은 하늘이 둥글고 땅은 방정하다는 소박한 형태의 우주관이 존재했다는 증거로 삼아도 틀리지 않는다.

우리는 왜 홍산문화를 알아야 하는가? 홍산에서 발견되는 유적과 유물 대부분이 '인류 역사상 처음'이고 '인류사 최고最古'인 까닭에 중국은 홍산문화를 황하문명보다 2~3천 년 앞선 황하문명의 원류로 규정하였다. 그런데 황하문명의 원 뿌리가 오랑캐 땅이라 치부하던 만리장성 이북에서 발견되었다는 점이 중국을 곤혹스럽게 만들었다. 중국은 이러한 모순을 다민족 역사관으로써 해결하려고 시도했다. 한족과 55개 소수민족으로 이뤄진 중국 땅에서 발견되는 소수민족의 문화와 역사는 모두 중국 문화와 역사라는 것이다.

현재 중국은 홍산문화를 요하문명이라는 이름으로 전 세계에 소개하면서 중국을 이집트, 메소포타미아, 인더스 문명보다 앞서는 세계 최고 문명국으로 내세우고 있다. 환단 시대의 한민족 문화를 자신들의 문화로 둔갑시켜 이제 경제대국에서 문화대국까지 꿈꾸고 있는 것이다.[16]

---

15 복기대, 『홍산문화의 이해』(서울: 우리역사연구재단, 2019), 386쪽 참조. "홍산문화에 대한 관심은 우하량 여신묘 발굴이 정점에 달했다. … 홍산문화가 황화 중류 유역 문화를 연결한다는 것은 억지스러운 일이다. 홍산문화가 요서 지역에서 자체적으로 발생하여 발전한 문화라는 점은 고고학적 발견에서 입증된다. 그 대표적 유물로는 통형 질그릇과 玉器와 돌을 사용한 무덤 양식과 彩陶이다.(같은 책, 236쪽 참조.)

16 안경전, 앞의 책, 265쪽 참조.

홍산문화 유적지가 있는 중국의 동북 지역은 지금은 비록 중국의 강역이지만 상고 시대에는 동이東夷의 활동 무대였다. 이 문명의 발굴로 가장 당황한 것은 바로 중국 정부였다. 그전까지 중국은 자신들의 고대를 황하 유역의 하夏나라에서 시작해서 상商나라, 주周나라로 이어지는 시기로 설정했었는데,[17] 특별히 우하량 유적의 발견은 이런 정설을 무너뜨렸기 때문이다.[18]

중국학자들은 홍산문화를 '요하문명'이라 부르면서 중국 시원 문명의 하나로 이용하고 있다. 그것은 중화문명탐원공정中華文明探源工程이란 이름으로 진행되었다. 이는 동북공정東北工程과 연관되어 이루어지고 있다. 동북공정을 통해 중국이 얻으려 하는 것은 한민족 최초의 국가인 고조선을 비롯하여 고구려, 대진大震(발해)의 역사를 중국 역사로 편입하여[19] 중국의 변방 혹은 부속 국가로 만들어 미래의 동북아 정세에 대비한 정치 외교적 계산 때문이었다.

중국의 역사책에는 조선이라는 국호가 잘 나타나지 않는다. 대신에 예濊, 맥貊, 발숙신發肅愼, 우이嵎夷, 내이萊夷, 견이畎夷, 서이徐夷, 고죽孤竹, 고이高夷 등과 같은 고조선의 제후국 이름이 등장한다. 사마천 역시 『사기』「본기本紀」에서 조선이란 국호를 사용하지 않았다. 그런데

17   김선주, 『홍산문화- 한민족의 뿌리와 상제문화』(대전: 상생출판, 2011), 12쪽 참조.
18   홍산문화의 성격은 일곱 가지로 정리할 수 있다. ① 한층 발달된 농경사회의 시대다. ② 동북 아시아 최초 '계단식 적석총'과 아울러 '돌무덤'이 많이 나온다. ③ 우하량 遺址에서는 제단·여신전·적석총 즉 塚廟壇이 나오므로 당시에 '초기 국가 단계'에 진입했다는 증거다. ④ 玉 유물이 풍부하게 발굴되어 신석기와 청동기 시대 사이에 옥기 시대를 넣어야 한다는 주장도 있다. ⑤ 동북 아시아에서 가장 이른 시기의 銅 제품 중 하나인 '동 귀거리'가 발견되었다. ⑥ 다양한 옥기가 부장품으로 나오는 것으로 보아 권력이 분리되고 신분 계급이 나뉜 사회였다. ⑦ 홍산인들은 褊頭 관습이 있었다. 이것은 우실하, 『고조선 문명의 기원과 요하문명』, 지식산업사, 2018, 56-58쪽 참조.
19   김선주, 앞의 책, 13-14쪽 참조.

제후국의 역사를 다룬 「세가世家」에서 '기자를 조선에 봉했다[封箕子於朝鮮봉기자어조선]'고 말하여 뜬금없이 조선이란 명칭을 썼던 것이다. 이를 근거로 중국의 역사가들은 조선 역사가 3,100년 전에 제후국 기자조선에서 시작된 것으로 단정했던 것이다.

무왕이 기자를 제후로 봉했고, 기자가 이를 수긍했다는 것은 사실이 아니다. 『상서대전』은 기자가 책봉을 받은 후, 신하의 예를 행하기 위해 주나라를 찾아가 무왕에게 홍범구주에 대해 설명했다고 한다. 반면에 『사기』는 기자가 책봉을 받았으나, '주나라 신하로 삼지는 않았다[而不臣也이불신야]'고 기록하였다. '기자를 제후로 임명했다'는 말 다음에 '신하로 삼지는 못했다'는 것은 서로 모순되는 말이다.

기자가 무왕의 제후라면 당연히 신하가 되어야 함에도 불구하고 무왕이 신하로 삼지 않았다는 것을 무슨 말인가? 그것은 기자가 무왕의 신하였던 적이 결코 없었기 때문에 사마천이 자신도 모르게 역사의 진실을 고백한 것이다. 한마디로 기자는 조선 왕으로 봉해진 일이 없었다. 그러니까 '기자가 조선으로 떠나버렸다[走之朝鮮주지조선]'는 말은 이미 조선이 존재했다는 것을 밝힌 내용이다. 기자가 멸망당한 모국을 떠나 이웃나라 조선으로 망명할 수 있었던 것은 이미 오래전부터 단군조선이 존재했다는 뜻이다. 중국이 기자조선을 들먹이면서 단군조선을 은폐하려 했으나, 도리어 더 드러내는 결과를 가져왔던 것이다. 기자조선은 한민족사를 출발부터 중국사에 예속된 것으로 만들기 위해 중국이 날조한 것에 지나지 않는다고 할 수 있다.[20]

따라서 고대 동북아 역사와 사상의 뿌리에 대한 왜곡의 핵심에는

---

20 이는 안경전, 앞의 책, 517쪽의 내용을 정리한 것임.

단군조선을 비롯한 기자, 홍범의 유래 문제가 자리잡고 있다고 할 수 있다. 그런데『서경』의 기록을 뛰어넘는『환단고기桓檀古記』의 출현으로 말미암아 동북아 역사의 진실을 밝힐 수 있는 신기원이 마련되었다. 이 책에는 중국 고대의 문헌에는 나오지 않는 사건이 수록되어 있는 까닭에 인류의 시원문화와 한민족의 뿌리 역사를 알 수 있는 소중한 역사서인 것이다.

홍범은 하늘이 우禹에게 내려준 것을 기자가 무왕에게 부연설명한 것이라고 알려져 있다. 홍범의 유래는 동양 우주관의 핵심인 낙서와 연관되어 있다.『서경』에는 낙서의 출현 사실만 나오고, 홍수 관련 언급은 매우 적게 나온다. 하지만 우 임금 당시의 홍수는 천하를 집어삼킬 정도의 엄청난 재앙이었다. 홍수에 대처하는 우의 아버지 곤鯤과 아들 우禹의 치수 사업에 얽힌 얘기는『서경』과『환단고기』의 내용이 확연하게 다르게 나타난다.

『서경』은 옛날 곤鯤이 홍수 대책을 세울 때, 5행에 어긋나게 한 결과 천제天帝[21]께서 홍범구주를 주지 않았기 때문에 세상은 더욱 혼란해졌고, 그 결과 곤은 죽임을 당했다고 했다. 반면에 우는 5행 법칙에 순응하여 치수 사업을 성공했기 때문에 하늘이 홍범구주를 내려주었다는 것이다.

『주역』「계사전」에는 '하출도낙출서河出圖洛出書'라는 말만 나오고, 우에 대한 언급이 없다. 우와 홍범구주가 직접 연결되는 논리를『주역』에서는 발견할 수 없는 것이다. 하지만 "홍범"이 처음으로 출현한

---

21 홍범편에 나오는 "천제께서 크게 노하시어 홍범구주를 주지 않으셔서[帝乃震怒하사 不畀洪範九疇하시니]"의 帝는 天帝이며, 특히 '天帝子'에서 아들[子]라는 용어에 비추어 볼 때, 실제 인물인 단군왕검으로 보는 견해가 있다.

우임금 당시에는 천하가 홍수에 시달렸다는 역사만큼은 분명한 사실이다. 우는 홍수를 다스리던 중에 낙서를 받아 내린 뒤에 치수 사업에 성공하여 하나라를 개창하였다. 이처럼 홍범사상과 오행치수법의 공통점은 홍수 사건을 중심으로 논의가 전개되고 있는 점이 돋보인다.

홍수에 얽힌 홍범구주 얘기는 『환단고기』와 연결해서 이해하는 것이 좋다. 왜냐하면 『환단고기』에는 홍범구주의 전수 내력이 잘 나타나 있기 때문이다. 특히 『서경』에 나타난 "홍범"이 동이문화의 원류인 단군조선과의 연관성은 배제된 채, 중국[周] 위주 또는 무왕과 기자 중심으로만 편집되어 그 전모가 은폐되었기 때문이다.

『환단고기』를 통해 오행치수법은 중국의 우에게서 비롯된 것이 아니라, 단군왕검에 있다는 것이 밝혀져 고대 역사의 진실을 복원할 수 있는 길이 열렸다. 그리고 홍범은 기자가 무왕에게 전수하기 이전에 이미 조카인 주紂에게 먼저 진술한 것이라고 밝혔다.

"또 오행치수법과 『황제중경』이 부루태자(2세 단군)에게서 나와 우禹 사공司空에게 전해졌는데, 뒤에 다시 기자가 은나라 주왕紂王에게 진술한 홍범구주 역시 『황제중경』과 오행치수설이다. 대개 그 학문이 본래 배달 신시 시대의 구정법과 균전법으로 전해져 내려온 법이다."[22]

"9년 동안 홍수가 일어나 그 재앙이 만민에게 미치므로 단군왕검께서 태자 부루를 보내어 우나라 순임금과 약속하게 하시고, 도산 회

---

22 『桓檀古記』「太白逸史」"神市本紀", "且其五行治水之法, 黃帝中經之書, 又出於太子扶婁, 而又傳之於禹司空. 後復爲箕子之陳洪範於紂王者, 亦卽黃帝中經五行治水之說, 則蓋其學, 本神市邱井均田之遺法也."

의를 소집하셨다. 순임금이 사공 우를 보내어 우리의 오행치수법을 받아 치수에 성공하게 되었다.”[23]

“뒤에 창기소가 다시 그 법을 부연하여 오행치수법을 밝혔는데, 이 것 역시 배달 신시 시대의 『황부중경』에서 유래하였다. 우나라 순임 금이 보낸 우가 회계산에 가서 조선의 가르침을 받을 때, 자허 선인 을 통해 창수 사자인 부루태자를 찾아 뵙고 『황제중경』을 전수받으 니, 바로 배달의 『황부중경』이다. 우가 이것을 가지고 가서 치수하 는데 활용하여 공덕을 세웠다.”[24]

이 글의 요지는 단군왕검이 이웃나라의 홍수를 해결해주기 위해 태 자 부루를 도산으로 파견한 것에 있다. 이 도산회의에서 태자 부루는 순임금에 밑에서 치수를 담당하는 관리였던 우에게 오행치수법 즉 홍 범구주를 전수하였다. 당시 우는 삼육구배三六九拜를 올리고 치수법이 적힌 ‘금간옥첩金簡玉牒’[25]을 받고서 “삼가 천제의 아들(단군왕검)의 명 을 잘 받들 것”을 맹세하였다.[26] 과거 중원의 대홍수는 동방 단군조선 의 지원이 없었다면 극복이 불가능했다고 할 수 있다.

---

23 『桓檀古記』「三韓管境本紀」“番韓世家 上”, “及九年洪水, 害及萬民故, 檀君王儉遣太子扶 婁, 約與虞舜, 招會于塗山, 舜遣司空禹, 受我五行治水之法, 而功乃成也.”

24 『桓檀古記』「蘇塗經典本訓」, “後蒼其蘇又復演其法, 以明五行治水之法, 是亦神市黃部之 中經來也. 虞人姒禹到會稽山, 受敎于朝鮮, 因紫虛仙人, 求見蒼水使者扶婁, 受黃帝中經, 乃神市黃部之中經也. 禹取而用之, 有功於治水.”

25 안경전, 앞의 책, 489쪽, 여기서 말하는 『황제중경』은 金簡과 玉牒으로 되어 있는 오 행치수의 비결로 후에 箕子가 설한 洪範九疇이다. 『세종실록지리지』에는 “우왕은 부 루에게서 금간옥첩을 받았다. 우는 제후를 도산으로 불러 모았다[禹王自扶婁, 受金 簡玉牒, 禹會諸侯塗山也]”라고 하였다.

26 『桓檀古記』「三韓管境本紀」“番韓世家 上”, “虞司空三六九拜而進曰 勤行天帝子之命, 佐 我虞舜開泰之政, 以報三神允悅之至焉. 自太子扶婁, 受金簡玉牒, 盖五行治水之要訣也. 太子會九黎於塗山, 命虞舜卽報虞貢事例, 今所謂禹貢是也.”

한마디로 우의 공적을 비롯한 리더쉽의 원천은 금간옥첩에서 나왔으며, 그것은 단군왕검이 내려준 은공에서 비롯되었다고 할 수 있다. 금간옥첩에 씌여진 내용이 바로 오행치수법인 홍범구주라는 것이다. 이러한 고조선의 은덕을 잊지 못한 우는 죽음을 앞두고 금간옥첩을 받은 도산(지금의 절강성 회계산)에 자신을 묻어 달라고 유언을 남겼을 정도로[27] 홍범의 유래는 깊고도 깊었다. 그럼에도 단군왕검이 우에게 낙서를 그려주었다는 사실은 동북아 역사에서 잊혀졌고, 도리어 우가 낙서를 하늘에서 받았다는 것으로 굴절되어 버렸다. 이러한 불편한 진실을 제거하고 새롭게 밝히는 작업이야말로 동북아 역사의 복원은 물론 문명의 원류를 바로잡는 중차대한 일이라 하겠다.

2) 은말주초의 시대 배경

『서경』은 동아시아 정치 철학의 원류가 담긴 책이다. 하지만 『서경』에 대한 회의 및 위작僞作 여부는 한대漢代의 금고문今古文 논쟁에서 발단하여 청대淸代 의고풍疑古風으로 인해 심화되었다. 그러나 근대 갑골문甲骨文의 발견 등 고고학의 발달에 힘입어 의고풍에 대한 반성이 일어나기 시작했다.

동작빈董作賓(1895-1963)은 종이에 기록된 책이 고대사 연구의 기본 사료가 되어야 마땅하다고 주장한 바 있다. 그는 지하에서 발굴되는 갑골문이나 금문金文(청동기에 새긴 글)

동작빈

---

27 『吳越春秋』권4 「越王無余外傳」6, "命群臣曰 吾百世之後, 葬我會稽之山."

등은 단지 고서古書를 보충 설명하는 수단에 불과하다고 강조했다.[28]

고전은 동북아 문명의 시발점을 어떻게 말하는가? 30년 전의 역사학계는 하夏에서부터 실제 역사가 형성되었다고 주장했으나, 지금은 삼황오제三皇五帝를 거쳐 홍산문화紅山文化로까지 거슬러 올라갈 정도로 사정이 완전히 달라졌다. 그러면 동양 정신 문화의 근원은 어디서 찾아야 할 것인가? 여기서 말하는 정신 문화는 이성 중심의 철학과 감성 중심의 종교가 융합된 사상을 일컫는다. 대만학자 서복관徐復觀(1903-1982)은 중국 철학의 탄생은 은말주초殷末周初의 홍범사상에서 찾아야 한다는 당위성을 말했다.[29]

춘추전국 시대를 꽃피웠던 제자백가諸子百家의 사상은 고대로부터 전승되어 주나라는 은나라를, 은나라는 하나라를 계승했다는 일련의 문화의 지속성을 갖는다. 유교는 태동기 때부터 요堯·순舜·우禹·탕湯·문무文武·주공周公의 도통을 따라 공자가 집대성했다는 것이 통설이다. 공자는 고대 문화의 전승을 다음과 같이 말한다.

> "은나라는 하나라 예법을 따랐으니 손익을 알 수 있으며, 주나라는 은나라 예법을 따랐으니 손익을 알 수 있다. 혹시 주나라 예법을 계승한다면, 백세라도 가히 알 수 있을 것이다."[30]
> "주나라는 하나라와 은나라를 거울로 삼았으니, 문물제도가 빛나고 빛나도다. 나 주나라를 따르리라."[31]

---

28 董作賓, 「堯典天文曆法新證」『董作賓學術論著』卷下(臺北, 世界書局, 1979), 1033쪽 참조
29 徐復觀, 『中國人性論史(先秦編)』(臺北, 商務印書館, 1984), 456쪽 참조. 서복관은 자신의 학문의 토대를 홍범사상에 둔다(같은 책, 3쪽 참조)
30 『論語』「爲政」, "殷因於夏禮, 所損益可知也. 周因於殷禮, 所損益可知也. 其或繼周者, 雖百世可知也."
31 『論語』「八佾」, "周監於二代, 郁郁乎文哉. 吾從周."

①요 ②순
③우 ④탕
⑤문왕 ⑥무왕
⑦주공

공자는 주나라 문화를 찬양하는 동시에 하나라와 은나라 문화에 지대한 관심을 갖고 고대의 업적을 계승하는 것을 학문의 목표로 삼았던 것이다. 역사학자들은 흔히 주 왕조를 기원전 8세기 초까지 섬서성陝西省 호경鎬京에 수도를 두었던 서주西周와 기원전 770년에 제2의 도읍이었던 낙읍雒邑[32]으로 옮긴 이후의 동주東周로 나눈다.

주나라 이념은 하은夏殷 두 나라에 뿌리를 두었다. 그 중에서 은나라를 통치한 귀족들은 귀신을 숭배한 성직자인 동시에 주술가였다. 은족은 씨족들의 단결을 목표로 그 통솔자인 은왕의 조상신을 비롯한 천지와 산천 및 자연신들에 제사지내고, 일상 생활은 점복을 통해 얻은 신의 의지로 결정하는 관습이 있었다.[33]

그런데 조상신과 자연신을 주재하는 상제上帝는 지상에 사는 인간의 운명을 지배할 뿐만 아니라, 일월과 풍우의 손길을 통해 농사의 풍요와 빈곤을 결정하며, 인심의 향배를 관찰하여 화복과 상벌을 내리는 위력을 행사하는 최고의 숭배 대상이었다.

"하나라의 도는 천명을 존중하여 귀신을 섬기고 공경했으나 멀리하였고, 사람을 가까이 하여 충성하게 만들어 녹을 먼저 하고 위엄을 뒤로 했으며, 상을 먼저 하고 벌을 뒤로 하여 친하기는 했으나 존경하지는 않았다. 백성들의 폐습은 아둔하고 어리석으며, 교만하고 거칠며, 소박하여 꾸미는 일은 없었다. 은나라 사람들은 신을 존귀하게 여겨 백성을 이끌어 신을 섬기게 했으며, 귀신을 먼저 하고 예

---

32 河南省의 洛陽, 成周라고도 한다.
33 戶川芳郎·蜂屋邦夫·溝口雄三/조성을·이동철, 『유교사』(서울: 이론과 실천사, 1990), 39쪽 참조.

를 뒤로 했으며, 벌을 먼저 하고 상을 뒤로 하여 존경은 하되 친하지
는 않았다. 백성들의 폐습은 방탕하고 조용하지 않았으며, 이기려고
만 하고 부끄러움이 없었다. 주나라 사람들은 예를 존중하고 베푸
는 일을 숭상했으며, 귀신을 섬기고 공경했으나 멀리하였고, 사람을
가까이 하여 충성하게 만들어 상벌은 벼슬의 차례로 삼았으며, 친하
기는 했으나 존경하지는 않았다. 백성들의 폐습은 이로움을 구하고
간교했으며, 꾸미는 일이 많고 부끄러워 하지 않으며, 남을 해롭게
해도 덮어두었다."[34]

하나라는 사계절이 빚어내는 자연의 질서를 존중하여 귀신을 받들
되 친근하게 여기지 않는 문화를 낳았다. 종교보다는 오히려 자연 환
경에 순응하는 태도로 삶을 영위했다는 것이다. 그러나 은나라는 상
제와 귀신을 존숭하여 백성들로 하여금 신을 섬기게 하는 종교 문화
가 흥성했다는 것이다. 주나라는 법도와 예의를 지키고 도덕을 숭상
하면서 귀신을 섬기는 은나라 종교를 계승하는 동시에 인문 중시의
방향으로 나아가는 이중 정책을 펼쳤다는 것이다.

은 민족은 상제와 귀신을 비롯하여 자연에 퍼져 있는 신령을 숭
배하는 신앙을 백성들에게 가르치는 종교의 나라를 구축하였다. 그
것은 "하남성河南省 안양현安陽縣 소둔촌小屯村의 은허殷墟를 비롯한 상
商 시대의 유적에서 출토된 17만 조각의 갑골문이 증명한다. 점칠 때
사용하는 거북이 등껍질과 짐승뼈 위에 새겨진 복사卜辭에서 알 수

---

34 『禮記』「表記」, "子曰: 夏道尊命, 事鬼敬神而遠之, 近人而忠焉, 先祿而後威, 先賞而後罰,
親而不尊. 其民之敝 惷而愚, 喬而野, 朴而不文. 殷人尊神, 率民以事神, 先鬼而後禮, 先
罰而後賞, 尊而不親, 其民之敝 蕩而不靜, 勝而無恥. 周人尊禮尙施, 事鬼敬神而遠之, 近
人而忠焉, 其賞罰用爵列, 親而不尊, 其民之敝 利而巧, 文而不慚, 賊而蔽."

있듯이, 신에게 올리는 제사가 은 민족이 가장 중시여긴 국가 행사였던 것이다."[35]

이처럼 은대는 귀신을 숭상하고 상제를 신앙하는 종교 문화를 잉태시켰으나, 주나라의 종법제는 바로 신을 지나치게 강조하는 폐단을 극복하고 일어난 결과였다. 결국 주나라는 자연에 대한 실용성에 밝았던 하나라 문화를 계승하는 한편 은나라의 신앙 대상인 신으로부터 인간 자체로 방향을 바꾸어 도덕과 종법을 숭상하는데 힘썼다. 이런 점에 착안해서 서복관은 은나라를 종교 문화, 주나라는 도덕 인문학이 발달했다[36]고 하였다.

종교 문화에서 인문 정신으로의 교체는 동북아 문명권의 정치, 문화, 군사, 철학을 망라한 사상의 분기점을 이루었다. 이처럼 획기적인 혁명으로 나타난 기원전 12세기 은말주초의 사상이 바로 『주역』과 "홍범"이다.[37] 현존하는 『주역』과 "홍범"에는 고대 동북아의 민족, 역사, 정치, 철학, 종교의 특성 등이 반영되어 있다. 기자는 "홍범"을 통해 민족 문제를 초월하여 전통의 종교 문화를 보존하고 인본주의를 새롭게 여는 역할을 수행했던 것이다.

그러면 기자의 파란만장한 삶을 역사는 어떻게 평가하고 있는가? 이웃나라 중국과 우리나라 사람들이 기자를 바라보는 시각은 큰 차이가 있다. 중국측에서는 기자가 동쪽으로 가서 조선에 정착했기 때문에 기자는 중국계 한국인이라는 것이고, 우리나라에서는 기자를 한 민족의 뿌리인 동이족 출신으로 알고 있다. 일제는 가깝게는 위만조

---

35 白川靜 著/溫天河 譯, 『甲骨文的世界』(臺北, 巨流圖書公司, 1977), 40쪽 참조.
36 徐復觀, 『中國人性論史』(臺灣: 商務印書館, 1984), 456쪽 참조.
37 方東美, 『原始儒家道家哲學』(臺北: 黎明文化事業公司, 1984), 49쪽 참조.

선, 멀게는 기자조선설 또는 기자동래설에 기반하여 조선은 식민지로 부터 출발했다는 식민사관을 수립하였다. 그것은 사실에 부합할까, 아니면 허구일까?

3) 기자동래설의 허구

기자동래설箕子東來說은 은나라 왕족였던 기자가 동쪽으로 와서 조 선의 통치자가 되었다는 주장이다. 얼핏 보면 성인으로 추앙받는 기 자가 조선의 최고 지도자 대열로 올라선 것이 조선인으로서는 행운일 지는 모르지만, 그 내면에는 중화사관의 독버섯이 숨어 있다. 중국인 기자가 동쪽 우리나라로 와서 왕이 되었으므로 기자조선을 중국사라 고 주장할 수 있는 근거로 삼을 수 있기 때문이다. 실제로 중국은 동 북공정을 통해 기자조선을 중국사에 편입시키고 있다.

과연 기자는 이민족의 지배를 받는 동포의 아픔을 외면하고 자신 의 명예와 벼슬을 맞바꾸어 출세했다는 오명을 뒤집어쓰는 역사의 심 판을 몰랐을까? 아마도 기자는 자신이 훗날 식민사관의 피해자가 되 리라고는 짐작도 못했을 것이다. 기자동래설은 기자의 의도와는 상관 없이 식민사관의 누명을 쓰고 태어났던 것이다. 한마디로 이웃 중국 의 문화가 기자를 통해 조선으로 옮겨졌기 때문에 조선은 식민지 국 가의 형태로 출발했다는 것이 곧 기자동래설에 숨겨진 음모였다.

기자의 팔조금법에 동화된 조선의 유학자들은 기자동래설의 사실 여부는 묻지 않고, 그의 은덕을 높게 받들었다.[38] 이를테면 옛 고구려

---

38 한국인의 기자 찬양은 유별나다. 유교문화의 시원을 기자에서 찾기 때문이다. 고 려 조정은 기자동래설을 바탕으로 평양에 기자 사당을 세웠고, 또한 기자묘에 油香

시대 평양성 방리坊里 구획 흔적을 기자 시대 정전제井田制의 흔적으로 여기거나, 또 고려 충숙왕忠肅王 12년(1325) 평양에 세운 기자 사당 숭인전崇仁殿이 지금까지 전해오고 있다. 그리고 오늘날 행주 기씨, 청주 한씨, 태원 선우씨의 족보는 모두 자신들이 기자의 자랑스런 후손으로 기록하고 있다.[39]

그동안은 기자동래설의 불편한 진실이 한국사를 지배해 왔다. 그렇다면 역사는 숨겨진 진실을 어떻게 말하고 있는가? 고대의 각종 문헌을 통해 기자동래설의 전승 과정을 살펴보자. 은주교체기의 옛 문헌에서 '기자조선'을 언급한 대목이 많이 등장하는데, 그것은 혹시 은주교체기의 정치적 목적을 달성하기 위한 일종의 '만들어진 역사'는 아닐까? 만약 은주교체기에 기자조선 문제가 집중적으로 거론되었던 이유가 밝혀진다면, 기자동래설의 실체에 성큼 다가설 수 있을 것이다. 여기서 바로 기자조선설 출현 이전의 문헌에 대한 검증의 당위성이 제기되는 것이다.

기자의 삶은 크게 다음과 같이 정리할 수 있다. 조카인 주왕紂王에게 죄수로 감옥에 갇히다[囚箕子說수기자설] → 무왕이 은의 주왕紂王을 무너뜨린 다음에 기자를 석방하다[釋箕子說석기자설] → 기자는 그 보답으로 무왕을 예방하다[箕子來朝說기자래조설] → 진리의 전수를 위해 홍범을 무왕에게 전승하다[洪範授受說홍범수수설]는 것이 바로 그것이다. 이

田 50결을 배당하였다. 특히 『三國遺事』와 『帝王韻紀』는 고조선을 한민족의 뿌리 역사로 제시하면서 檀君에 이어 箕子를 문명화의 표본으로 삼았다. 조선의 건국 이념을 수립한 鄭道傳은 중국에 못지 않는 문화국의 표상을 기자의 교화로부터 비롯되었다고 인식했다. 기자 숭배는 16세기 이후에도 재야의 士林은 물론 관료층에까지 널리 퍼졌다. 尹斗壽의 『箕子志』, 李栗谷의 『箕子實記』, 韓百謙의 『箕田考』, 徐命膺의 『箕子外記』 등은 기자에 대한 인식의 심화를 대변한다.

39 젊은 역사학자 모임, 「기자조선은 실재했는가」『한국고대사와 사이비역사학』(서울: 역사비평사, 2018), 242쪽 참조.

러한 논리를 바탕으로 기자와 조선을 연결시키는 전통이 생겨났다.

　기자와 조선을 연계하기 시작한 최초의 문헌은 복생伏生이 지었다는『상서대전尙書大全』이다. 이후에 사마천은『사기』에서 기자가 고향 땅을 밟으면서 '맥수가麥秀歌'를 지어 망국의 한을 읊었다고 했으며, 반고班固의『한서』는 기자가 팔조금법으로 교화했다고 했으며,『위략魏略』은 '조선후朝鮮侯가 기자의 후손'이라고 연결시켰으며,『삼국지三國志』와『후한서後漢書』역시 기자의 '팔조금법의 제정'을 강조했으며, 마지막으로『수서隋書』는 '기자조선이 고구려'로 계승되었다고 주장하였다. 이러한 전승 논리가 확대된 역사적 배경은 한무제의 조선 정벌과 낙랑군의 효율적 통치, 그리고 수隋·당唐의 고구려 침략시에 침공의 명분을 얻기 위해 필요했던 사상과 역사 방면에서의 조치로 보인다.[40] 결국 기자조선설 자체는 시대의 산물로서 실제 역사를 반영한 것이 아니라고 할 수 있다.

　기자조선 문제는 고조선 연구와 더불어 지난 100년 동안 끊임없는 논쟁거리였다. 대체로 남북한 학계에서는 기자조선을 부정하고, 중국 학계는『상서대전』의 내용을 무조건 신뢰하여 기자조선을 인정하고 있다. 이렇게 중국 학계의 무비판적 태도에 비해서, 남북한 및 일부 러시아 학자는 기자 전승의 역사적 맥락을 분석하는데 심혈을 기울였다.

　1960년대에 이미 '기자동래설'은 날조된 학설이고,[41] 한漢나라가 한반도에 세력을 뻗치면서 생긴 부산물이라는 견해도 발표되었다. 또한 80년대 들어와 진秦·한漢 이후에 구체화되기 시작한 기자동래설은

40　오현수,「기자 전승의 확대 과정과 그 역사적 맥락」『대동문화연구 79호』(대동문화연구원, 2012), 147-148쪽 참조.
41　리지린,『고조선 연구』(서울: 열사람, 1963), 129-130쪽 참조.

고조선 지역에 대한 중국측의 권리 확보 차원이었다는 주장, 무왕의 기자 방문과 기자의 홍범수수설이 전설상의 기자동주箕子東走·동봉설東封說과 결합되었다는 연구 등이 있다. 2000년대에 이르러서는 조선 정벌과 한 군현 지배의 정당성 확보 차원으로 보는 견해, 기자가 옥에 갇힌 전승으로부터 수대隋代에 고구려 침략의 명분으로 작용했던 시기까지를 분석한 연구,[42] 고조선 지배의 당위성 및 토착화된 한인漢人들이 가문의 전통을 드러내려는 욕구의 표출로 보는 학설과, 제국주의 일본 학자들의 위만조선에 대한 관심과 함께 '홍범편'의 부각 등에서 비롯되었다는 견해 등의 다양한 연구가 있다.

고조선의 시조에 대한 이야기는 두 가지가 있다. 하나는 중국의 역사책이 말하는 기자 전승이고, 다른 하나는 국내 역사책이 전하는 단군왕검이 있다. 저술 연대로 보면, 비록 기자 전승이 앞서지만 중국인의 관점에서 고조선을 기술했다는 점에서 기자의 동래가 곧 고조선의 건국이라고 단정하는 것은 무리가 뒤따른다.

기자 전승에서 기자가 조선으로 갔다거나 기자를 조선에 봉했다는 내용이 전하는데, 이것은 고조선의 존재를 전제한 표현이다. 기자가 오기 전에 이미 고조선이 존재했던 것이다. 『삼국유사三國遺事』에 전하는 단군신화에서도 단군왕검에 의해 고조선이 생겼고, 기자는 그 뒤에 등장하는 것으로 전한다. 단군신화는 고조선인들의 이야기를 다룬 반면, 기자 전승은 중국인의 고조선 이주를 다루고 있어 고조선 본래의 기록이었다고 보기에는 한계가 있다.[43]

---

42   오현수, 앞의 논문, 149-150쪽 참조.

43   김남중, 「箕子 전승의 형성과 단군신화에의 편입 과정」『한국사학보 65호』(고려사학회, 2016), 91쪽.

이런 점에서 기자 전승의 이야기와 단군설화는 고조선의 시조를 다르게 보았다는 점에서 이 둘은 별도로 전해졌다고 이해해야 할 것이다. 또한 『삼국유사』에 인용된 『고기』에 전하는 단군왕검은 천신의 후손으로 묘사되어 있으나, 기자는 주 무왕에 의해 조선 지역에 분봉된 역사 인물로 묘사되어 있다.

기자가 조선의 왕이 되었다는 기록은 전한 시기에 편찬된 『상서대전』과 『사기』 「송미자세가宋微子世家」에 나타나기 시작한다. 전자는 주나라 무왕이 기자를 풀어주자 기자가 조선으로 갔으며, 무왕이 그 소식을 듣고 기자를 조선에 봉했다고 말했다. 후자는 무왕이 기자를 방문하여 가르침을 받은 뒤에, 기자를 조선에 봉했으나 신하로 대하지 않았다고 말한다.[44] 이에 영향받은 『한서漢書』 「지리지地理志」는 기자의 고조선에 대한 교화 내용을 수록하였고, 조선 백성을 가르친 현인으로 자리매김시켰던 것이다.

기자가 조선으로 갔다는 최초의 기록인 『상서대전』 이전의 문헌을 보면, 기자는 은나라의 충신이자 현인으로 묘사되었지 조선과는 어떤 연관성을 찾을 수 없다. 처음으로 『상서대전』과 『사기』 「송미자세가」에서부터 기자를 조선에 연결시키고 있는 것이다. 그럼에도 기자는 『사기』에서 독립된 '세가世家'로 분류되지 못하고, 심지어 「송미자세가」에서조차도 무왕이 은나라를 물리친 뒤의 행적과 관련하여 아주 간략하게 언급되어 있을 따름이다.[45] 특히 무왕이 주왕紂王에 의해

---

44 『史記』권38 「宋微子世家」제8, "武王旣克殷, 訪問箕子. 武王曰 於乎 維天陰定下民, 相和其居, 我不知其常倫所序. 箕子對曰 … 於是武王乃封箕子於朝鮮, 而不臣也." 그러니까 "기자의 나라는 주의 신하 국가가 아닌 스승 국가라 할 수 있다."(김남중, 앞의 논문, 109쪽 참조.)

45 오강원, 「중국 중고교 역사 교과서의 고조선 서술 분석과 비판」 『중국 역사 교과서의 한국고대사 서술문제』(서울: 동북아역사재단, 2006), 35쪽 참조.

옥에 갇힌 기자를 풀어주자 기자는 조선으로 도망갔고, 무왕이 그를 조선에 봉했다는 것이다. 이러한 논리가 성립하려면 기자가 동래하기 이전에 이미 단군조선은 실제로 존재했다는 사실이 전제되는 것이 마땅하다.

그런데 조선 관련 얘기가 기원전 11~8세기의 문헌에 나타나지 않다가 기원전 7세기 춘추시대에 이르러 다시 등장하는 무언가 석연치 않은 이유가 있다. 만일 중국측에서 기자조선이 동래로부터 비롯되었다는 것이 중요한 사실로 여긴다면, 춘추시대에서 전국시대에 걸쳐 성서된 것으로 평가되는 『관자管子』에서 조선을 다룰 때, 기자를 언급하는 것이 이치에 맞을 것이다. 따라서 기자조선 전승은 전국시대 이후에 본격적으로 생겨난 것으로 보아야 할 것이다.[46] 이러한 점들이 기자동래설에 대한 신뢰성을 반감시키고 있는 것이다.

역사서에서 말하는 '기자동래설'은 고조선 침략 시기에 맞물려 만들어졌다. "기자동래설을 창작한 의도는 고조선 침략의 명분 확보, 한사군 통치의 정당성을 확립하려는 목적 때문이라고 할 수 있다. 이를 바탕으로 한漢의 학자들은 고조선 지역이 자국의 권리를 주장할 수 있는 역사적 근거를 기자동래설에 두었던 것이다."[47] 이후 중국 문헌에서 고조선은 기자가 봉해졌던 지역이라는 표현이 반복되어 나오면서 '고조선 = 기자의 나라'라는 인식이 오랫동안 자리잡게 되었던 것이다.[48]

특별히 『사기』「송미자세가」는 기자동래설을 강조하고 있다. 그것

---

46 오현수, 앞의 논문, 153쪽 참조. 여기서 바로 기자조선을 처음으로 언급한 『상서대전』을 비롯한 각종 문헌들에 대한 정밀한 고증의 필요성이 제기되는 것이다.

47 유엠 부찐 저/국사편찬위원회 역, 『고조선』(서울: 국사편찬위원회, 1976), 109-111쪽 참조.

48 조원진, 「기자조선 연구의 성과와 과제」『단군학연구 20』(단군학회, 2009), 400쪽 참조.

은 사마천 자신도 기자조선에 대한 인식을 심각하게 받아들이지 않았다는 것을 반증한다.[49] 기자조선에 대한 필요성은 사마천 사후에 가능했다는 뜻이다. 특별히 낙랑군의 효율적 통치를 위해 '낙랑군 = 조선 = 기자의 나라', '낙랑군과 한漢은 강력한 연대 속에 있다'는 것을 표명해야 할 필요가 있었기 때문이다. '낙랑군', 즉 조선은 원래 기자의 땅으로 기자에 의해 처음으로 문명 교화가 일어났으며, 기자조선은 주나라의 봉건국가였다는 논리를 전제한 것이다. 이러한 논리는 일제가 한반도를 병탄하는 과정에서 임나일본부설을 주장하는 배경과도 일맥상통한다고 보여진다.[50]

기자조선설은 진秦·한대漢代를 거치면서 본격적으로 준왕準王의 조선과 연결되기 시작한다. 그것은 반고班固(32-92)의『한서漢書』와 어환魚豢(220-265)의『위략魏略』, 진수陳壽(233-297)의『삼국지三國志』등에 기록되어 있다. 이러한 정론화 과정은 수隋·당대唐代까지 이어져 고구려를 침략하는 시기에까지 영향을 미쳤다.[51]

더욱이『삼국지三國志』를 비롯한 여러 역사책에는 기자가 동쪽으로 가서 기자조선을 세우고 팔조법을 가르쳤다고 서술하였다. 그것은 중국인의 중화주의 세계관이 팽배해짐에 따라 기자동래설의 조작을 감추기 위해 기자의 덕성을 미화하여 덧붙인 역사 왜곡의 결정판이다.『삼국지』보다 앞선『한서』에 따르면, 기자가 조선에 갔을 때는 단군조선에 이미 팔조법이 존재했다고 기술하고 있기 때문이다. 다만『한서』는 여덟 개 법조문 가운데 세 개만을 언급하고 있을 따름이다.

---

49   오강원, 앞의 논문, 35쪽 참조.
50   오현수, 앞의 논문, 171쪽 참조.
51   오현수, 앞의 논문, 167-168쪽 참조.

"은나라의 도가 쇠미해지자 기자는 조선으로 갔는데, 그곳 백성을 예의로써 가르치고 농사짓고 누에치면서 길쌈하였다. 낙랑·조선 백성의 범금8조는 사람을 죽인 자는 즉시 죽이고, 남에게 상처를 입힌 자는 곡식으로 갚는다. 도둑질 한 남자는 몰수하여 그의 가노家奴로 삼고 여자는 노비로 삼는다. 용서받고자 하는 자는 한 사람마다 50만전을 내야 한다. 비록 용서를 받아 보통 백성이 되어도 풍속에 역시 그들은 부끄러움을 씻지 못하여 결혼하고자 해도 짝을 구할 수 없다. 그래서 백성들은 도둑질 하지 않아 대문을 닫고 사는 일이 없었다. 여자들은 정조를 지키고 믿음이 있어 음란하고 편벽된 짓을 하지 않았다. … 농민들은 대나무 그릇에 음식을 먹고, 도시에서는 관리나 장사꾼을 본받아서 술잔 같은 그릇에 음식을 먹는다."[52]

위에 나타난 바와 같이 『한서』를 통해서는 세 항목 이외의 나머지 다섯 조항의 내용이 무엇인지 알 수 없다. 팔조법을 온전하게 수록하고 있는 책은 오직 『환단고기』뿐이다. 22세 색불루 단군은 정국을 안정시키고자 8조금법을 제정하였다. 이른바 여덟 가지의 금지 조항을 뜻하는 8조금법은 단군조선 시대 최초의 성문법이라고 할 수 있다.

팔조문 법규의 제정은 강력한 통치 체계를 갖춘 고대 국가로서의 체제와 문명국이라는 사실을 보여주지만, 국가 기강의 해이와 함께 사회의 도덕 질서가 그만큼 어수선해졌음을 의미한다. 『환단고기』 「태백일사太白逸史」 "삼한관경본기三韓管境本紀·번한세가하番韓世家下"는

---

52 『漢書』券28 「地理志」 第8下, "殷道衰, 箕子去之朝鮮, 敎其民以禮義, 田蠶織作. 樂浪朝鮮民犯禁八條, 相殺以當時償殺, 相傷以穀償, 相盜者男沒入爲其家奴, 女子爲婢, 欲自贖者, 人五十万. 雖免爲民, 欲猶羞之, 嫁取无所讎, 是以其民終不相盜, 无門戶之閉, 婦人貞信不淫辟. … 其田飮食以籩豆, 都邑頗放效吏及內郡賈人, 往往以懷器食."

팔조문의 원형을 잘 보여주고 있다.

"(색불루단군索弗婁檀君) 4년 기해(단기 1052, BCE 1282)년에 진조선眞朝鮮이 천왕(색불루단군)의 칙문을 전하였다. 그 칙문에서 말하기를 '너희 삼한은 위로 천신을 받들고 아래로 뭇 백성을 맞아 잘 교화하라'라고 하였다. 이로부터 예절과 의리, 농사, 누에치기, 길쌈, 활쏘기, 글자를 가르쳤다. 또 백성을 위하여 금팔조禁八條를 정했는데, 그 내용은 다음과 같다. ① 살인한 자는 즉시 사형에 처한다. ② 상해를 입힌 자는 곡식으로 보상한다. ③ 도둑질 한 자 중에서 남자는 그 집의 남자종으로 삼고 여자는 여자종으로 삼는다. ④ 소도를 훼손한 자는 금고禁錮 형에 처한다. ⑤ 예의를 잃은 자는 군에 복역시킨다. ⑥ 게으른 자는 부역에 동원시킨다. ⑦ 음란한 자는 태형笞刑으로 다스린다. ⑧ 남을 속인 자는 잘 타일러 방면한다. … 그리하여 백성이 마침내 도둑질하지 않았고 문을 닫고 사는 일이 없으며 부인은 정숙하여 음란하지 않았다. 전야와 도읍을 개간하고 음식을 그릇에 담아 먹었으며 어질고 겸양하는 교화가 이루어졌다."[53]

우리는 팔조법을 통해 단군조선의 법률과 당시의 사회상을 엿볼 수 있다. "홍범구주와 팔조금법을보더라도 당시 단군조선은 고도의

---

53 『桓檀古記』「太白逸史」"三韓管境本紀·番韓世家下", "四年己亥에 眞朝鮮이 以天王勅文으로 傳曰 爾三韓은 上奉天神하고 接化羣生하라 하신대 自是로 敎民호대 以禮義田蠶織作弓矢字書오 爲民設禁八條하니 相殺에 以當時償殺하고 相傷에 以穀償하고 相盜者는 男沒爲其家奴오 女爲婢하며 毀蘇塗者는 禁錮하고 失禮義者는 服軍하고 不勤勞者는 徵公하고 作邪淫者는 笞刑하고 行詐欺者는 訓放이러니 欲自贖者는 雖免爲公民이나 俗猶羞之하야 嫁娶에 無所售라 是以로 其民이 終不相盜하여 無門戶之閉오 婦人은 貞信不淫하며 闢其田野都邑하며 飮食以籩豆하니 有仁讓之化러라"

국가 경영체계를 갖춘 문화 대국이었음을 알 수 있다. 이처럼 단군조선은 문화를 중국의 우임금에게 전수하여 치수를 할 수 있게 하고, 홍범구주 속에 담겨 있는 뛰어난 정신은 그대로 중국 문화의 자양분이 되었다."[54]

그러나 단군조선에서 홍범이 탄생한 줄도 모르고 반대로 기자가 주나라를 위해 바쳤다고 인식하는 사대주의 역사학자들의 주장이 활개를 쳤다. 그들은 사마천의 "주나라 무왕이 기자를 조선에 봉했다"는 말을 믿고 마치 단군조선을 주나라의 속국처럼 취급하거나, 기자가 고조선의 정통을 계승했다고 강조하였다. 이러한 『사기』의 기록은 중국이 천하의 중심이라는 의식을 바탕으로 동북아 고대사의 진실을 뒤집어놓은 역사 왜곡 사건의 극치라고 할 수 있다.

『상서대전』에 "기자가 조선으로 달아나자 무왕이 그를 조선에 봉했다"는 선언이 등장한 이래, 『한서』는 기자가 고조선 백성을 교화하고 문명화시켰다고 거짓말을 보탰다. 더 나아가 『삼국지』는 기자의 후손이 40여 세에 이르렀다고 기록하였다. 이처럼 중화주의에 물든 역사가들은 아무런 거리낌없이 기자조선설을 하나의 팩트로 인정했던 것이다.[55]

『환단고기』「단군세기檀君世紀」에 의하면, 기자는 기원전 1,122년에 은나라가 망한 3년 뒤에 태항산太行山 서북 땅에 가서 살았다. 그리

---

54 안경전 역주, 『환단고기』(대전: 상생출판, 2016), 221쪽 참조.

55 안경전, 앞의 책, 213쪽 참조. '기자조선설'은 중국의 중화주의 사학이 날조한 것임을 추론 고증한 책이 있다. "첫째, 기자의 묘가 梁나라 蒙縣, 즉 지금의 河南省 商邱縣과 山東省 曹縣 경계 지역에 있다. 둘째, 중국의 고대 문헌 기록에 따르더라도 周나라 초기 무왕 때의 국세는 지금의 중국 河北·山東·山西에 다 미치지 못하는 정도였다. 셋째, 진나라 이전[先秦] 시대의 문헌 기록에서는 전혀 보이지 않다가 갑자기 漢나라 때에 '기자를 조선에 봉했다'는 기록이 나타난다는 점이다.(안경전, 앞의 책, 212-213쪽 참조.)

고 1,114년에는 다시 서화西華(지금의 하남성 개봉 남쪽)에 옮겨 살면서 '인사를 일절 끊었다[謝絶人事사절인사]'라고 말하여 기자가 동쪽으로 갔거나, 도망하여 기자조선을 세운 일이 결코 없었다고 부정하였다. 「단군세기」는 25세 단군 솔나率那 재위 때, 기자의 은둔 생활을 기록하고 있다.

> "(재위 37년) 정해丁亥(단기 1,220, BCE 1,114)년에 기자가 서화西華(지금의 하남성 개봉 남쪽 100㎞쯤에 기자독서대箕子讀書臺가 있으며, 기자묘는 산동성 조현曹縣에 있다)에 살면서 인사를 사절하였다."[56]

기자는 상나라가 망한 후, 고향땅 하남성 서화로 돌아가 살다가 산동성 조현에 묻혔다[57]는 것이다. 한마디로 "기자조선설은 한국 고대사를 중국사에 흡수 동화시키기 위해 중화주의 천하 사상이 조작한 허구에 지나지 않는다. 사마천이 조작한 이 기자조선설은, 후대에 당唐나라와 일제 때에 식민주의 사학이 공동으로 날조한 '낙랑군 = 평양설(한사군의 한반도 북부 위치설)'과 일제가 한국 침략과 식민지 지배를 위해 역사적으로 정당화시키기 위해 날조한 '임나일본부(고대 일본의 한반도 남부 가야 지방 지배설)과 함께 한·중·일의 동양 역사상 3대 역사 조작극이라 말할 수 있다."[58]

위에서 기자 관련 중국 고대의 문헌들을 살핀 것처럼, 한국 고대사

---

56 『桓檀古記』「檀君世紀」, "丁亥三十七年이라 箕子가 徙居西華하야 謝絶人事하니라"
57 심지어 각종 문헌과 고고학 유물에 대한 분석 결과를 수용한다면 상나라 畿內인 하남성 중남부 지역에 살던 기자국의 후손 일부가 주나라를 피해 북경과 요서지역으로 이동, 정착하여 고조선의 제후국이 되어 왕 노릇을 했다고 추정할 수는 있다.
58 안경전, 앞의 책, 213쪽 참조.

는 기자동래설에 의해 중국사의 연장으로 왜곡되었으나,『환단고기』는 기자동래설의 허구성을 명백히 밝혀준다. 그리고 기자조선에 대한 중국인의 시각과, 한국인의 인식[59]이 매우 다르다는 사실도 드러났다. 특별히 북부여의 서쪽에 있던 번조선을 찬탈한 위만의 왕조가 멸망할 즈음에, 한漢에 투항하거나 지지했던 일부의 토착 세력 중에서는 기자를 자신의 조상과 연결시키는 시도도 있었음음을 확인했다.

그래서 한국인의 뇌리에 각인된 기자는 중국계 한국인, 또는 자랑스런 우리 조상이라는 인식이 혼재되어 있는 까닭에 역사를 제대로 바라보는 객관적 안목이 필요하다는 것을 절감한다. 역사는 과거와 현재의 대화라는 말이 있다. 과거 없이 현재가 있을 수 없고, 현재 없이 미래도 없다. 과거 사실에 목매여 스스로 발목 잡는 것도 어리석은 일이지만, 그렇다고 잘못 인식된 과거 역사를 방치해서는 더더욱 안 될 것이다.

---

59 홍범구주를 지은 기자가 동쪽으로 갔다는 역사적 사건과는 색다르게, 기자는 원래부터 동이 지역에 살았다는 사실을 천문학, 특히 28宿에 근거하여 밝힌 사람이 있다. 그는 바로 星湖 李瀷(1681-1763)이다. 이익은 '기자가 살던 곳이 곧 우리나라[箕指我東]'라고 외쳤다.

3.

주나라 건국과 홍범구주

1) 알기 쉬운 홍범구주

기자와 무왕의 대화는 역사적으로든 정치적으로든 극적인 사건으로 기록되었다. 새로운 시대를 맞이하는 두 거물의 심리, 승전국 국왕과 패전국 정신 지도자의 담화, 라이벌 사이의 대립 또는 융화를 통하여 천하의 안녕을 위해 동이족과 서방족의 갈등을 잠재우고 악수하는 광경을 읽을 수 있다.

흔히 말 위에서 천하를 얻을 수 있으나 말 위에서 천하를 다스릴 수 없다는 말처럼, 무왕은 국가 통치의 정신적 이념이 절실했다. 그래서 무왕은 기자를 찾았던 것이다. 기자는 모국을 빼앗은 무왕을 무조건 환대하지 않았으나, 그렇다고 무왕의 방문을 싫증내며 거절하지도 않았다.

기자와 무왕의 만남은 일종의 드라마틱한 역사물이다. 두 사람은 서로를 존중하면서 예의를 지켰고, 기자는 무왕에게 역대 성인들의 심법과 은대에 유행하던 주요 문화를 설명했다.[60] 만약 무왕이 기자를 방문하지 않았으면 후인들은 "홍범"을 알지 못했을 것이며, 기자 같은 대

---

60 방동미 지음/남상호 옮김, 『원시 유가 도가 철학』(서울: 서광사, 1999), 125-151쪽.
"홍범사상은 신비 종교에서 이성 철학으로의 발전을 보여준다. 또한 고대 神權 政治의 寶典인 동시에 '일종의 계시록'이며, 당시 정치 상황의 변동에 따라 儒家는 『尙書』 "洪範"에서 『周易』으로 전변했다."

인이 아니라면 무왕에게 "홍범"을 전달하지도 않았을 것이다.

영웅은 영웅을 안다고 할까. 무왕은 기자를 지극히 신뢰했다. 무왕이 기자를 얼마나 존경했으면 몸과 마음을 깨끗이 한 뒤[齋戒재계]에 만났겠는가? 무왕이 사모했던 기자의 "홍범"은 격언 수준의 율법이 아니라, 복희 이래 요·순·우·탕이 전수한 성인들의 심법 정신과 천하를 다스리는 방도들이 녹아 있기 때문일 것이다.

홍범사상이 갖는 도통道統의 의미를 문장가 소동파蘇東坡(1037-1101)는 날카로운 비평을 쏟았으며, 왕초王樵(1521-1599)는 날마다 『상서』를 읽고 홍범의 위상에 대한 독후감을 썼다.

"하늘이 도를 우에게 내려주고 기자에게 전달되었는데, 나로 하여금 끊어지지 않도록 했다는 것이다. 무왕이 전하지 않았다면 천하에 다시는 전해질 수 없었다. 기자의 됨됨이는 도를 전달하여 벼슬할 수 있음에도 벼슬하지 않았다."[61]

"'인심은 오로지 위태롭다[人心惟危인심유위]'는 네 글자는 성인의 학

소동파

문이 마음의 오묘함을 전한 것이지만, 정치의 상세한 정보는 언급하지 못했다. '수화금목토곡'을 다스리고 선정과 양민의 요체를 수차례 얘기했으나, 마음 깊은 곳의 일과 조목은 언급하지 못했다. '홍범편'은 인간 본성과 천명 및 정사의 대강과 세부사항을 모두 갖추고 있다. 믿음직스럽게도

---

61 『洪範正論』券1, "蘇氏軾曰: 天以是道畀禹而傳至於箕子, 不可使自我而絶也. 以武王而不傳, 則天下無復可傳者矣. 故爲箕子者, 傳道可仕則不可."

당우 이래의 성인들이 주고받은 소중한 말씀이다. 무왕은 단서丹書 4언에 의거하여 (목욕) 재계하고 받았다. … 아아, 후인들이 쉽게 읽도록 한 것인저!"[62]

우 임금에 내려준 천명이 기자에 이르러 비로소 '홍범'으로 체계화되어 알려졌다는 말이다. 기자는 하늘의 뜻이 자신에게서 끊어지지 않을 것을 확신하고 무왕에게 전달함으로써 역사적 사명을 완수했다. 소동파에 의하면, 조국이 멸망당하고도 벼슬길에 나아갈 수 있는 기회를 거부한 기자의 인격과 행실은 지식인의 표본이 되기에 충분했다. 실제로 무왕이 기자를 방문하여 천도를 묻자 기자가 화답한 천도의 본질과 현상에 대한 서술이 바로 홍범사상인 것이다.

"주나라 문왕 13년에 무왕이 기자를 방문하였다. 무왕이 물었다. "아아, 기자여! 하늘이 백성들을 보호하여 이들이 화목하게 함께 살도록 도와주시는데, 나는 치국의 떳떳한 이치를 모르겠소이다." 기자가 이에 대답하였다. "내가 듣건대, 옛날 곤鯀이 홍수를 막으면서 오행의 질서를 어지럽히자 천제께서 진노하시어 홍범구주를 주시지 않으니, 치국의 떳떳한 이치가 무너졌소. 곤은 죽임을 당했고, 우가 부친의 사업을 이어받아 일어났소. 하늘이 우에게 홍범구주를 내려주셨는데, 치국의 떳떳한 이치가 이로 말미암아 정해졌소이다."[63]

---

62 『洪範正論』券1, "王氏樵向書日記曰: 人心惟危四言, 聖學傳心之妙而未及政事之詳. 水火金木土穀惟修數語善政養民之要, 而未及心源事目之備. 洪範一篇, 性命政事大綱細目, 兼該全備. 信乎唐虞以來, 授受之微言也. 以丹書四言, 武王齋戒而受之. … 嗚呼, 後之人其可以易而讀之也哉!" 王樵는 경학가로서 『周易私錄』 『春秋輯傳』 『評定周易參同契』 등의 저술을 남겼다.

63 『書經』 「周書」 "洪範", "惟十有三祀, 王訪于箕子. 王乃言曰 嗚呼箕子! 惟天陰騭下民, 相

이 대화록의 주요 내용은 하늘이 만물에게 생명의 은혜를 내려주었으나, 무왕은 나라 다스리는 방법을 모르겠다고 고백하는 것으로 시작한다. 그러자 기자는 홍수 이야기로부터 풀어나간다. 천제天帝가 치수 사업에 성공한 보답으로 우에게 홍범구주를 내려준 사실을 바탕으로 기자는 치국과 천하사의 요체를 제시하였다. 기자와 무왕, 이 두 사람의 담화는 전쟁의 참상을 치유하는 민생 문제에 한정시키지 않고, 자연철학과 종교와 정치 경제 및 윤리 등 인류의 삶을 뒷받침하는 제반 문제를 다루었던 것이다.[64]

옛날 우禹의 아버지 곤鯀이 자연의 오행 법칙에 어긋나는 홍수 대책을 내리자 천제天帝께서 홍범구주를 주지 않았기 때문에 세상은 더욱 혼란해졌고, 그 결과 곤은 죽임을 당했다는 것이다. 반면에 우는 천도를 응용하여 치수에 성공했기 때문에 하늘이 홍범구주를 선물로 내려주었다는 것이다. 우는 아버지를 대신하여 치수 사업의 대명사로 추앙받는 존재가 되었다.

그런데 홍범과 오행치수법은 홍수 중심으로 전개되고 있는 공통점이 있다. 서양의 홍수 신화가 신(God)에 대한 믿음에 포커스가 맞추어져 있다면, 홍범에 나타난 오행치수법은 천명을 받아내린 다음에 홍수를 극복했다는 성인의 위대성이 부각되어 있다.

「계사전」에는 '하수에서 그림이 나오고 낙수에서 글이 나왔다[河出圖洛出書하출도낙출서]'라는 말만 나오고, 우에 대한 언급이 없다. 그러니까 우와 홍범구주가 직접 연결된 흔적을 『주역』에서는 발견할 수

協厥居, 我不知其彝倫攸敍. 箕子乃言曰 我聞, 在昔鯀陻洪水, 汨陳其五行, 帝乃震怒, 弗畀洪範九疇, 彝倫攸斁. 鯀則殛死, 禹乃嗣興, 天乃錫禹洪範九疇, 彝倫攸敍."

64 馮立輝, 「周易周期律和洪範五行思想」『周易始義』(河北: 九州出版社, 2015), 17쪽. "홍범의 오행사상은 중국 최초의 철학이다."

없다. 하지만 우임금 당시에는 천하가 홍수로 몸살을 앓았다는 사실만큼은 분명하다. 그래서 홍범에는 인간이 날씨를 비롯한 수많은 자연 현상에 어떻게 대응해야 하는가라는 천인감응天人感應의 문제가 핵심 코드로 투영되어 있는 것이다.

학자들은 문자를 풀이하는 것으로부터 홍범사상 전체에 대한 분석과 종합을 시작한다. 공안국孔安國은 우주의 기본 법칙을 밝힌 것이라는 점에 입각하여 '홍'은 클 '대大'로, '범'은 '법칙'으로 풀이하였다.[65] 즉 홍범구주는 천지의 이법을 아홉 개의 범주(Category)로 나누어 세상을 다스리는 이념이라는 뜻의 대경대법大經大法으로 해석한 것이다.

오늘날 학술계에서 자주 사용하는 범주라는 개념은 바로 홍범의 '범'과 구주의 '주'를 결합한 단어에서 비롯된 것이다. 홍범구주는 특정 개인이 보관하는 사유물이 아니라, 천도와 지도와 인도[彛倫이륜]를 밝힌 만물의 공식이기 때문에 조선의 김항金恒(1826-1898)은 기자를 성인으로 드높였던 것이다.[66]

홍범은 우임금에서 발단되었지만, 그것은 시공과 생명이 흘러나오는 시원, 하늘 또는 상제上帝에 맞닿기 때문에 형이상학과 종교의 색채를 띨 수밖에 없다. 홍범구주는 자연[五行오행]과 인간의 태도와 마음가짐[五事오사], 경제와 민생[八政팔정], 자연의 순환에 기초한 역법[五紀오기], 인간 주체성 또는 군왕의 중도[皇極황극], 실천 규범[三德삼덕], 신탁神託이 개입된 다수결 원칙의 의사 결정[稽疑계의], 자연의 징조와 인간의 감응[庶徵서징], 행복을 열망하는 인간의 심리[五福六極오

65　『尙書孔傳』(臺北, 中華書局, 1979), "洪, 大; 範, 法也, 言天地大法."
66　金恒은 箕子를 14 聖人 중의 한 분으로 추앙했다. 그는 盤古·天皇·地皇·人皇·有巢·燧人·伏羲·神農·黃帝·堯·舜·禹·箕子·文王·周公·孔子의 계보를 정리했다. 『正易』「十五一言」에 "기자 성인은 거룩한 성인이시다[箕聖乃聖]"라고 말했다.

복육극] 등을 총괄하고 있다.

"첫째는 오행이요, 둘째는 오사를 삼가 행하는 것이요, 셋째는 팔정에 힘쓰는 것이요, 넷째는 오기를 함께 쓰는 것이요, 다섯째는 황극을 세우는 것이요, 여섯째는 다스리는데 삼덕을 쓰는 것이요, 일곱째는 계의를 밝게 쓰는 것이요, 여덟째는 항상 생각하면서 온갖 징조를 쓰는 것이요, 아홉째는 권함에 오복을 쓰고 경계함에 육극을 쓰는 것이다.

初一曰五行, 次二曰敬用五事, 次三曰農用八政, 次四曰協用五紀,
초 일 왈 오 행 차 이 왈 경 용 오 사 차 삼 왈 농 용 팔 정 차 사 왈 협 용 오 기

次五曰建用皇極, 次六曰乂用三德, 次七曰明用稽疑, 次八曰念用庶徵,
차 오 왈 건 용 황 극 차 육 왈 예 용 삼 덕 차 칠 왈 명 용 계 의 차 팔 왈 염 용 서 징

次九曰嚮用五福威用六極.
차 구 왈 향 용 오 복 위 용 육 극

고전 전문가 황륜黃倫(?-?)은 장구성長九成(1092-1159)의 "9주는 천하의 보편 원리다"와, 부필富弼(1004-1083)의 "떳떳한 이치가 곧 9주다"[67]라는 말을 인용한 바 있다. 홍범구주는 보이는 세계와 보이지 않는 세계를 통틀어 만물의 척도와 윤리의 표준인 동시에 보편 원리라는 뜻이다. 이런 연유에서 '초일왈오행初一曰五行부터 차구왈향용오복육극次九曰嚮用五福威用六極'까지 65자는 낙서의 본문이고, 그 이하부터는 기자가 무왕에게 설명하는 해설문이라고 구분함으로써 낙서의 신비화 단계에서 홍범사상의 합리성으로 전환되는 계기를 맞는다.

---

67 송대의 黃倫이 지은 『尙書精義』 권28은 長九成의 "九疇, 天下之常理而已矣."라는 말과 富弼의 "彝倫者, 九疇也."라는 말을 인용하고 있다. 張九成의 『尙書詳說』을 보완한 책이 바로 『尙書精義』다. 이밖에도 司馬遷은 洪範九疇를 '鴻範九等'으로, 班固는 '大法九章'으로 표현하였다.

김이상金履祥(1232-1303)은 스승 왕백王伯(1197-1274)의 학설을 계승하여 밭두둑 '주疇'를 중심으로 홍범의 논리를 세 가지로 압축한 바 있다. '병의도並義圖'와 '대의도對義圖'와 '차제도次第圖'가 바로 그것이다. 이들은 낙서의 형상과 일치한다. '병의도'는 세상의 사건과 사물은 홀로 생기지 않고, 상대는 서로가 보이지 않는 손길로 작용하면서 이루어진다는 것을 얘기한다. '대의도'는 중앙의 가로 숫자 7·5·3을 중심으로 상하의 1과 9가 상대하고, 2와 6이 상대하고(5사는 2에, 3덕은 6에 연계), 4와 8이 상대하는(5기는 4에, 서징은 8에 연계) 체계를 갖는다. '차제도'는 말 그대로 낙서의 도상에 그려진 1부터 9의 수가 차례대로 생성하는 방식임을 지적했다.[68]

병의도並義圖				대의도對義圖				차제도次第圖		
4 天運	9 美醜	2 得失		4 常經	9 厚薄	2 本性		4	9	2
3 是非	5 皇極	7 吉凶		3 得政實	5	7 吉稽凶		3	5	7
8 休咎	1 生克	6 剛柔		8 變化	1 生克	6 氣質		8	1	6

홍범사상은 9수 논리로 일관되어 있다. 홍범의 9수 사유는 갑자기 출현한 것이 아니라, 오랜 전통에서 무르익어 생겨난 인식의 체계라는 것이다. 5행이 홍범에서 최초로 등장하지만, 실제로는 그 전에 이미 사용된 용례가 있는 것처럼 말이다. 우임금의 정치 철학을 집약한 『서경』은 다음과 같이 말하고 있다.

68 　將秋華, 『宋人洪範學』(臺北: 臺灣大出版委員會, 1986), 35-38쪽 참조.

"오직 덕으로만 옳은 정사를 할 수 있고, 정치는 백성을 잘 기르는 것에 있다. 수화금목토곡을 다스리고, 덕을 바로잡고 쓰임을 이롭게 하며 삶을 두텁게 하는 것을 조화하소서. 이 아홉 가지 공덕이 잘 펴지거든 아홉 가지 질서를 노래하시오. 훈계할 때는 좋은 말을 하시고, 독려할 때는 위엄있게 하시고, 아홉 가지 노래로 권장하여 그르치지 않게 하소서! 천제께서 이르기를 '그러하다. 땅을 다스려 하늘의 뜻을 이루고, 6부와 3사가 진실로 다스려져 만세토록 힘입음은 그대의 공이로다.' "[69]

이 "대우모편大禹謨篇"은 『고문상서古文尙書』에만 실려 있는 까닭에 진위에 대한 논쟁이 있으나, 수화금목토곡[六府육부]과 정덕·이용·후생[三事삼사]을 합한 9 또는 구공九功·구서九叙·구가九歌 등은 9수 사유의 전형을 보여준다. 6부와 3사가 잘 조화되어야 천하가 평안해진다는 것이다. 6부는 오행에서 비롯된 사고의 형태이며, '구공·구서·구가' 역시 오행을 기본으로 하는 9류類의 사유 방식일 것이다. 우의 구공九功과 기자의 홍범구주는 사유의 연속성이 성립하는 까닭에 '육부삼사'는 우임금의 홍범사상으로 불리기도 한다.[70]

첫째 오행이란 첫째는 물이요, 둘째는 불이요, 셋째는 나무요, 넷째는 쇠요, 다섯째는 흙을 말한다. 물은 아래로 적시고, 불은 위로 타오르고, 나무는 굽히거나 펼 수 있고, 쇠는 모양에 따라 바꿀 수 있

69 『書經』「虞書」"大禹謨", "禹曰: 於, 帝, 念哉! 德惟善政, 政在養民, 水火金木土穀惟修, 正德利用厚生惟和. 九功惟叙, 九叙惟歌. 戒之用休, 董之用威, 勸之以九歌, 俾勿壞. 帝曰: 惟. 地平天成, 六府三事允治, 萬世永賴 時乃功."

70 양대연, 『유학개론』(서울: 신아사, 1962), 87-88쪽 참조

고, 흙은 백곡을 심어 거둘 수 있다. 아래로 적시는 물은 짠맛을 낳고, 위로 타오르는 불은 쓴맛을 낳고, 굽히거나 펼 수 있는 나무는 신맛을 낳고, 모양에 따라 바꿀 수 있는 쇠는 매운맛을 낳고, 백곡을 심어 거두는 흙은 단맛을 낳는다.

一五行, 一曰水, 二曰火, 三曰木, 四曰金, 五曰土. 水曰潤下, 火曰炎上,
일 오 행   일 왈 수   이 왈 화   삼 왈 목   사 왈 금   오 왈 토   수 왈 윤 하   화 왈 염 상

木曰曲直, 金曰從革, 土爰稼穡. 潤下作鹹, 炎上作苦, 曲直作酸,
목 왈 곡 직   금 왈 종 혁   토 원 가 색   윤 하 작 함   염 상 작 고   곡 직 작 산

從革作辛, 稼穡作甘.
종 혁 작 신   가 색 작 감

둘째 오사란 첫째는 용모요, 둘째는 말이요, 셋째는 보는 것이요, 넷째는 듣는 것이요, 다섯째는 생각하는 것이다. 용모는 공손해야 하고, 말은 정당해야 하고, 보는 것은 분명해야 하고, 듣는 것은 귀 밝아야 하고, 생각하는 것은 통달해야 한다.[71] 용모가 공손하면 엄숙해질 수 있고, 말이 정당하면 다스릴 수 있고, 보는 것이 명백하면 명확해질 수 있고, 듣는 것이 귀밝으면 좋은 일을 도모할 수 있고, 생각이 통달하면 사리에 밝을 수 있다.

二五事, 一曰貌, 二曰言, 三曰視, 四曰聽, 五曰思. 貌曰恭, 言曰從,
이 오 사   일 왈 모   이 왈 언   삼 왈 시   사 왈 청   오 왈 사   모 왈 공   언 왈 종

視曰明, 聽曰聰, 思曰睿. 恭作肅, 從作乂, 明作哲, 聰作謀, 睿作聖.
시 왈 명   청 왈 총   사 왈 예   공 작 숙   종 작 예   명 작 철   총 작 모   예 작 성

셋째 팔정이란 첫째는 양식을 담당하는 관리요, 둘째는 재물을 담당하는 관리요, 셋째는 제사를 담당하는 관리요, 넷째는 공사를 담당하는 관리요, 다섯째는 교육을 담당하는 관리요, 여섯째는 도적

---

71 『論語』「顏淵」, "子曰 非禮勿視, 非禮勿聽, 非禮勿言, 非禮勿動." 공자의 잠언은 홍범과 밀접한 관계가 있다.

을 금지시키는 관리요, 일곱째는 외교를 담당하는 관리요, 여덟째는
군사를 담당하는 관리이다.

三八政, 一曰食, 二曰貨, 三曰祀, 四曰司空, 五曰司徒, 六曰司寇,
삼 팔 정　일 왈 식　이 왈 화　삼 왈 사　사 왈 사 공　오 왈 사 도　육 왈 사 구
七曰賓, 八曰師.
칠 왈 빈　팔 왈 사

넷째 오기란 첫째는 해요, 둘째는 달이요, 셋째는 날이요, 넷째는
성신이요, 다섯째는 (1년 절후를 아는 방법인) 역수이다.

四五紀, 一曰歲, 二曰月, 三曰日, 四曰星辰, 五曰曆數.
사 오 기　일 왈 세　이 왈 월　삼 왈 일　사 왈 성 신　오 왈 역 수

다섯째 황극이란 임금이 왕권을 세우는데 표준(법도)이 있으니, 이
오복을 모아서 백성들에게 널리 베풀어주면 백성들은 당신의 표준
을 존중할 것이며, 당신께 표준을 보존하는 방법을 알려줄 것이다.
무릇 백성들이 사악한 붕당을 만들지 않고, 신하들이 사적으로 패거
리를 만들지 않음은 임금이 표준을 세웠기 때문이다. 무릇 백성 중
에서 계책이 있고, 일을 하고, 절개를 잘 지키는 이를 당신은 항상
생각해야 할 것이다. 표준에 맞지 않더라도 죄짓지 않으면 임금은
그들을 받아들여야 할 것이다. 만약 어떤 이가 낯빛을 편안하고 온
순하게 하면서 '나는 미덕을 행합니다'라고 말하거든 당신은 그에게
복을 내려주시오. 그러면 신하들은 임금의 표준을 생각할 것이다.
무의무탁한 사람들을 학대하지 말고, 지혜롭고 명망 있는 사람들은
두려워하시오. 무언가 유능하고 일을 하려는 사람이 있거든 재능을
펼치게 한다면 그 나라는 창성할 것이다. 무릇 관리가 이미 부자로
서 녹봉이 많은데, 만일 당신이 그들로 하여금 국가에 공헌할 수 없
게 한다면 이 사람들은 죄에 빠질 것이다. 미덕을 행하지 않는 사람

에게는 복을 내려주더라도, 당신이 허물을 짓게 하는 것이다. 치우치거나 기울지 말고 왕의 의리를 따라야 하며, 사심으로 편애하지 말고 왕의 도를 따라야 하며, 무조건 미워하지 말고 왕의 길을 따르라. 치우치지 않고 편들지 않으면 왕의 도는 크고 넓어질 것이요, 편들지 않고 치우치지 않으면 왕의 도는 순조롭게 평평해질 것이며, 위반하지 않고 치우치지 않으면 왕의 도는 바르고 곧으리니, (임금은) 사람을 세우는 표준을 모을 수 있고, (신하와 사람들의) 표준을 임금에게로 돌아가도록 할 수 있소. 임금이 부연한 말이 바로 떳떳한 이치와 가르침이고, 이는 천제가 가르쳐주신 것이다. 무릇 백성들은 황극의 말을 부연한 표준을 준수하고 시행하면 천자의 광휘에 가까이 하여 가서 말하기를 '천자는 백성의 부모가 되시어 천하의 왕이 된다'고 할 것이다.

五皇極, 皇建其有極, 斂時五福, 用敷錫厥庶民, 惟時厥庶民, 于汝極錫
오황극　황건기유극　염시오복　용부석궐서민　유시궐서민　우여극석

汝保極. 凡厥庶民, 无有淫朋, 人无有比德, 惟皇作極. 凡厥庶民, 有猷
여보극　범궐서민　무유음붕　인무유비덕　유황작극　범궐서민　유유

有爲有守, 汝則念之, 不協于極, 不罹于咎, 皇則受之. 而康而色, 曰予
유위유수　여즉염지　불협우극　불리우구　황즉수지　이강이색　왈여

攸好德, 汝則錫之福, 時人斯其惟皇之極. 無虐煢獨, 而畏高明. 人之有
유호덕　여즉석지복　시인사기유황지극　무학경독　이외고명　인지유

能有爲, 使羞其行, 而邦其昌. 凡厥正人, 旣富方穀, 汝不能使有好于而
능유위　사수기행　이방기창　범궐정인　기부방곡　여불능사유호우이

家, 時人斯其辜. 于其無好德, 汝雖錫之福, 其作汝用咎. 無偏無陂, 遵
가　시인사기고　우기무호덕　여수석지복　기작여용구　무편무피　준

王之義, 無有作好, 遵王之道, 毋有作惡, 遵王之路. 無偏無黨, 王道蕩
왕지의　무유작호　준왕지도　무유작오　준왕지로　무편무당　왕도탕

蕩, 無黨無偏, 王道平平, 無反無側, 王道正直, 會其有極, 歸其有極.
탕　무당무편　왕도평평　무반무측　왕도정직　회기유극　귀기유극

曰皇極之敷言, 是彝是訓, 于帝其訓. 凡厥庶民, 極之敷言, 是訓是行,
왈황극지부언　시이시훈　우제기훈　범궐서민　극지부언　시훈시행

以近天子之光, 曰天子作民父母, 以爲天下王.
이 근 천 자 지 광   왈 천 자 작 민 부 모   이 위 천 하 왕

여섯째 삼덕이란 첫째는 정직함이요, 둘째는 강함으로 다스리는 것
이요, 셋째는 유순함으로 다스리는 것이다. 바르고 강녕함은 정직이
고, 강하여 남에게 친근하지 못하는 자는 강으로 다스리고, 화순하
여 친근한 자는 유순함으로 다스린다. (임금은) 깊게 잠긴 이는 강함
으로 다스리고, 높고 밝은 이는 유순함으로 다스려야 할 것이다. 오
직 임금이라야 복을 지으며, 임금이라야 위엄을 지으며, 임금이라야
좋은 음식을 먹을 수 있다. 신하는 복을 짓거나 위엄을 지으며 좋은
음식을 먹어서는 안 된다. 신하가 복을 짓거나 위엄을 지으며 좋은
음식을 먹으면, 그 해가 당신의 집안에 미치게 되고 흉함이 당신의
나라에 미치게 되어 신하들은 왕도를 버릴 것이며, 백성들도 법도를
어기고 난을 일으킬 것이다.

六三德, 一曰正直, 二曰剛克, 三曰柔極, 平康正直, 彊弗友剛克, 燮友
육 삼 덕   일 왈 정 직   이 왈 강 극   삼 왈 유 극   평 강 정 직   강 불 우 강 극   섭 우

柔克, 沈潛剛克, 高明柔克. 惟辟作福, 惟辟作威, 惟辟玉食, 臣無有作
유 극   침 잠 강 극   고 명 유 극   유 벽 작 복   유 벽 작 위   유 벽 옥 식   신 무 유 작

福作威玉食. 臣之有作福作威玉食, 其害于而家, 凶于而國. 人用側頗
복 작 위 옥 식   신 지 유 작 복 작 위 옥 식   기 해 우 이 가   흉 우 이 국   인 용 측 파

僻, 民用僭忒.
벽   민 용 참 특

일곱째 계의란 거북점과 시초점에 능통한 사람을 뽑아 거북점과 시
초점을 치도록 명령하는 것이다. 비오는듯함, 개임, 몽매함, 끊어짐
과 이김이여 정貞과 회悔다.[72] 모두 일곱 가지로서 거북점이 다섯이
고 시초점이 둘인데, 온갖 새겨진 글귀를 통해 변화를 추연하여 길

---

72 채침은 이를 占卦라고 말하면서 내괘는 '貞', 외괘는 '悔'라 풀이했다. "此, 占卦也. 內
卦爲貞, 外卦爲悔."

흉을 판단한다. 이 사람을 임명하여 거북점과 시초점을 치되, 세 사람이 점쳤다면 두 사람의 말을 따르시오. 당신에게 만일 중대한 의문이 있으면 먼저 스스로 마음으로 생각하고, 다시 경대부와 상의하고, 다시 백성들과 상의해야 하며, 다음에 거북점과 시초점에 의존하시오. 당신이 찬성하고 거북점이 찬성하고 시초점이 찬성하고 경대부가 찬성하고 백성들이 찬성하면 이것을 일러 대동이라 하는 것이다. 그러면 당신의 신체는 강건해질 것이며, 자손이 길함을 만날 것이다. 당신이 찬성하고 거북점이 찬성하고 시초점이 찬성하면, 경대부가 반대하고 백성들이 반대해도 길할 것이다. 경대부가 찬성하고 거북점이 찬성하고 시초점이 찬성하면 당신이 반대하고 백성들이 반대해도 길할 것이다. 백성들이 찬성하고 거북점이 찬성하고 시초점이 찬성하면 당신이 반대하고 경대부가 반대해도 길할 것이다. 당신이 찬성하고 거북점이 찬성하나 시초점이 반대하고 경대부가 반대하고 백성들이 반대하면 안에서 하는 일은 길하고 밖에서 하는 일은 흉할 것이다. 거북점과 시초점 모두가 사람의 뜻에 어긋나면, 조용히 있으면 길하고 일을 일으키면 흉할 것이다.

七稽疑, 擇建立卜筮人, 乃命卜筮. 曰雨, 曰霽, 曰蒙, 曰驛, 曰克, 曰貞
칠계의 택건립복서인 내명복서 왈우 왈제 왈몽 왈역 왈극 왈정

曰悔. 凡七卜五, 占用二, 衍忒. 立時人, 作卜筮, 三人占, 則從二人之
왈회 범칠복오 점용이 연특 입시인 작복서 삼인점 즉종이인지

言. 汝則有大疑, 謀及乃心, 謀及卿士, 謀及庶人, 謀及卜筮. 汝則從,
언 여즉유대의 모급내심 모급경사 모급서인 모급복서 여즉종

龜從, 筮從, 卿士從, 庶民從, 是之謂大同, 身其康彊, 而子孫其逢吉.
귀종 서종 경사종 서민종 시지위대동 신기강강 이자손기봉길

汝則從, 龜從, 筮從, 卿士逆, 庶民逆, 吉. 卿士從, 龜從, 筮從, 汝則逆,
여즉종 귀종 서종 경사역 서민역 길 경사종 귀종 서종 여즉역

庶民逆, 吉. 庶民從, 龜從, 筮從, 汝則逆, 卿士逆, 吉. 汝則從, 龜從, 筮
서민역 길 서민종 귀종 서종 여즉역 경사역 길 여즉종 귀종 서

逆, 卿士逆, 庶民逆, 作內吉, 作外凶. 龜筮共違于人, 用靜吉, 用作凶.
역　경사역　서민역　작내길　작외흉　귀서공위우인　용정길　용작흉

여덟째 서징이란 '비 오다', '해가 나다', '따뜻하다', '춥다', '바람 불
다', '때에 알맞다'라는 것을 말한다. 이 다섯 가지 기상이 갖추어져
각기 그 순서에 따르면 모든 초목이 무성해질 것이다. 한 가지 기상
이 너무 과다하면 흉할 것이며, 한 가지 기상이 너무 적어도 흉할 것
이다. 아름다운 행위의 징조는 (임금이) 공경스러우면 때맞게 내리는
비와 같고, 정치를 잘하면 때맞게 비추는 햇빛과 같으며, 지혜로우
면 때맞은 따뜻한 날씨와 같으며, 좋은 방책은 때맞게 추운 날씨와
같으며, 사리에 통달하면 때맞게 부는 바람과 같다. 나쁜 행위의 징
조는 방자하면 오래 내리는 비와 같고, 분수에 넘치면 오래 생기는
가뭄과 같으며, 향락을 즐기면 오래 무더워지는 것과 같으며, 조급
하면 오래 닥치는 추위와 같으며, 임금이 몽매하면 오래 부는 바람
과 같다. 임금이 정사를 살피는 것은 한 해이고, 경대부는 한 달이며,
백관들은 하루이다. 한 해와 한 달과 하루(의 시간)가 각각 뒤바뀌
지 않으면 백곡이 풍성해지고, 정치가 맑고 깨끗해지며, 현명한 신하
가 드러나 등용되어 국가가 태평해질 것이다. 한 해와 한 달과 하루
(의 시간)가 이미 뒤바뀌었으면 백곡이 풍성해지지 못하고, 정치가 어
지러워 밝지 못하며, 현명한 신하가 숨어버리고, 국가가 평안치 못할
것이다. 백성은 별과 같은데, 별에는 바람을 좋아하는 것이 있고, 비
를 좋아하는 것도 있다. 해와 달의 운행은 겨울과 여름이 있게 하니,
달이 별을 좇음으로 바람과 비를 써서 윤택하게 해 주는 것이다.

八庶徵, 曰雨 曰暘 曰燠 曰寒 曰風 曰時, 五者來備, 各以其敘, 庶草蕃
팔서징　왈우　왈양　왈욱　왈한　왈풍　왈시　오자내비　각이기서　서초번

廑. 一極備, 凶, 一極無, 凶. 曰休徵, 曰肅 時雨若, 曰乂 時暘若, 曰哲
무 일극비 흉 일극무 흉 왈휴징 왈숙 시우약 왈예 시양약 왈철

時燠若, 曰謀 時寒若, 曰聖 時風若. 曰咎徵, 曰狂 恒雨若, 曰僭 恒暘
시욱약 왈모 시한약 왈성 시풍약 왈구징 왈광 항우약 왈참 항약

若, 曰豫 恒燠若, 曰急 恒寒若, 曰蒙 恒風若. 曰王省惟歲, 卿士惟月,
약 왈예 항욱약 왈급 항한약 왈몽 항풍약 왈왕성유세 경사유월

師尹惟日. 歲月日, 時無易, 百穀用成, 乂用明, 俊民用章, 家用平康.
사윤유일 세월일 시무역 백곡용성 예용명 준민용장 가용평강

日月歲, 時旣易, 百穀用不成, 乂用昏不明, 俊民用微, 家用不寧. 庶民
일월세 시기역 백곡용불성 예용혼불명 준민용미 가용불녕 서민

惟星, 星有好風, 星有好雨. 日月之行, 則有冬有夏. 月之從星. 則以風雨.
유성 성유호풍 성유호우 일월지행 즉유동유하 월지종성 즉이풍우

아홉째 다섯 가지 복이란 첫째는 장수요, 둘째는 부유함이요, 셋째
는 건강과 평안함이요, 넷째는 미덕을 좋아하는 것이요, 다섯째는
늙어서 천수를 누리는 것이다. 여섯 가지 흉사란 첫째는 요절이요,
둘째는 질병이요, 셋째는 근심이요, 넷째는 가난함이요, 다섯째는
사악함이요, 여섯째는 나약함이다.

九五福, 一曰壽, 二曰富, 三曰康寧, 四曰攸好德, 五曰考終命. 六極,
구 오복 일왈수 이왈부 삼왈강녕 사왈유호덕 오왈고종명 육극

一曰凶短折, 二曰疾, 三曰憂, 四曰貧, 五曰惡, 六曰弱.
일왈흉단절 이왈질 삼왈우 사왈빈 오왈악 육왈약

이상 9주의 구조 체계를 분석하면, 5황극이 주체가 되어 나머지 8
개 범주를 통괄 운용하는 체계를 이루고 있다. 5황극을 중심으로 천
도를 지시하는 범주는 1 오행·4 오기·7 계의·8 서징이며, 인도를 지
시하는 범주는 2 오사·3 팔정·6 삼덕·9 오복육극으로 분류된다. 천
도 범주는 만물의 존재 원리를, 인도 범주는 인간의 당위 원리를 의미
한다. 따라서 홍범사상의 주제는 존재와 당위를 일관하는 체계를 밝
히는 것에 있다고 하겠다.

2) 문왕과 기자

"홍범"의 저자인 기자는 제왕학의 요체를 베풀지 않으면 안 되었는가? 기자가 살던 은말주초의 변혁기는 동이족東夷族이 세운 은나라가 주나라에 의해 후퇴하는 정권 교체기에 해당된다. 원래 은나라 태사太師 신분의 기자는 하은夏殷 대를 거쳐 내려온 도를 주 무왕에게 전승하는 고매한 인품을 보여 주었다. 그래서 공자는 은나라를 지탱했던 어진이의 한 사람[73]으로 기자를 높게 평가했던 것이다.

은말주초를 주름잡았던 인물로는 문왕·무왕 부자와 기자를 꼽을 수 있다. 『주역』 36번 지화명이괘地火明夷卦(䷗)는 난세를 살았던 성현들의 지혜를 얘기하고 있다. 명이괘는 위가 땅[地: ☷]이고, 아래는 불[火: ☲]로서 땅 속으로 밝은 빛이 들어가 어둡고 암울한 모습을 상징한다. 화지진괘火地晉卦(䷢)는 땅 위에 밝은 태양이 솟은 것이고, 명이괘는 땅 속으로 태양이 잠긴 형상이다. 태양이 땅 위로 드러났는가, 아니면 땅 속으로 감추어졌는가에 따라 진괘(䷢)와 명이괘의 차이점이 부각되는 것이다. 진괘(䷢)를 180° 뒤집어놓으면 명이괘(䷗)가 된다. 즉 명이괘는 밝음이 어둠에 빠져 다친다[傷]는 의미도 있다.

명이괘는 사회가 혼란기에 접어드는 암흑 시대를 상징한다. 명이明夷는 밝은 태양이 지하에 잠겨 어둠이 오는 카오스 상태를 떠올린다. 한편으로 명이괘는 고난과 역경을 극복한 문왕과 기자라는 성인을 등장시켜 새로운 사상과 새 문명의 출현을 예고하고 있다.

이밖에도 명이괘에는 고대 동북아 문명권을 화려하게 장식했던 동이족의 흥망에 대한 얘기가 단편으로나마 담겨 있다. 명이明夷에서의

---

73 『論語』「微子」, "微子去之, 箕子爲之奴, 比干諫而死, 孔子曰 殷有三仁焉."

'이夷'는 사람 인人과 활 궁弓 자의 합성어다. 예로부터 동방의 활을 잘 쏘는 겨레를 일컬어 동이족이라 불렀다. 따라서 명이의 '밝은 것이 상했다'는 뜻 이면에는 '동이 문화를 밝힌다[明夷]'와 '밝아오는 새아침의 문화'라는 메시지가 담겨 있다고 할 수 있다.

명이괘를 정치적으로 볼 때, 군왕이 어리석고 포악하여 신하와 백성들이 피해 입는 모습이다. 특히 왕조 교체기에는 말로 표현할 수 없는 고초가 뒤따른다. 난국을 돌파하는 방법에는 여러 가지가 있다. 정면으로 맞부딪치거나, 측면으로 돌아가는 것, 양심과 지조를 파는 경우 등이 있다. 어려운 때일수록 지키는 정조가 더욱 빛난다는 뜻이다.

『주역』은 온갖 역경과 고난을 이겨낸 사람을 높이 평가한다. 명검이 만들어지기 위해서는 숙련된 대장쟁이의 수많은 담금질이 필요하듯이 말이다. 명이괘는 어려움 속에서 불의와 타협하지 않고 정도를 지켜나갈 때의 가치가 더 돋보이는 지혜를 가르친다. 명이괘는 괘의 형태를 통해 문왕과 기자의 역사적 사명을 밝히고 있다.

"단전에 이르기를 밝은 것이 땅 속에 들어감이 '명이'다. 안으로는 문명하고 밖으로는 유순해서 큰 어려움을 무릅쓰니 문왕이 그러했다. '어렵게 하고 올바르게 함이 이로움'은 그 밝은 것을 그믐으로 한다. 안으로는 어려우면서도 능히 그 뜻을 올바르게 함이니, 기자가 그러했다."[74]

명이괘는 밝은 지혜를 쌓으면서 부드러운 얼굴과 처신으로 세상의

---

74 『周易』明夷卦, "彖曰 明入地中, 明夷, 內文明而外柔順, 以蒙大難, 文王以之. 利艱貞, 晦其明也, 內難而能正其志, 箕子以之."

거친 파도를 이겨내야 한다는 방법을 지적했다. 안으로는 불굴의 투지로 무장하고, 겉으로는 올바른 신조로 밝은 지혜를 숨기는 삶의 방식이다. 전자의 삶을 살면서 주역학의 거대한 기틀을 마련한 인물이 문왕이라면, 후자의 삶을 살면서 정치 철학의 토대를 세운 사람이 곧 기자라는 것이다.

『주역』과 문왕의 관련성에는 철학과 정치와 역사 문제가 복잡하게 얽혀 있다. 문왕은 주나라의 기반을 구축했을 뿐만 아니라 동양학의 물꼬를 새롭게 텄다. 그는 은殷의 주왕紂王에 의해 한때는 유리옥羑里獄에 갇힌 상황에서 64괘에 대한 괘사를 지음으로써 오늘날의 『주역』이 탄생토록 했던 주인공이다. 만약 문왕이 숱한 가시밭길을 무릅쓰고 『주역』을 저술하지 않았다면 후대의 칭송을 받지 못했을 것이다.

은의 주왕은 서양의 네로 황제를 능가하는 폭군이었다. 그도 처음에는 매우 총명한 군주였으나, 주색잡기에 빠져 국정을 혼란에 빠뜨렸고, 찬란했던 동방의 은 문명이 서방의 이민족에게 주도권을 빼앗기는 불명예를 뒤집어썼다.

주왕은 달기妲己를 만나고서부터 내리막의 운명을 걸었다. 달기는 주나라의 마지막 왕인 유왕幽王의 애첩였던 포사褒姒와 더불어 동양 역사에서 가장 음란하고 잔인한 여인이었다. 그녀는 유소有蘇 출신이다. 주왕은 포악한 정치를 간언하는 충신들의 말은 듣지 않고 달기의 눈치를 종종 살폈다고 한다.

주왕은 달기의 웃는 모습을 보고자, 구리 기둥에 기름을 발라 장작불 위에 놓고 죄인으로 하여금 그 위를 걷게 하여 미끄러져 타 죽게 하는 포락형炮烙刑을 구경하면서 즐겼다. 또한 채분형蠆盆刑이란 형벌을 만들어 죄수들을 독사와 전갈이 가득 찬 구덩이에 집어넣은 다음

그들이 괴로워하면서 죽는 모습을 보고 기뻐했다고 전한다.

그리고 비간比干이란 충신이 죽임을 당한 일도 달기가 은근히 부추긴 때문이라고 알려져 있다. 비간의 심장을 먹으면 병이 낳을 수 있다는 달기의 얘기를 들은 주왕은 비간의 심장에 일곱 개의 구멍이 있는가를 확인하면서 죽였다고 할 정도로 잔인했다. 또한 주지육림酒池肉林이란 고사성어도 이 당시에 생겼다. 연못을 술로 가득 채운 다음 예쁜 여인들을 숲처럼 둘러싸게 하여 주색을 즐긴 방탕한 생활을 일컫는다. 주지육림이 은나라를 멸망의 나락으로 이끈 결정적 사건이었다.

주왕의 삼촌 중에 기자箕子가 있다. 그는 주왕을 피해 도망쳐 정도를 지켰다. 은나라가 멸망당한 뒤에, 주나라를 창업한 문왕의 아들인 무왕武王(BCE 1169-BCE 1116)이 천하를 다스리는 법방을 묻자 민족적·정치적 대립을 초월하여 '홍범구주洪範九疇'를 전수해 위대한 사상가로서의 면모를 유감없이 남겼다.

3) 기자와 무왕

은말주초의 난세를 문닫고 새로운 세상을 열어제친 내강외유형의 대표자가 문왕이라면, 동방 민족 대 서방 민족 혹은 국가 대 국가의 이해 관계는 상반됨에도 불구하고 진리를 무왕에게 전달한 대인은 기자였다. 이런 연유에서 공자는 기자의 공로를 문왕과 어깨를 겨누는 인물로 칭송했던 것이다.

문왕보다 더 괴로웠던 사람은 기자였다. 왜냐하면 문왕과 주왕紂王은 서로가 이민족였지만, 기자는 주왕의 삼촌으로서 같은 핏줄이기 때문이다. 혈연으로는 조카와 삼촌 사이지만 정치적으로는 군왕과 신하의 주종 관계이다. 기자는 주왕의 폭정을 간언하자니 목숨이 두려웠고, 조카의 실정을 가족의 눈으로 직접 보기에는 몹시 힘들어 미친 척 하여 도망갔다.

기자의 발걸음은 고독 그 자체였다. 안으로는 밝은 표정을 감추어 조카의 폭정에 가담하지 않고, 위험한 상황에서도 자신의 정도를 지켰기 때문이다. 그 결과 문왕은 『주역』의 확고한 기반을 세웠고, 기자는 낙서에 근거하여 홍범구주를 정립함으로써 동양학의 두 축을 형성했던 것이다.[75]

명이괘(䷣)에는 한 시대를 풍미했던 잘 알려지지 않은 각양각색 군상들의 삶에 대한 스토리가 있다. 문왕과 기자와 무왕과 백이·숙제 등의 주연급 배우들이 활약했다. 명이괘는 초효에 백이伯夷·숙제叔齊를, 2효에 문왕文王을, 3효에 무왕武王을, 4효에 미자微子를, 5효에 기자箕子를, 상효를 주왕紂王으로 캐스팅했다. 이처럼 명이괘 각 효를 통해 은말주초에 활약한 유명한 성현들의 흔적을 찾을 수 있는 것이다.

초효의 군자가 백이·숙제라면, 2효 군자는 문왕이다. 문왕이 죽고 아들인 무왕이 은의 마지막 왕인 주紂를 치려고 하자, 백이와 숙제는 무왕의 말고삐를 붙잡고 신하로서 왕을 치는 것은 안 된다고 막았다. 무왕의 부하들이 나서서 백이와 숙제의 목을 베려고 하자 무왕이 막으면서 "이들은 의인이다. 이들을 죽이면 도의가 무너진다. 절대로 죽이면 안 된다"고 했다. 백이와 숙제는 자신들의 의견이 꺾이자 수양산首陽山에 들어가 고사리를 먹으면서 연명했다는 고사가 있다. 백이와

---

75 胡渭는 郝敬(1558-1639)의 말을 빌려 기자의 공로를 치하했다. 胡渭가 지은 『洪範正論』 卷1에는 다음과 같은 말이 나온다. "郝氏敬 尙書辨解云: 箕子與文王並囚, 文王衍易, 箕子衍範, 其志同也. 故夫子贊明夷, 以文王箕子並列議論." 郝敬은 뛰어난 경학 사상가로서 『周易正解』·『易領』·『毛詩原解』 등의 저술이 있다.

숙제가 수양산으로 들어가려하자 무왕이 말리면서 대업을 함께 이루자고 설득했던 것이다.

백이와 숙제는 주紂가 비록 둘도 없는 폭군이지만, 신하가 임금을 죽이는 혁명에 가담할 수 없는 양심의 소유자였다. 형제는 혁명의 부당성을 주장하면서 단식으로 투쟁했던 것이다. 백이와 숙제는 주나라의 녹을 먹을 수 없다고 하면서 수양산으로 들어가 죽었다. 이후 백이와 숙제는 영원한 청백리의 표상이 되었다.

2효는 험한 세상에는 외유내강의 삶이 바람직하다는 것을 얘기한다. 그것은 음이 음 자리에 있고[正], 하괘의 중용이지만[中], 2효 문왕과 5효 기자는 라이벌 관계이기 때문에 음양이 상응하지 않는 양상이다. 2효의 내용에서 넓적다리에 화살이 꽂혔음은 문왕이 10여 년 동안 유리옥에 갇혔음을 상징한다.[76] 정치범은 면회가 허용되지 않는 관례를 고려할 때, 문왕은 고립무원의 처지였다. 구원자는 오로지 아들인 무왕과 자신의 측근들 뿐이었다. 문왕에게는 강태공姜太公, 산의생散宜生 등 충성스런 신하들이 보필하여 외롭지 않았으나, 5효의 기

강태공　　　　　　　　　산의생

76　"六二, 明夷, 夷于左股, 用拯馬壯, 吉. 象曰 六二之吉, 順以則也."

자는 외톨이 신세였음을 2효가 증명하고 있다.

명이괘 2효에서 말하는 중정의 도리를 실천한 문왕은 천하 통일의 확고한 기반을 세워 성인으로 추앙받았다. 그는 감옥에 갇혀서도 『주역』을 지어 문명의 전환을 이루었을 뿐만 아니라 정치 일선에 복귀하는 탁월한 능력도 발휘했다. 문왕의 공로가 얼마나 위대했으면 3경三經에 공통으로 수록되어 있을까? 즉 『주역』에는 문왕팔괘도와 괘사, 『시경』에는 "문왕지습文王之什", 『서경』에는 "서백감려西伯戡黎"가 실려 있는 것만 보더라도 문왕의 업적을 짐작하고도 남는다.

명이괘 3효는 양이 양 자리에 있으나[正], 하괘의 중용을 벗어나 있고[不中], 상효와는 상응한다. 3효는 양이 양 자리에 있기 때문에 에너지가 넘쳐야 할 수 있는 '사냥'이라는 단어가 나온다. 2효 자체가 유순하므로 글월 문文을 의미하는 문왕이 나왔다면, 3효는 힘을 써서 사냥감을 잡아야 하므로 무왕에 대한 내용이 나타난다.[77]

무왕이 드디어 칼을 뽑아 주紂를 치기 위해 남쪽으로 정벌을 나섰다. 그래서 상효를 뜻하는 폭군인 주왕의 머리를 베었다.[78] 무왕에게 쫓긴 주왕은 궁궐에 들어가 군복을 벗은 다음, 곤룡포를 입고서는 자살했다고 한다. 무왕은 자신에게 매달렸던 달기의 목도 베었다. 하지만 민심을 얻기 위해서 너무 서두르지 않았다. 은나라를 무너뜨리는 것은 하늘의 명이 없으면 불가능하고 판단한 무왕은 한참을 기다렸다가 2년이 지난 뒤에야 비로소 실행으로 옮겼던 것이다.

주왕紂王에게는 넓은 영토와 수많은 신하와 백성들이 있었으나, 점

---

77 "九三, 明夷于南狩, 得其大首, 不可疾貞. 象曰 南狩之志, 乃大得也."

78 주왕과 달기의 목을 벤 것은 은나라가 멸망당함을 뜻한다. 즉 무왕이 실제로 주나라를 세움으로써 하늘의 뜻을 크게 얻음을 가리킨다.

차 신임을 잃어버려 나중에는 한 사람도 주왕을 지지하지 않는 지경에 이르렀다. 그에 대한 원망은 하늘을 찌를 듯 했다. 주왕을 죽이는 것은 사람이 죽이는 것이 아니라, 하늘이 죽이는 것이라는 말이 나올 정도였다. 주왕은 외톨이로서 지는 석양이고, 무왕은 떠오르는 태양이었다. 무왕이 하늘의 뜻을 얻어 주왕을 정벌할 때, 강태공 같은 수많은 신하가 옆에서 도와주어 힘을 보탰다.

주왕

그리고 명이괘 4효는 주왕의 이복형인 미자微子를 상징한다. 동생의 실정을 돌이키려고 노력했으나, 부질없음을 깨닫고 은나라 조상들의 신주神主를 모시기 위해 동생에게 다가가 신임을 얻었다. 동생이 의심을 풀자 조상들의 위패를 비롯한 중요한 유물들을 거두어 아무도 모르는 산으로 숨었다. 그 후에 무왕과 주공周公은 은나라의 제사를 계속 받들도록 미자를 용납했을 뿐만 아니라 그에게 땅을 내려주었다. 조상신을 모시는 은의 전통이 후대에까지 전승될 수 있었던 것은 미자가 세운 송宋나라를 통해 가능했다.

명이괘(䷣) 5효는 음이 양 자리에 있으나, 상괘의 중용을 굳게 지키고 있으며, 2효와는 상응하지 않는다. 명이괘 5효는 기자의 고독한 삶을 가리킨다. 2효 문왕은 비록 감옥에 갇혔으나 불[離: ☲]의 밝음을 품고 있다. 하지만 기자는 5효라는 좋은 여건을 가지고 있음에도 자신의 웅지를 맘껏 펼치지 못하는 불우한 처지를 면하지 못했다. 왜냐하면 상효, 즉 같은 핏줄인 주왕과 한 몸체를 이루는 곤坤(☷)의 구성원이기 때문이다.

> "육오는 기자의 명이이니, 올바르게 함이 이롭다. 상전에 이르기를 '기자의 올바름'은 밝음이 종식될 수 없는 것이다."[79]

『서경』은 기자의 조카인 주왕의 폭정을 이렇게 서술하고 있다. "하늘은 혹독하게 재앙을 내리시어 은나라를 황폐케 하시거늘, 모두가 일어나 술독에 빠져 주정을 일삼고 있습니다. 두려워해야 할 것을 두려워 않고 있습니다."[80] 하지만 은나라의 지성, 시대의 등불였던 기자는 조국의 멸망을 인정하지 않을 수 없었다. 폭군의 말로를 지켜보면서 자신의 양심을 지키고 정도를 걷는다는 것은 성인이 아니면 불가능하다. 기자는 모국이 멸망당하는 슬픔을 견뎌낸 대인이었다.

왜 명이괘 5효에 기자가 위치하는가? 5효는 비룡재천飛龍在天하는 최고 존엄의 자리다. 명이괘 구성에서 기자는 초효 백이와 숙제, 2효 문왕, 3효 무왕, 4효 미자보다 훨씬 높은 임금 자리에 앉아 있다. 기자는 무왕의 아버지 문왕과 함께 당대를 대표하는 석학으로서 공자처럼 무관無冠의 제왕에 올랐기 때문일 것이다.[81] 한마디로 기자는 역사의 패배자가 아니라 진리를 수호한 승리자였다.

성인의 진가는 어려울 때일수록 빛난다. 기자는 조국의 패망을 지켜만 보았던 방관자가 아니다. 역사의 물줄기를 돌릴 수 없다는 것을

---

79 "六五, 箕子之明夷, 利貞. 象曰 箕子之貞, 明不可息也."
80 『書經』「商書」"微子", "天毒降災, 荒殷邦, 方興, 沈酗于酒. 乃罔畏畏 … "
81 陸象山은 箕子와 함께 皐陶를 고대의 2대 賢人으로 칭했다.(顧兆駿, 『儒家倫理思想』, 臺北: 正中書局, 1981, 5쪽 참조.)

인식했으나, 진리의 전승을 위해서 양심
을 팔지는 않았다. 역사가의 손가락질을
받지 않기 위해서 산으로 도피하는 것이
방편일 수는 있다. 기자는 무왕과의 담판
을 짓고 대도를 전수하고는 조선으로 물
러갔을 따름이다.

호위

이같은 기자의 올곧고 떳떳한 행위는
'올바름의 표상', '영원히 꺼지지 않는 햇
불'로 표현되기에 이르렀다. 그래서 문헌 고증에 뛰어난 경학자 청대
의 호위胡渭(1633-1714)는 "무왕이 기자를 방문하지 않았다면 홍범학
은 끊겼을 것이다"[82]라고 말할 정도로 기자는 고대의 전통을 현재로
잇게 하는 산파 역할을 한 위대한 사상가로 추존되었던 것이다.

---

82 『洪範正論』 卷1, "非武王之訪, 則洪範之學, 於是乎絶矣."

4.

홍범의 천도론

1) 유교의 진리관

동양철학과 서양철학의 출발은 애당초 문제의 설정부터가 달랐다. 희랍인들은 자연의 경이로움을 동경했으며, 더욱이 자연의 신비 너머에 있는 미지의 존재와 만물의 기원에 대한 궁금증을 풀어보려고 사유하면서 다양한 철학을 잉태시켜 왔다.

화가 폴 고갱(Paul Gauguin: 1848-1903)은 우리는 어디서 왔는가? 우리는 누구인가? 우리는 어디로 가고 있는가? 라는 문제 의식을 가지고 자연과 인간의 삶을 하나의 그림으로 표현하였다. 지난 이천 년 동안 서양의 문명을 이어온 가장 위대한 이야기, 서양 문화를 읽는 코드는 철학이 아니라 신神(God)이라는 주장도 있다. "신은 곧 존재이고, 창조주이며, 유일자이며, 창조의 목적은 구원에 있기 때문에"[83] 인간은 신의 사랑과 의지를 믿어야 한다는 이론을 펼치고 있다.

하지만 동양인들은 '나' 밖의 대상에 대한 물음보다는 삶 자체에 몰두하는 문제로부터 사유하였다. 우선 농경에 영향을 주는 자연의 질서와 공능을 터득하는 데 관심을 기울여 우리가 삶을 의탁하고 있는 이 세계는 어떻게 있는가에[84] 중점을 두어 실제 생활과 동떨어진

---

83 김용규, 『서양문명을 읽는 코드, 신』(서울: 휴머니스트, 2010), 13-17쪽 참조.
84 김충열, 「동양 인성론 서설」『동양철학의 본체론과 인성론』(서울: 연세대출판부,

관념적 사유는 멀리하였다. 그래서 일월의 운행과 기후 변화에 맞추어 생명체가 순환하고 변화하는 법칙을 해명하는 우주관이 성립되었던 것이다.

농경을 중시여기는 사회는 경험을 통해 얻은 지식으로 사물의 끊임없는 변화에 숨겨진 패턴과 자연의 본질에 대한 관심을 갖는 것이 보통이다. 변화는 어떤 사물이 하나의 상태에서 다른 상태로 넘어가는 과정을 통해 인식된다. 동양 고대인들은 수많은 감각 경험을 통해 인지한 사물의 변화를 세계의 본질 문제와 연결시키는 독특한 우주관을 수립하였다.

하지만 사물의 겉모습은 변화를 통해 곧바로 들여다볼 수 있는 장점이 있으나, 감각적 사유에 머무는 한계가 있기 때문에 만물의 궁극 원리, 또는 생성 변화를 통솔하는 지고무상의 존재를 사유의 정점으로 삼는 것은 지극히 당연하다. 여기서 바로 우주 전체를 주재하고 섭리하는 절대적 존재로서의 상제上帝 또는 천天이 등장한다.

홍범사상은 원시 종교와 정치와 윤리를 비롯하여 문화 전체를 총괄하는 상제 신앙과 천 사상의 원형이 담겨 있다.[85] 고전에 나타나는 제帝, 상제上帝, 상천上天, 호천昊天, 호천상제昊天上帝로 불리는 하늘은 만물을 창조하고 통치하는 성격을 갖는다는 우주관을 낳았다. 우주관은 원래 우주 생성론(Cosmogony)과 우주 구조론(Cosmology)이라는 형이상학적 사변과 과학의 경계 영역에 있는 학문이다.[86] 따라서 유교

1982), 169쪽 참조.

85 王暉, 『商周文化 比較研究』(北京: 人民出版社, 2001), 1-4쪽 참조. 王暉는 上帝를 숭배하는 商의 문화와 禮義 制度를 중시하는 周의 문화를 비교하면서 은말주초는 상제 신앙에서 하늘을 귀중하게 여기는 문화로 바뀌는 과도기에 해당된다고 했다.

86 김용운, 『동양의 과학과 사상』(서울: 일지사, 1984), 118쪽 참조.

에서 말하는 하늘은 자연 법칙 자체이면서 일종의 신의 성격을 지닌 이중의 의미를 내포하고 있다.

이 우주를 주재하는 절대자와 생성 변화의 궁극자인 천의 의지는 인간의 운명과 행위 규범까지도 관장한다. 한마디로 하늘은 우주의 질서를 유지하는 원리인 동시에 인간의 사회 질서까지도 지배한다. 그렇다고 인간은 한낱 하늘에 종속된 존재에 그치는 것이 아니라, 천지인 '삼재三才'를 말하는 『주역』과 '황극'을 말하는 홍범에 이르러 인간은 우주 구성의 아주 소중한 존재로 격상되었다.

우주는 생명의 텃밭이자 온실로서 인간은 자연 환경을 떠나서는 잠시도 생존할 수 없다. 그러니까 우주는 시공간이 빚어내는 조화의 손길로 이루어진 만물의 운동장이고 인간 삶의 터전인 셈이다. 흔히 우주는 Universe 또는 Cosmos로 번역되는데, 『회남자淮南子』는 3차원 시공간을 우주로 규정한 바 있다. '우宇'는 상하사방으로 벌어지는 공간 배열을, '주宙'는 과거에서 현재를 거쳐 미래로 흐르는 시간의 연속성을 가리킨다. 그것은 뉴턴(Newton: 1643-1727)이 말한 '시간과 공간(time and space)'의 뜻이 아니라, 아인슈타인(Einstein: 1879-1955)이 발표한 시공 연속체의 의미를 갖는 '시간-공간(time-space)'으로 번역하는 것이 옳을 것이다.

물리학에서 말하는 시간과 공간은 물체의 가시적 변화와 소재를 측정하는 수단 혹은 장소일 뿐이다. 그러나 이 세상에는 물질적 조건 이외에도 정신적 가치가 존재하기 때문에 『주역』은 하늘과 땅[天地]의 위대한 정신은 생명을 낳고 낳는 창조 행위에 있다[87]고 말했다.

---

87 『周易』「繫辭傳」하편 1장, "天地之大德曰生."

서양철학이 이성과 추론을 바탕으로 밖을 향하여 진리를 찾는 경향이 강하다면, 동양철학은 천도를 내재화하여 안으로 진리를 추구하는 까닭에 우주라는 용어를 즐겨 사용하지 않았다. 왜냐하면 우주를 생명과 도덕이 배제된 체계로만 파악하지 않기 때문이다. 오히려 우주의 질서와 패턴을 너머 윤리와 가치의 준거를 뜻하는 천지天地, 건곤乾坤 등의 다양한 명칭과 쓰임새로 사용되었다.

우주에 대한 지식을 얻는 방법은 크게 미시적 방법과 거시적 방법이 있을 것이다. 전자는 수많은 현상을 낱낱이 조각내어 사물 사이의 상호 작용과 관계를 분석하는 원자론의 입장이며, 후자는 인간을 포함한 자연을 하나의 커다란 유기체로 파악하여 전체의 시각에서 이해하려는 경우일 것이다. 서양의 우주관을 지탱해온 것이 원자론이라면, 유교의 우주론은 유기체 세계관이 뒷받침되었다고 할 수 있다.

과학이 마음 바깥의 사물과 대상 중심의 학문 체계라면, 불교는 애당초 외부의 사건과 사물은 마음이 빚어낸 산물이기 때문에 '마음이란 무엇인가'의 탐구에 집중하였다. 유교는 양자를 모두 포용한다. 유교는 극단적인 유물론과 유심론을 거부하고, 물질과 정신의 통합을 강조하는 유기체의 입장을 취한다.

> "하늘이 뭇 백성을 낳으심에 모든 사물에 법칙이 있게 하셨도다. 백성이 떳떳한 법도를 잡으니 아름다운 덕을 좋아하도다."[88]

하늘 아래 새로운 것은 존재하지 않는다는 말이다. 만물은 오직 하늘이 내려준 유전자 정보를 갖고 태어난다는 뜻이다. 『맹자』는 위 『시

---

88 『詩經』「大雅」"生民之什·蒸民", "天生蒸民, 有物有則, 民之秉彝, 好是懿德."

경』의 말을 인용하여 천명과 도덕의 근원에 대해 성선설性善說을 중심으로 성찰하였다. 송어에게는 송어의 법칙이 있고 개나리에게는 개나리의 법칙이 있는 것처럼, 유형 무형의 모든 사물은 하늘의 보편 원리로 귀결되며, 그것은 윤리의 문제와 동일 차원에 속한다는 것이다.

유교의 진리는 형이상학과 형이하학의 통합을 지향한다. 형이상학에 치우치면 사변에만 매달릴 것이고, 형이하학에 치우치면 근거 확보가 어렵다는 약점이 있다. 이 둘 중 어느 하나만을 고집할 경우는 절름발이 학술에 불과하기 때문이다. 『주역』은 불변과 변화를 통섭하는 의미의 '변화'에 주목한다. 불변만을 추구할 경우는 생명력 없는 '영원의 바다'에 빠질 것이고, 변화만을 탐구할 경우는 합리성 없는 지식만을 믿게 될 것이다. 그래서 『주역』은 불변과 변화를 총칭하는 천지를 주요 테마로 제시했던 것이다.[89]

이렇게 변화의 실상에 기초하여 만물의 원리를 찾아내는 『주역』의 우주론은 "생명을 낳고 낳는 것을 일컬어 역이라 한다"[90]는 말에 응축되어 있다. '변화'에 기초한 『주역』의 세계관은 파르메니데스의 존재(Being)의 세계관보다는 헤라클레이토스의 생성(Becoming)의 세계관에 훨씬 가깝다고 할 수 있다.

은말주초에 형성된 『주역』과 홍범사상은 존재론적 사고보다는 생성론적 사유에 근거하고 있음을 알려준다. 그것은 "한 번은 음하고 한 번은 양하는 것을 도라 한다. 그것을 잇는 것이 선이고, 선을 완수

---

89 하기락, 「主理論의 전망」『철학연구 (32집)』(서울: 한국철학연구회, 1981), 2쪽. "천지 즉 자연이란 하나의 총체적 현상을 관찰하고 분석하는 데서 철학적 원리를 색출한다."

90 『周易』「繫辭傳」상편 5장, "生生之謂易."

하는 것은 인간 본성이다"[91]라는 명제로 귀결되어 나타난다. 천지에 근거한 것이 곧 최고의 선(Good)이고, 그 선을 완결짓는 것은 인간의 도덕성이므로 존재 원리와 당위 원리는 동일한 원리의 두 측면이라 하겠다.

따라서 존재와 생성, 가치와 인식의 문제를 동일 지평에서 논의하는 발상은 물리 세계와 정신 세계가 공존하고, 내용과 형식이 이원적으로 존재하지 않다는 것으로 귀결된다. 한마디로 우주의 궁극 원리는 인간 본성의 심층에 도덕의 근거와 함께 자각 능력이 내재해 있음을 전제하는 것이다.

2) 오행의 자연철학적 의미

동양 고대에는 우주의 기원과 구조를 설명하는 두 개의 사상 노선이 있었다. 하나는 음양가陰陽家의 저술에서, 다른 하나는 『주역』에서 찾을 수 있다. 이 둘은 각각 독자적인 형태로 발전하였다. 또한 "홍범"과 『예기禮記』 「월령月令」은 5행을 말하나 음양은 언급하지 않았고, 『주역』 본문에는 음양의 언급이 없고, 5행이란 명사는 전혀 나타나지 않는다.[92]

우주의 운행 원리인 음양과 오행은 추연鄒衍(?-?)을 중심으로 하는 음양가에 의해 음양오행설로 발전하였고, 더 나아가 상생상극相生相克의 오덕종시설五德終始說로 흡수되었다. 그 뒤 음양과 오행은 별개의 학

---

91 『周易』 「繫辭傳」 상편 5장, "一陰一陽之謂道, 繼之者善也, 成之者性也."

92 馮友蘭 저. Derk Bodde 譯, 『A short history of Chinese Philosophy』(New York: Macmillan Publishing, 1948), PP. 130-131쪽 참조.

추연

양계초

설로 취급되지 않고, 음양오행을 하나의 사상으로 설명하는 전통이 성립하였다. "한대 이후의 논쟁에서 홍범의 오행만큼 많은 것은 없다"[93]는 말처럼, 음양과 오행의 유래에 대한 논의는 매우 다양하였다.

어떤 학자는 음양보다 오행이 먼저 발생했다는 주장을 펼치기도 했으나,[94] 오행을 둘러싼 수많은 이론들은 비판과 신뢰의 양극단을 걷는 형태로 나타났다. 중국의 근대 사상가 양계초梁啓超(1873-1929)는 당시 사회에 막대한 영향을 끼친 추연의 '오덕종시설'은 미신의 대본영大本營이므로 마땅히 청산되어야 할 대상이라고 강조했으며,[95] 심지어 홍범의 오행과 추연 이후의 오행사상은 전혀 상관이 없다는 견해[96]도 있을 정도로 오행은 지금도 세상을 설명하는 유효한 개념임을 부정할 수 없다.

홍범사상이 논쟁에 휘둘리는 까닭은 성립 시기와 저술 년대가 불분명한 것에 있는데, 특히 5행은 숱한 논란의 한복판에 있기 때문이다. 청대의 호위胡渭는 『홍범정론』에서 5행을 중심으로 천착부회하는

---

93 『四庫提要·經部·書類』2, "自漢以來所聚訟者, 莫過洪範之五行."

94 李漢三, 『先秦兩漢之陰陽五行學說』(臺北: 維新書局, 1981), 9쪽 참조.

95 梁啓超·馮友蘭 外/김홍경 편역, 『음양오행설의 연구』(서울: 신지서원, 1993), 29쪽 참조.

96 李秀美, 「董氏天人合一思想」『傳習錄』(臺北: 東吳大學哲學系, 1981), 201쪽 참조.

각종 참위설讖緯說의 폐단과, 임의로 글자를 바꾸는 나쁜 전통을 청산하여 오로지 객관적 이치[理]로 홍범을 해석하는 길을 열었다고 자부했다. 하지만 호위 역시 훈고학訓詁學에 지나치게 의존하는 한계를 벗어나지 못했다. 그는 문자나 문헌에만 기대어 학술의 위상 또는 의미까지도 평가하려는 오류를 범하고 있다.[97]

이런 의미에서 홍범사상을 논의할 때, 먼저 5행을 탄생시킨 세계관과 함께 5행 자체에 대한 개념을 규명하지 않으면 안 될 것이다. 갑골문 연구의 대가 동작빈董作賓은 갑골편甲骨片에 새겨진 점占의 내용을 분석한 결과, 5행의 실마리를 풀 수 있는 '5'의 의미를 소득으로 얻었다.

"기사년에 왕이 정인에게 '올해 상나라가 (무엇을) 얻겠는가'에 대해 거북점을 치도록 했다. (정인이 대답하기를) '왕께옵서는 길할 것입니다'라고 했다."

己巳王卜貞 '(今)歲商受(年)?' 曰王乩 '吉'
기사왕복정　금 세상수 년　 왈왕계 길

이 내용에 얽힌 얘기를 동작빈은 "올해는 동쪽이다. 올해는 남쪽이다. 올해는 서쪽이다. 올해는 북쪽이다"로 해석하여 동서남북의 4방 관념이 이미 은대에 실재했음을 밝혔다. 그리고 갑골편에 나타난 '상商'을 무정武丁 때에는 '중상中商'으로 불렀기 때문에 은대 후기에는 '중'을 포함한 5방 관념이 존재했음을 실증하였다.[98]

97　李振興,「尙書洪範篇大義探討」『尙書流衍及大義探討』(臺北: 文史哲出版社, 1982), 201쪽 참조.
98　董作賓,『董作賓學術論著』(臺北: 世界書局, 1968), 1047쪽 참조.

그런데 요임금이 나라의 중앙에 거주하면서 희중羲仲·희숙羲叔·화중 和仲·화숙和叔을 각각 동서남북의 순서로 4방과 춘하추동의 4시를 관 장토록 했던 기록이 있다. 그것은 갑골문과 『서경』「요전편」에 나오는 5방 관념이 일치하기 때문에 5방이 곧 오행사상의 기반이 되었다고 할 수 있다.

과거에는 수화목금토 5행을 단순히 우주를 구성하는 다섯 가지의 물질 요소 또는 참위설로 이해하는 경향이 많았다.[99] 사실 유물론 혹 은 참위설에 입각한 5행설은 '생명'을 강조하는 『주역』의 논지와는 거리가 한참 멀다. 홍범의 5행은 생성론의 입장에서 이해하는 것이 옳다. 왜냐하면 홍범에서 말하는 5행은 우주 생성의 본체本體 겸 작용 을 뜻하기 때문이다.[100]

그리고 5행이 9주 중에서 맨 처음에 위치하면서, 나머지 여덟 범주 가 경용敬用·농용農用·협용協用·건용建用·예용乂用·명용明用·염용念用·향용 嚮用과 위용威用 등 작용[功能, function]으로 표현하여 우주 운행의 작 용과 인간의 실천 문제를 동일 차원에서 규정한 반면에, 5행 자체 만 큼은 '작용' 범주로 제한하지 않았기 때문이다. 5행을 '초일初一'이라고 하여 '용用'을 쓰지 않았다. 그 이유는 '행' 자 속에는 이미 작용의 뜻이 함축되어 있으므로 '행'을 '용'으로 훈독할 수 있다[101]는 것이다.

---

99 徐復觀, 『中國人性論史(先秦篇)』(臺北: 商務印書館, 1984), 551쪽 참조. "鄒衍의 五德 終始說은 인간 행위의 근거를 밝힌 고대의 天命思想과 관련 없는 맹목적이고 기계적 사상이다."

100 여기서 말하는 본체는 초경험적인 실체(Substance), 불변하는 본성을 지닌 현상의 基體의 의미가 아니라 본체와 작용을 아우르는 主體에 가까운 개념이다. 생명의 자 궁을 뜻하는 하도의 북방 1水가 만물의 시초를 상징하는 것처럼.

101 戴君仁, 「陰陽五行學說究源」『中國哲學思想論集(總論篇)』(臺北: 牧童出版社, 1977), 238쪽 참조.

홍범은 5행의 요건을 다섯 가지의 원리와 작용과 그 의미를 다음과 같이 제시한다.

첫째 오행이란 첫째는 물[水]이요, 둘째는 불[火]이요, 셋째는 나무 [木]요, 넷째는 쇠[金]요, 다섯째는 흙[土]를 말한다. 물은 아래로 적시고, 불은 위로 타오르고, 나무는 굽히거나 펼 수 있고, 쇠는 모양에 따라 바꿀 수 있고, 흙은 백곡을 심어 거둘 수 있다. 아래로 적시는 물은 짠맛을 낳고, 위로 타오르는 불은 쓴맛을 낳고, 굽히거나 펼 수 있는 나무는 신맛을 낳고, 모양에 따라 바꿀 수 있는 쇠는 매운맛을 낳고, 백곡을 심어 거두는 흙은 단맛을 낳는다.

一五行, 一曰水, 二曰火, 三曰木, 四曰金, 五曰土. 水曰潤下, 火曰炎上,
일 오행 일왈수 이왈화 삼왈목 사왈금 오왈토 수왈윤하 화왈염상
木曰曲直, 金曰從革, 土爰稼穡. 潤下作鹹, 炎上作苦, 曲直作酸,
목 왈 곡 직 금 왈 종 혁 토 원 가 색 윤 하 작 함 염 상 작 고 곡 직 작 산
從革作辛, 稼穡作甘.
종 혁 작 신 가 색 작 감

수화목금토 5행은 만물의 생성과 순환 원리를 뜻한다. 그리고 윤하潤下·염상炎上·곡직曲直·종혁從革·가색稼穡은 5행 특유의 내재적 속성과 운동을, 짠맛·쓴맛·신맛·매운맛·단맛은 자연의 성과를 뜻하며 5행은 인체의 감각 기능과 연관이 깊다는 것을 가리킨다.

하지만 감각을 통해 직접 경험할 수 있는 지식을 넘어선 형이상학 차원에서 만물의 생성을 해명하는 방법이야말로 5행의 진정한 의미일 것이다. 그것은 자연에 대한 새로운 추론 방식이 아닐 수 없다. 흔히 물질 가운데서 만물의 근원을 탐구하려는 소박한 유물론에서 자연의 무한한 다양성을 '전체' 또는 '하나'의 관점에서 이해하고자 하는

관점을 홍범은 5행으로 제시한 것이다.

그럼에도 과거에는 물질이라는 생각에만 얽매어 5행을 만물 구성에 반드시 필요한 다섯 가지의 물질 요소로 해석하는 견해가 많았다. 5행을 우주 생성의 법칙으로 인식하지 않고, 종종 물질로 곡해하는 경우가 있었다. 더욱이 최근에도 서양의 학자 또는 서양 학문에 현혹된 동양의 학자들 역시 수화목금토는 엠페도클레스가 주장한 지수풍화地水風火의 4원소설과 유사한 점이 있으며, 단지 동양의 5행은 4원소설에 비해서 하나가 더 많은 것으로 간주하여 5행을 'five elements'로 영역하고 있다. 그것은 전혀 5행을 오역한 번역이다.[102]

그러면 5행을 물질이 아닌 생성론 혹은 존재론의 범주로 해석한 것

동중서

은 언제부터인가? 동중서董仲舒(BCE 170-BCE 120)에 이르러 비로소 음양과 오행이 결합되었고, 5행은 마침내 존재론에서 말하는 기氣로 격상되었다.[103] 그는 "하늘과 땅의 기운이 합하면 하나이고, 둘로 나뉘면 음양이고, (음양이) 나뉘면 4시이고, 펼쳐지면 5행이다."[104]라고 말했다.[105]

---

102 신철우, 「음양오행설의 현대적 해석」, 『철학연구(32집)』(서울: 한국철학연구회, 1981), 23쪽 참조.

103 서복관, 앞의 책, 578쪽 참조.

104 『春秋繁露』「五行相生」, "天地之氣, 合而爲一, 分爲陰陽, 判爲四時, 列爲五行."

105 한대 이후에 확립된 5행설은 세 가지의 발전된 형태로 나타났다. 그것은 크게 '시계 바늘의 회전 방향'과 '시계 바늘 회전의 반대 방향'의 둘로 나누는 5행설이 바로 그것이다. 이는 각각 태양과 달의 규칙적 운행을 기준으로 삼는 형식이다. ① 우주 발생의 순서[生序]: 수 → 화 → 목 → 금 → 토("홍범"의 주장), ② 상생의 순서[相生]: 목 → 화 → 토 → 금 → 수(董仲舒의 『春秋繁露』), ③ 정복의 순서[相勝]: 목 → 금 → 화 → 수 → 토(鄒衍의 주장). 이는 조셉 니담 저/李錫浩·李鐵柱·林禎垈, 『중국의 과학과 문명(II)』(서울: 을유문화사, 1986), 355-356쪽 참조. 서양의 Thales가 만물의

천지는 원래 하나의 몸뚱이로서 둘로 나뉘면 음양이고, 음양이 나뉘면 춘하추동 4시, 다시 나뉘어 5행이 된다는 것이다. 어쩌면 천지 → 음양 → 4시 → 5행이 일정한 순서로 나타난 것으로 인식할 수도 있다. 그것은 만물 생성의 논리적 순서를 가리킨 것이지, 시간적 선후를 의미하지 않는다. 실제로 이 넷은 하나의 몸체에서 나타나는 과정일 따름이다. 이 네 단계는 어떤 고정된 물체가 이곳에서 저곳으로 옮기는 사물의 형태가 아니라, 5행의 운행 과정을 세분화하여 설명한 것이다.

경학자 공영달은 5행의 시간이 곧 4시라는 주석을 달았다.[106] 5행은 본래 정지 상태 혹은 고정된 사물이 아니라는 것이다. 그러니까 5행의 '행'은 하늘이 운행하는 에너지의 흐름이므로 '행' 자 속에는 이미 기氣 철학이 탄생할 수 있는 기반이 마련되어 있었다는 것을 알 수 있다. 5행을 '기'로 해석하는 철학은 송대 성리학으로 연결되었다. 이때 5행과 음양의 관계를 추론하면 5행은 음양에 비해서 하위 개념이 된다.

주렴계周濂溪(1017-1073)는 「주역」의 '태극太極'과 '일음일양지위도一陰一陽之謂道'와 5행을 결합시켜 만물이 태어나 자라나는 과정을 풀어내었다. 249자의 짧은 글로 이루어진 주렴계의 『태극도설太極圖說』은 우주와 인륜의 근거를 밝혀 송대 철학의 뿌리로 자리잡은 유명한 논설문이다.

주렴계

arche를 물로 보았듯이, "홍범"도 만물의 근원 물질을 '물[水]'로 간주하였다.

106 「書經」「虞書」"皐陶謨"의 孔穎達疏, "百官皆撫順五行之時, 則衆功皆成也. 五行之時卽四時也."

"무극이면서 태극이다. 태극이 움직여서 양을 낳고, 움직임이 지극하면 고요하며, 고요함이 음을 낳고, 고요함이 지극하면 다시 움직이니 한 번 움직이고 한 번 고요한 것이 서로 뿌리가 되며, 음으로 나뉘고 양으로 나뉘어 두 가지 모양이 생긴다. 양이 변하고 음이 합하여 수화목금토 5행이 생성되며, 다섯 가지 기운이 골고루 펼쳐져 사시가 운행한다. 오행은 하나의 음양이요, 음양은 하나의 태극이니 태극은 본래 무극이다. 오행의 생성이 각각 하나의 성품을 갖추게 되며, 무극의 진리와 음양오행의 정수가 묘하게 합하여 응결되니, 건도는 남성을 이루고 곤도는 여성을 이룬다. 두 기운이 서로 느껴서 만물을 변화 생성시키니 변화가 무궁하다. 오직 사람만이 그 빼어남을 얻어서 만물의 영장이 되니, 형체가 이미 생성되어 앎을 드러낸다. (인의예지신) 다섯 성품이 느끼고 움직여 선과 악이 나뉘어 만가지 일을 드러낸다. 성인이 중정과 인의를 바르게 정하여 고요함을 위주로 인간의 표준을 세웠다. 그러므로 성인은 천지와 더불어 그 덕을 합하였고, 해와 달과 더불어 그 밝음을 합하였고, 사계절과 더불어 그 차례를 합하였고, 귀신과 더불어 그 길흉을 합했으니, 군자는 그것을 닦아 길하고 소인은 거슬러서 흉하다. 그러므로 '하늘의 도를 세우는 것을 음과 양이라 하며, 땅의 도를 세우는 것을 유와 강이라 하며, 사람의 도를 세우는 것을 인과 의라 한다'고 말한다. 또한 이르기를 '시작을 근원으로 하여 끝으로 돌아간다. 그러므로 삶과 죽음의 문제를 안다'고 했다. 위대하도다. 역의 이치여! 이것이 그토록 지극하도다."[107]

---

107 周濂溪, 『太極圖說』, "無極而太極. 太極動而生陽, 動極而靜, 靜而生陰, 靜極復動. 一動一靜, 互爲其根, 分陰分陽 兩儀立焉. 陽變陰合, 而生水火木金土, 五氣順布, 四時行焉.

주렴계는 5행을 5기氣로 풀었으며, 그
기의 흐름을 자연의 순환과 변화에 맞추
었다. 더 나아가 정이천程伊川(1033-1107)
은 형이상학과 형이하학을 구분하는 방
법에 의거하여 도道(리理)와 기氣를 가지고
우주의 생성과 목적을 해석하였다. "음양
을 떠나서는 도가 없다. (음양을) 음양이게
끔 하는 것이 도이고 음양은 기이다. 기

정이천

는 형이하자이고, 도는 형이상자이다."[108] 음양의 존재 근거가 곧 도이
며, 도는 형이상학이 추구하는 궁극 원리라는 것이다. 따라서 음양은
우주를 생성시키는 실제 원동력으로서 형이하학이 추구하는 물질 형
성의 최초 원인을 가리킨다. 정이천은 형이상자의 '도'와 형이하자의
'기器'를 리理와 기氣로 바꾸어 표현함으로써 우주를 '리기이원理氣二元'
으로 이해하는 성리학의 체계를 완비했던 것이다.

성리학이 말하는 기는 형상形相보다는 질료質料와 가까운 까닭에 기
器·음양·유형有形 등으로 표현되기도 하며,[109] 생명으로 가득 찬 만물
의 변화상을 읽을 수 있는 개념이다. 따라서 5행은 우주 운행의 규칙
성을 설명한 것이라 할 수 있다. 주희朱熹(1130-1200)는 주렴계의 음양

五行一陰陽也, 陰陽一太極也, 太極本無極也. 五行之生也, 各一其性, 無極之眞, 二五之
精, 妙合而凝. 乾道成男, 坤道成女, 萬物生生, 二氣交感, 化生萬物, 而變化無窮焉. 惟人
也, 得其秀而最靈, 形旣生矣, 神發知矣. 五性感動而善惡分, 萬事出矣. 聖人定之以中正
仁義, 而主靜立人極焉. 故聖人與天地合其德, 日月合其明, 四時合其序, 鬼神合其吉凶.
君子修之吉, 小人悖之凶. 故曰立天之道曰陰與陽, 立地之道曰柔與剛, 立人之道曰仁與
義. 又曰原始反終, 故知死生之說. 大哉易也, 斯其至矣."

108 『二程全書』권16, "離了陰陽更無道, 所以陰陽者道也, 陰陽氣也. 氣是形而下者, 道是形
而上者."

109 배종호, 『한국유학사』(서울: 연세대출판부, 1981), 16-17쪽 참조.

오행설과 정이천의 리기설을 종합하는 체계를 세웠다.

"이 기가 모이면 이치 또한 존재한다. 대개 기는 능히 (만물을) 응결
시키고 빚어내고 만들 수 있으나, 리는 도리어 정감과 의사도 없으
며 헤아리지도 않고 (만물을) 빚어내거나 만들 수조차 없다. 오직 이
기가 응결시키고 빚어내고 만드는 곳에 이 리가 그 가운데 깃들어
있다."[110]

  만물에 형체를 부여하는 기는 스스로가 모이고 흩어지면서 만물
을 빚어내는 에너지 생성의 근원자다. 기는 기운·힘과 운동 그 자
체·energy·macht로서 우주를 구성하는 근본 계기 또는 근본 요소인
것이다. 과거에는 기를 material force로 영역하고, 유물론적으로 해
석하여 energy라고 했다. 기의 물질적 측면도 인정되지만, 기는 끊임

주희(좌) · 주자 묘(우)

---

110 『朱子語類』 권1, "此氣之聚則理亦在焉. 盖氣則能凝結造, 作理却無情意無計度無造作.
   只此氣凝聚處, 理便在其中."

없이 낳고 낳는 생명 자체이기 때문에 생기론生機論(vitalistic theory)으로 해석하는 것이 타당하다. 아울러 기는 정신적 측면을 포함하고 있으므로 vital force로 번역하는 것이 훨씬 본래 뜻에 가까울 것이다.[111]

기는 원자(Atom) 같은 고정된 물체가 아니라 연속적인 유체流體라 할 수 있다.[112] 이런 연유에서 기는 다양한 용어로 표현된다. 기 자체, 음양, 5행이 바로 그것이다. 기 자체는 사물을 빚어내는 에너지의 손길이고, 음양은 기가 둘로 분화된 양상이고, 5행은 음양이 세분화된 것을 가리킨다.

『주역』은 하늘의 운행을 춘하추동과 동서남북과 인의예지로 규정했다. 춘하추동은 시간을, 동서남북은 공간을, 인의예지는 인간의 본성을 뜻한다. 시간과 공간과 인간이 우주를 구성하는 3대 축이라는 뜻이다. 그러면 4상과 5행은 어떻게 다른가? 5행론에서 말하는 '신信'과 '토土'는 중앙에서 4상을 주재하고 있는데, "홍범"은 이를 황극皇極으로 설정했다. 그러니까 4상과 5행은 토 또는 황극을 본체로 인정했는가 여부에 따라 달라질 뿐이다.

음양과 5행의 관계는 주자에 이르러 심화된 이론으로 나타난다. 세 가지 관점에서 비교해보자.

① "양이 변하고 음이 합하여 수화목금토 5행이 생성되며, 다섯 가지 기운이 골고루 펼쳐져 사시가 운행한다. 오행은 하나의 음양이요, 음양은 하나의 태극이니 태극은 본래 무극이다."[113]

---

111 정인재, 「淸代實學의 本體論」 『동양철학의 본체론과 인성론』(서울: 연세대 출판부, 1990), 127-128쪽 참조.
112 范壽康, 『朱子及其哲學』(臺北: 開明書店, 1976), 73쪽 참조.
113 『太極圖說』

② "하늘은 음양오행으로 만물을 화생시킨다."[114]
③ "음양은 5행 바깥에 존재하지 않는다."[115]

음양이 변화하고 결합하여 5행으로 작동하는데, 그렇다고 음양 바깥에 별도로 5행이 존재하는 것이 아니다. 비록 태극이 음양과 5행으로 분화되지만, 이들은 본래 똑같은 일원—元에서 비롯된 '기'이다. 5행은 본질이 서로 다른 다섯 개의 기가 아니라, 단지 유행流行의 측면에서 분류한 기의 구조적 존재 양태로 인식되는 것이라 할 수 있다.

5행은 땅에서 물질을 이루는 '바탕[質]'이 되고, 하늘에서는 기가 운행하는 것으로 구분된다. 즉 우주를 구성하는 본질로서의 기와 그 기가 운동함으로써 현실로 드러나는 바탕이 있다는 뜻이다. 그래서 조선의 이현일李玄逸(1627-1704)[116]은 5행을 '꾸미지 않은 본연의 바탕'과 '기'로 분석하였다.

이현일(갈암선생) 문집

"5행이 바탕으로 땅에서 갖추어지면 일정한 물체가 되며, 하늘에서 기로 운행하면 무궁한 변화가 있는 것이다. 예컨대 윤하潤下·염상炎上·곡직曲直·종혁從革은 바탕을 말한 것이고, 5행이 4시로 퍼지고 다섯 기운이 순조롭게 펼쳐져 4시로 운행하는 것은 기로 말한 것이다."[117]

---

114 『中庸』"天命之謂性"장에 대한 朱子의 주석, "天以陰陽五行, 化生萬物."
115 『中庸』"天命之謂性"장에 대한 眞德秀(1178-1235)의 주석, "陰陽不在五行外."
116 李徽逸(1619-1672)의 아우로서 호는 葛庵이다. 형과 함께 『洪範衍義』를 저술했다.
117 『洪範衍義』「五行」"五行總論", "五行質具於地而一定之體, 氣行於天而有無窮之變. 如曰潤

5행의 기가 형체 없이 운행한다면, 물질의 바탕을 이루는 5행은 특정한 형체로 드러난다. 그러니까 5행은 유형과 무형을 관통하면서 천지간에 편재偏在하는 것이다. 그래서 이현일은 자연의 작용을 표현하는 구체적인 질료와, 천지를 살아 있게 만드는 동력원으로 나누어 표현한 것이다. 5행은 윤하潤下·염상炎上·곡직曲直·종혁從革하는 작용으로, 그 결과로 나타나는 자연의 성과는 '함고산신감鹹苦酸辛甘'이라는 감각으로 느낄 수 있는 형태로 표출된다는 것이다.

따라서 5행은 정태적 시각으로 접근해서는 곤란하고, 천지 사이에서 상호 작용하는 역동적 힘으로 보는 것이 옳다. 그래서 홍범의 첫번째 범주인 '5행'은 다섯 가지 물질 형성의 바탕과 시공 변화를 가능케 하는 다섯 가지 기능을 얘기했던 것이다.

홍범구주는 천지를 하나의 유기체 구조로 설명하고 있다. 이때 천지는 그 구조를 형성하는 근본 틀이며, 5행은 그 구조의 골격과 시스템에 해당될 것이다. 그래서 호원胡瑗(993-1059)[118]은 5행을 「설괘전說卦傳」의 논리에 비유하여 설명했다. "5행은 수화목금토를 일컫는다. 천지가 있은 뒤에 음양이 있고, 음양이 있은 뒤에 5행이 있고, 5행이 있은 뒤에 만물이 있다. 따라서 5행이란 천지의 자식이요, 만물의 어머니다."[119]

호원

下炎上曲直從革, 以其質而言也. 如曰播五行於四時, 五氣順布四時行焉, 以其氣而言也."

118 北宋 시대 理學의 선구자로 알려져 있다. 호는 翼之이며, 저술로는 『洪範口義』와 『周易口義』가 있다.

119 『洪範口義』 卷上, "五行者卽謂水火木金土是也. 夫天地然後有陰陽, 有陰陽然後有五行, 有五行然後有萬物, 是則五行者, 天地之子萬物之母也."

천지의 자식이요 만물의 어머니인 5행을 공간으로 분석하면 물은 북, 불은 남, 나무는 동, 쇠는 서, 흙은 중앙에 배당될 것이다. 5행을 시간으로 분석하면 물은 겨울, 불은 여름, 나무는 봄, 쇠는 가을, 흙은 4시를 총괄하여 주재한다. 이처럼 만물은 5행 형식의 틀로 생성되며, 만물 가운데서 가장 영묘한 인간은 천지를 보완하여 스스로를 성숙시키는 으뜸가는 존재로 우뚝 선다. 그래서 임지기林之奇(1112-1176)[120]는 "5행은 천지인 삼재와 만물 사이에 운행하는 것"[121]이라 말했다.

5행은 천지와 인간을 꿰뚫는 보편 법칙이다. 홍범사상은 5행을 통해 자연의 존재 법칙과 인간의 도덕 법칙을 동일 차원에서 얘기하고 있다. 그러니까 자연과 인간의 질서를 규범화한 홍범구주는 천도인 5행을 기초로 논지를 전개시키고 있는 것이다. 5행을 중심으로 자연과 문명과 역사의 흥망성쇠를 설명하는 사람들은 자신들의 견해가 옳다는 논거를 도표로 표현하였다.

5행과 그 응용 범주들					
오행五行	목木	화火	토土	금金	수水
five elements	wood	fire	earth	metal	water
오방五方	동東	남南	중앙中央	서西	북北
사시四時	춘春	하夏		추秋	동冬
인성人性	인仁	예禮	신信	의義	지智
수數	3·8	2·7	5·10	4·9	1·6
오미五味	산酸	고苦	감甘	신辛	함鹹
오색五色	청靑	적赤	황黃	백白	흑黑

---

120 호는 拙齋로서 저서에 『尙書全解』와 『春秋周禮講義』, 『論語注』, 『孟子注』, 『孟子講義』, 『拙齋集』, 『觀瀾集』 등이 있다.

121 『尙書全解』 권24, "五行者, 行乎三才萬物之間也."

3) 역수의 형이상학적 의미

"홍범"을 주나라 사관이 지었다는 것으로 전제한다면, 이웃나라 중국은 천재지변이 많았던 재앙의 나라였다. 인간은 자연계에서 일어나는 여러 가지 이상 징후에 대해서 민감하지 않을 수 없으며, 그것은 하나의 경이와 심미의 대상일 수도 있으나 실제로는 엄청난 공포로 다가왔을 것이다. 농사를 삶의 전부로 여기던 농부들에게 홍수와 가뭄은 생활에 막대한 영향을 끼치는 사건이다. 특히 기상 이변은 인생을 통째로 바꾸는 자연의 경고등이었다.

홍수를 비롯한 자연 재앙은 하늘이 내리는 형벌인 까닭에 어떻게 대응하면 천벌을 면할 수 있는 방법을 고민하여 생겨난 것이 '천인감응설'이다. 그것은 자연의 현상과 인사의 대응 관계가 성립한다는 이론이다. 특히 음양오행설이 투영된 홍범구주에는 인간의 정치 행위는 반드시 하늘의 뜻에 순종해야 한다는 믿음이 전제되어 있다.

자연의 변화와 길흉, 역사의 흥망성쇠 사이에는 어떤 특정한 인과 관계가 존재한다고 생각하여 자연의 변화를 읽어내는 수단과 방법이 필요했다. 그것이 바로 천지 일월의 운행을 관찰하는 전문가의 등장이다. 천문관天文官은 농경에 알맞은 생활 시간표, 즉 달력을 제정하는 것이 주요 임무였다. 국가는 하늘의 시간을 헤아려 농사 스케줄에 부합하는 달력을 제정하여 백성들에게 알려주는 것이 가장 시급한 일이었다. 요임금의 최우선 정책은 농경 시간표를 작성하여 배포하는 것에 있었다.

"이에 희씨와 화씨에게 명하시어 크고 넓은 하늘을 삼가 따르게 하시고, 해와 달과 별들의 운행을 역법[曆]과 괘상[象]의 방법에 의거하여 사람들에게 적절한 시간을 알려주도록 하셨다."[122]

요임금이 임명한 희씨와 화씨는 하늘의 별자리 관측과 점성술占星術에 밝은 천문관이다. 그리고 천기天氣를 관찰한 결과를 국가의 기록으로 남기는 직책을 맡은 일종의 역산관曆算官이다. 그들이 맡은 업무는 천체에서 일어나는 각종 현상들을 인간의 행위에 대한 지침으로 해석하는 일에 있다. 일월성신의 규칙적인 움직임을 포착하려는 이유는 하늘의 뜻에 담긴 의미를 추론하고 미래를 예상하기 위한 최상의 방법이기 때문이다.

천문관이 하늘을 이해하던 방식은 크게 세 가지가 있다. 하늘의 현상을 실제 삶과 관련지어 해석하는 천문天文 또는 점성占星, 태양과 붙박이별 등 천체의 운행을 수數로 표현하는 역법曆法 또는 역산曆算, 관측과 사변을 종합하여 하늘의 모양과 운동을 얘기한 천체 구조론이 바로 그것이다.[123]

"홍범"은 천문 관찰을 통한 달력의 제작에 중점을 두었다.[124] 달력 제작의 목표는 하늘의 조직화를 통하여 일정한 주기에 부합하는 맞춤형 일상 생활을 유도하고, 불길한 징조를 제거할 수 있는 방책을 수

---

122 『書經』「虞書」"堯典", 乃命羲和, 欽若昊天, 曆象日月星辰, 敬授人時."
123 앤서니 애브니 지음/최광열 옮김, 『시간의 문화사』(서울: 북로드, 2007), 491쪽 참조.
124 앤서니 애브니, 앞의 책, 492-493쪽. "동아시아에서 달력과 관련된 일은 자유로운 사업이 아니다. 서양에서는 어느 시대를 막론하고 달력을 제조 판매하는 사람들이 호사스럽게 학문적 견해를 교환할 수 있었지만, 동아시아에서는 훨씬 후기가 될 때까지도 그러한 일이 허용되지 않았다. 시간 기록관의 업무가 너무 비밀스러웠던 까닭에, 9세기 당나라의 천문 부서에 내려진 명령은 다른 대민 관련 관리와 대중 사이의 의사 소통뿐 아니라, 시간 기록관과 그 하급자 사이의 의사 소통도 불가능한 전통이 있었다." 하지만 箕子는 달력 제정의 방법과 그 중요성을 대외적으로 공표하였다.

립하는 것에 있었다.

그러면 달력은 시간을 정리하는 파일인가? 아니면 달력은 문화적 성취물에 불과한가?[125] 시간은 달력과 상관 없이 존재하는가, 달력은 시간의 측정 방법에 의존하는가라는 질문이다. 실제로 달력은 태양의 운행과 자구의 자전 주기를 고려해 시간을 측정한 결과물이다. 또한 달력은 문화적 인간이 참여해 만든 사회적 구성물이라는 견해도 있다. 이 둘 중 무엇을 선택하는가는 중요하지 않다. 왜냐하면 시간은 인간이 묻는 가장 원초적이고 궁극적인 물음이기 때문이다.

"홍범"은 달력 제작의 근거인 시간이란 무엇인가를 제기하지는 않았다. 『서경』에는 시간의 측정을 비롯하여 달력 제작법에 대한 많은 기록들이 있다. 역법 제정의 목적은 어느 때에 씨를 뿌리고 김매어 수확하는 등과 같은 농업에 필요한 정확한 시간표를 백성의 삶에 도움이 되도록 하는 것에 있다. 요임금은 관리들에게 달력 제작의 원칙을 다음과 같이 말했다.

> "아아, 그대들 희씨와 화씨여! 1년은 366일이니, 윤달이 있는 4시로 1년을 정하여 진실로 백관들을 다스리면 여러 공적들이 모두 빛날 것이오."[126]

요임금은 희중羲仲·희화羲和·화중和仲·화숙和叔 형제에게 명령하여 4시와 4방을 관장토록 했고, 아울러 일월성신의 운행을 관찰하고 밤낮

---

125 외르크 뤼프케 지음/김용현 옮김, 『시간과 권력의 역사』(서울: 알마, 2012), 9-10쪽 참조.
126 『書經』「虞書」"堯典", "帝曰: 咨汝羲暨和! 朞, 三百有六旬有六日, 以閏月, 定四時成歲, 允釐百工, 庶績咸熙."

의 길이를 측정한 것을 종합해서 1년 366일의 역법을 제정하였다. 천문관들은 하늘을 28개 별무리로 나누어 해와 달의 움직임을 추적하였다. 28수宿의 중심에는 북극성北極星이 있고, 온갖 별들이 북극성 주변에 있는 북두칠성北斗七星을 모시고 있는 형상을 발견함으로써 우주를 조직적으로 인식하는 천문학이 급속도로 발전하였다.[127] 이처럼 천문을 바탕으로 군왕 중심의 정치가 발달할 수 있는 밑받침이 마련되었던 것이다.

요임금을 이은 순임금 역시 역법의 제정에 힘썼다. "선기옥형으로 살피시어 이로써 칠정을 가지런하게 하였다."[128] 천문을 관측하는 기구인 선기옥형璇璣玉衡[129]으로 해와 달, 그리고 목성, 화성, 토성, 금성, 수성의 운행을 살폈다는 것이다. 요임금 당시에 제작된 역법을 조정한 다음에, 새로운 역법의 의거하여 도량형度量衡을 비롯한 제반 문물제도를 재정비하였다.

일월의 운행에 따른 자연 현상은 길흉과 화복의 결과를 가져다주는 중대한 문제였기 때문에 자연의 변화를 설명하는 객관적 방법론이 중시되었다. 고대 철학은 "홍범"에서 말하는 역수曆數와 『주역』에서 말하는 상징을 주제로 하는 역철학으로 발전되었다.

『설문說文』은 역曆을 '지나다'는 뜻의 경력經歷으로 풀이했다. 역曆에

---

127 『論語』「爲政」, "子曰: 爲政以德, 譬如北辰居其所, 而衆星共之."
128 『書經』「虞書」"舜典", "璇璣玉衡, 以齊七政."
129 조선의 李衡祥(1653-1733)은 "『史記』・『漢書』・『晉書』・『隋書』 등 역대 중국 정사의 『天文志』와 『天元發微』・『太玄』・『爾雅疏』 등의 문헌을 광범위하게 인용하여 선기옥형의 명칭을 분석하였다. 이를 통해 선기옥형이 북두칠성을 뜻하는 것이었음을 밝히고, 斗建의 변화를 통해 계절의 흐름을 비롯한 천상의 변화를 일목요연하게 파악할 수 있다는 점을 들어 天運을 형상화하는데 북두칠성이 불가결의 요소임을 증명하고자 했다."(구만옥, 『조선후기 과학사상사 연구(1)』, 혜안, 2004), 331쪽.

는 지나다[經]와 지났다[過]의 의미가 내포되어 있다. 즉 '역曆' 자는 경과, 통과로서 과거에서 현재로의 시간 흐름을 의미하는 까닭에 '역수曆數'는 시간을 수학적 방법으로 계산하는 원칙을 가리킨다. 역수란 곧 시간의 흐름을 질서화·객관화·법칙화하는 시간표 작성의 토대와 방식을 뜻한다고 하겠다.

역수란 말은 『서경』「우서」 "대우모大禹謨"와 『논어』「요왈堯曰」에 나온다.

> "하늘의 역수가 네 몸에 있노니, 너는 마침내 원후에 오르리라. 인심은 위태롭고 도심은 은미하므로 오로지 하나의 마음을 가져 진실로 그 중도를 잡아라."[130]
> "요임금이 말했다. 아아, 순아! 하늘의 역수가 네 몸에 있으니 진실로 그 중도를 잡아라. 사해의 백성들이 곤궁하면 하늘의 녹이 끊어지리라."[131]

'하늘의 역수가 네 몸에 있다'는 말은 하늘로부터 주어진 천명이 너의 본성으로 주체화되었다는 것이며, 역수를 구성하는 원리가 곧 이 세상을 주재하는 형이상학적 근거로서의 천도라는 뜻이다.[132] 따라서 명의 내원은 하늘이고, 하늘의 의지는 역수 원리로 나타난다는 것이다. 그런데 과학자는 천체의 일월 운행을 시간의 근원으로 보아 자연화의 방향으로 해석하는 경향이 많다. 하지만 '하늘의 역수가 네 몸에

---

130 『書經』「虞書」"大禹謨", "天之曆數在汝躬, 汝終陟元后. 人心惟危, 道心惟微, 惟精惟一, 允執厥中."
131 『論語』「堯曰」, "堯曰: 咨爾舜! 天之曆數在爾躬, 允執厥中. 四海困窮, 天祿永終."
132 유남상, 「金恒의 正易思想」 『韓國近代宗教思想史』(원광대출판부, 1984), 972쪽 참조.

있다'는 말은 곧 시간은 인간의 실존 또는 의식 안에 내면화된 것으로 읽을 수 있다.

이런 까닭에 역수 원리의 통찰을 통해 천명의 역사적 사명이 인지되는 것이다. 그럼에도 한대 이후의 학자들은 '하늘의 역수'를 천명으로 이해하지 않고, 단순히 왕위를 계승하는 요·순 개인의 운수 또는 자연에서 일어나는 4시 변화의 법칙으로만 파악했다. 그러나 천체의 변화가 바로 천도의 구현이라는 것을 『주역』은 해와 달의 운행으로 표현하였다. 곧 해와 달이 시간을 주관한다는 뜻이다.

> "해가 가면 달이 오고, 달이 가면 해가 와 해와 달이 서로 미루어 밝음이 생긴다. 추위가 가면 더위가 오고, 더위가 가면 추위가 와 추위와 더위가 한 해를 이룬다."[133]

해와 달의 움직임을 통해 자연 현상이 포착되므로 시간은 일월의 변화로 인지되는 것이다. 그렇다고 해와 달이 시간 그 자체라고는 할 수 없기 때문에 해와 달의 변화 과정에서 지속되는 어떤 질서를 시간 관념으로 전환한 것이다. 따라서 일월 변화의 원리를 깨닫는 것이 곧 주역학의 근본 문제로 떠올랐다.

그러면 시간은 어디서 성립하는가? 시간의 성립에 대한 학설은 매우 분분하다. 자연과학, 물리학, 생물학, 심리학, 철학, 문학에서 말하는 다양한 시간관이 있다. 서양에서 뉴턴의 절대적 시간관이 아인슈타인의 상대적 시간관으로 바뀐 지 벌써 100여 년이 지났다. 과거의

---

133 『周易』「繫辭傳」下篇 5장, "日往則月來, 月往則日來, 日月相推而明生焉. 寒往則暑來, 暑往則寒來, 寒暑相推而歲成焉."

주장들은 시간 자체에 대한 물음보다는 주로 시간의 성격 혹은 시간의 인식 방법에 대한 논쟁이었다. 시간의 변화를 인식하고 통합할 수 있는 존재는 오직 인간뿐이다. 시간은 인간의 지각과 통각에서만 인식되지만, 감각 단계에서는 단지 상대적·주관적으로만 느껴지기 마련이다.

『주역』은 자연 질서의 두드러진 특징을 '4시'라고 말하여 시간을 괘상卦象으로 상징화하였다. 그래서 『주역』은 시간을 64괘의 배열 속에, 그리고 어떤 하나의 괘상 중에서 6효의 배열로 나타낸다. 이때의 시간은 모두 공간적 위치와 상응하는 일련의 지속성을 담지한다. 시간은 끊임없이 생명을 낳고 낳는 무궁한 변화로 드러나는데, 이를 『주역』은 상象과 수數로 표상하였다.

이러한 상과 수는 별개로 존재하는 것이 아니라, 『주역』의 세계를 설명하는 서로 다른 두 가지 방법의 차이가 있을 따름이다. "상과 수라는 개념을 분류하는 데에 논리적 연관이 아니라, 유추類推(analogy)에 의하여 외면적 제합성齊合性을 만들려는 도식주의圖式主義는 본질 구명을 외면한 피상주의라는 비난을 유럽인들로부터 자주 들어 왔으나,"[134] 자연의 변화에서 조화調和를 추구하는 방법인 상수象數는 세계를 통찰할 수 있는 아주 좋은 방법이다. 『주역』은 상수에 의거하여 우주와 인생에서 하나의 질서를 찾아내는 쾌거를 이루었다.

이런 관점에서 일월 변화를 시간 흐름으로 추론하면 역수를 밝히는 것이고, 공간 위상으로 표상하면 괘상 논리가 성립하는 것이다.[135]

---

134 김용운, 『동양의 과학과 사상』(서울: 일지사, 1984), 45쪽.

135 유남상·신동호, 「주체적 민족사관의 체계화를 위한 한국역학적 연구」 『인문과학 논집 13집1호』(충남대학교, 1974), 130쪽 참조.

그러니까 역수 원리에 근거한 역법의 제정은 모든 시대를 통틀어 생활 시간표 작성의 지침이 되었다. 천도인 변화 원리를 인간의 도덕에 적용한 것이 『주역』과 "홍범"이기 때문에 한국 철학의 세계화를 제창한 김일부는 '역수'를 핵심으로 자신의 논지를 펼쳤던 것이다.

> "역은 역법 성립의 근거이다. 역법의 이치가 없으면 성인도 없고, 성인이 없으면 역도 없다. 이런 까닭에 과거의 역과 미래의 역이 지어졌던 이유다."[136]

김일부는 괘상 중심의 『주역』을 넘어서 시간 구성의 근본인 '역수'를 핵심으로 『정역正易』을 지었다. 공간과 상징 위주의 『주역』으로는 세상의 본질을 파헤치는 것은 불가능하다는 것을 절감하고, 시간 중심의 사유를 통해 주역학의 지평을 새롭게 펼친 것이 바로 『정역』이다. 이런 점에서 『정역』은 "홍범"의 관점을 심도있게 들여다본 성과물이라 할 수 있다.

한마디로 김일부는 시간의 섭리를 읽어내어 천명의 내용을 밝혔으며, 그것은 과거의 도덕 형이상학. 괘기설, 납갑법納甲法 등 다양한 학설에 종지부를 찍고 역법 구성의 근거에 대한 사유를 전개하였다. 더나아가 김일부는 종래의 복희역·문왕역에 담긴 모순과 부조리를 극복하고 제3의 '일부역一夫易'을 지향하여 새로운 세상을 꿈꾸었다고 할 수 있다.

김일부는 역수 원리를 바탕으로 『주역』의 역사가 성인의 역사요, 시간의 역사요, 문명의 역사요, 우주의 역사라는 등식을 성립시켰다.

---

136 『正易』「大易序」, "易者曆也, 無曆無聖, 無聖無易, 是故初初之易, 來來之易, 所以作也."

더 나아가 과거 성리학이 불변하는 태극太極을 겨냥했다면, 김일부는 불변의 세계와 변화 세계의 진정한 통합을 외쳤다. 과거와 현재(선천)가 미래(후천)로 펼쳐지는 가운데 이 세상은 창조적 변화[造化] 과정을 통해 하나로 통일될 수 있는 가능성을 검증하였다. 결국 '역수'는 달력 구성의 법칙이 아니라, 천지 운행의 시간표 또는 운행 스케줄 시스템이라는 것을 논증하는 과정에서 인류는 어디로 가고 있는가라는 인류의 운명을 점검하였다. "홍범"은 역법의 구성을 다음과 같이 제시하고 있다.

> "넷째 오기란 첫째는 해요, 둘째는 달이요, 셋째는 날이요, 넷째는 성신이요, 다섯째는 (1년 절후를 아는 방법인) 역수이다."
>
> 四五紀 一曰歲 二曰月 三曰日 四曰星辰 五曰曆數
> 사 오 기 일 왈 세 이 왈 월 삼 왈 일 사 왈 성 신 오 왈 역 수

"홍범" 4번 범주는 『주역』의 '상'과 '수'를 동시에 다루고 있다. 일월의 운행은 '수'로 셈할 수 있고, 28수의 배열은 '상'으로 펼쳐지기 때문이다. 곧 일월성신은 '상'이며, 하루와 한 달과 1년은 역법을 바탕으로 이루어지는 '역수'를 뜻한다. 하루는 12시간, 한 달은 30일, 1년 12월이 4시를 형성하는데, 이것을 총괄하는 원리가 곧 역수인 것이다. 역수는 연월일시를 형성하는 시간의 법칙이다.

고대에는 366일을 1년으로 정하는 전통이 있었다. 동지冬至로부터 다음 동지까지가 1년[歲]이다. 사실 1년의 날수는 태양력太陽曆의 365¼일이다. 한 달[月]은 초하루부터 그믐까지로서 큰 달은 30일, 작은 달은 29이다. 초하루[137]는 전달의 마지막 다음 날을 기준으로 매

---

137 하루의 시작을 夏는 '새벽'으로, 殷은 '닭이 우는 시간'을, 周는 '한 밤중'을 기준으로

달 1일을 가리킨다.

예전의 태음력太陰曆은 달이 지구를 싸고 도는 기간이 1년에 대략 354일 걸린다. 태음력은 지구가 태양을 안고 도는 태양력에 비해 약 11일 정도가 모자라기 때문에 3년에 한 번, 5년에 두 번, 19년에 일곱 번씩 윤달을 두는 역법이 필요하다. 하루[日]는 밤 12시를 시작점으로 삼는다. 오늘 12시부터 다음 날 12시까지가 '하루'라는 뜻이다. 하루는 12시간이 표준이고, '성신星辰'은 28수를 가리킨다. 밤하늘을 수놓은 28수를 도표로 만들면 다음과 같다.

28수의 명칭과 방위	
동방칠수東方七宿(청룡靑龍)	각角, 항亢, 저氐, 방房, 심心, 미尾, 기箕
북방칠수北方七宿(현무玄武)	두斗, 우牛, 여女, 허虛, 위危, 실室, 벽壁
서방칠수西方七宿(백호白虎)	규奎, 류婁, 위胃, 묘昴, 필畢, 자觜, 삼參
남방칠수南方七宿(주작朱雀)	정井, 귀鬼, 유柳, 성星, 장張, 익翼, 진軫

흔히 '역수'의 역은 '역법', 수는 '산수算數'로 풀이하는 것에 익숙하다. 역법은 반드시 산수에 의존하는 까닭에 이 두 글자를 연결하여 역수로 부른다. 홍범구주에서 네 번째 범주인 '오기五紀'는 농경에 필요한 시간의 선후를 식별하는 것을 얘기한다. 더 나아가 하늘이 주재하는 시간의 섭리[天時천시]는 언제 어디서나 도덕 행위와 부합하는 시간의 당위성[時宜시의]으로 연결시키고 있다.[138] 이런 의미에서 역법과 역리曆理를 차별화시켜 이해할 필요가 있다. 전자가 역법에 의거한 달력

삼았다.
138 李振興, 앞의 책, 216쪽 참조.

만드는 법칙이라면, 후자는 역법 구성의 근거를 뜻하는 시간의 본성을 뜻한다.

그러면 역수에 담긴 진정한 의미는 무엇인가? 김일부는 역수를 시간의 선험적 질서로 인식하였다. 시간의 본성을 알고 싶어하는 것은 인간의 본능일지도 모른다. 시간의 본성을 알아야만 인간다운 삶을 영위할 수 있는 근거가 확보될 수 있기 때문이다. 시간은 생명의 원천이자 정보이며, 역사로 전환되는 어떤 실체이기 때문이다.

벤야민(Benjamin: 1892-1940)이 시간을 재는 '시계'와 역사를 기념하는 '달력'을 구분했듯이, "역사는 사건들의 순서를 마치 손가락으로 염주를 헤아리는 일처럼, 역사가들이 여러 계기들 사이에 인과적 결합을 세우는 작업의 결과물이 아니다. 역사는 자신의 시대가 과거의 특정한 시대와 함께 등장하는 성좌 구조(Konstellation)를 포착하는 작업이다."[139]

역수에 담겨 있는 시간의 의미는 천문을 관찰한 결과를 항상 올바른[適宜적의] 실천 행위로 옮기게 하는 것에 있다. 그것은 "천문을 관찰하여 시간의 변화를 살피고, 인문을 관찰하여 천하를 성숙하게 만든다"[140]는 정신과 일치한다. 왜냐하면 홍범의 목적은 도덕 세계의 건설에 있으며, 도덕 질서는 하늘의 질서에 기초하기 때문이다.

홍범구주를 천도의 생성론 측면에서 살펴보자. 생명의 본체인 5행이 시간의 운행으로 전개되어 만물이 생성되는 가운데, 만물의 영장인 인간이 태어나 삶을 영위한다. 그것은 천도를 뜻하는 5행과 5기의

---

139 김용규, 『철학카페에서 작가를 만나다- 시간 언어편』(서울: 웅진지식하우스, 2016), 119-121쪽. 벤야민이 말하는 "'Konstellation'은 별자리를 뜻하는 독일어다. 별자리는 우리가 구성한 이미지다."(같은 책, 119쪽 참조)
140 『周易』賁卦「彖傳」, "觀乎天文, 以察時變, 觀乎人文, 以化成天下."

범주 사이에 인도 문제인 5사와 8정이 배치되어 있는 것을 반영한다. 따라서 인도는 천지의 생성 법칙인 5행과 5기의 시공 속에서 성립된다고 할 수 있다. 그런데 구주 전체의 시각에서 보면, 천도는 인도의 주체인 5황극을 중심으로 전반부는 천도 자체를 언급한 5행과 5기를, 그리고 후반부는 천도를 인간의 의식 속에 내면화하여 터득한 8서징과 7계의로 나눌 수 있는 것이다.

4) 서징과 계의

8서징은 하늘의 운행이 땅에서 펼쳐지는 과정에 나타나는 자연의 갖가지 징조들이 인간 심성의 안테나에 포착된 범주를 뜻한다.

> "여덟째 서징이란 '비 오다', '해가 나다', '따뜻하다', '춥다', '바람 불다', '때에 알맞다'는 것을 말한다. 이 다섯 가지 기상이 갖추어져 각기 그 순서에 따르면 모든 초목이 무성해질 것이다. 한 가지 기상이 너무 과다하면 흉할 것이며, 한 가지 기상이 너무 적어도 흉할 것이다."
>
> 八庶徵 曰雨 曰暘 曰燠 曰寒 曰風 曰時 五者來備 各以其敘 庶草蕃廡
> 팔 서 징 왈 우 왈 양 왈 욱 왈 한 왈 풍 왈 시 오 자 내 비 각 이 기 서 서 초 번 무
> 一極備 凶 一極無 凶
> 일 극 비 흉 일 극 무 흉

서징은 하늘이 내리는 다섯 가지 날씨에 대한 인간의 사실 판단을 '역수' 중심으로 다섯 종류의 기후로 표현한 것이다. "홍범"은 자연과의 조화를 최상의 가치로 간주하고 있음을 엿볼 수 있는 대목이다. 때에 알맞은 기상에는 초목이 번성하지만, 그 반대일 경우는 흉하다고

지적하여 길흉의 판단을 개입시켜 천도를 인간의 심성 문제와 결부시키고 있다. 특히 '2오사'의 요건과 하늘이 내리는 날씨를 대응 관계로 설정하고 있다.

> "아름다운 징조는 (임금이) 공경스러우면 때맞게 비가 내리며, 조리가 있음에 때맞게 날이 개이며, 지혜로움에 때맞게 날이 따뜻하며, 좋은 방책은 때맞게 날이 추우며, 성스러움에 때맞게 바람이 부는 부는 것이다. 나쁜 징조는 방자하면 항상 비가 내리며, 분수에 넘치면 항상 볕이 나며, 게으름에 항상 날씨가 더우며, 조급함에 항상 날씨가 추우며, 몽매함에 항상 바람이 부는 것이다."
>
> 曰休徵 曰肅 時雨若 曰乂 時暘若 曰哲 時燠若 曰謀 時寒若 曰聖 時風
> 왈 휴 징 왈 숙 시 우 약 왈 예 시 양 약 왈 철 시 욱 약 왈 모 시 한 약 왈 성 시 풍
> 若 曰咎徵 曰狂 恒雨若 曰僭 恒暘若 曰豫 恒燠若 曰急 恒寒若 曰蒙 恒
> 약 왈 구 징 왈 광 항 우 약 왈 참 항 양 약 왈 예 항 욱 약 왈 급 항 한 약 왈 몽 항
> 風若
> 풍 약

'아름다운 징조'는 인격 함양 과정에 나타나는 5사의 '숙예철모성 肅乂哲謀聖'을 '우양욱한풍雨暘燠寒風'의 기후와 일대일 대응시키고 있다. 그것은 인성人性과 천도의 구현을 동일 차원에서 다루고, 심지어 하늘과 인간이 완전 합치되는 경지를 최고의 가치로 제시한 것이다. 반대로 '나쁜 행위의 징조'는 부족한 인격 도야로 인한 날씨와 대응시키면서 자연의 불길한 징조를 열거하였다. 이러한 논리는 후대에 천인감응설 또는 각종 재이설災異說을 낳은 원인이 되기도 하였다.

8서징은 4오기의 역수 원리를 통찰한 인간이 천지의 일에 동참하는 방법을 제시한 것에 의의가 있다. 그것은 인간이 하늘의 일에 참

여하는 이른바 '천인합일天人合一'의 경계에 도달하려는 의지의 소산이
라 하겠다. 그래서 채침蔡沈은 "5행은 생수로서 자연의 질서를 가리킨
다. 5사는 5행에 근거하고, 서징은 5사에 근거하는데 그 조리와 순서
는 서로 관통하여 질서가 있으므로 문란하지 않다."[141]고 말하여 홍범
구주 전체가 일맥상통하는 논리 체계로 구성된 것으로 보았다. 8서징
은 인간이 얼마만큼 심성을 수양했는가에 따라 자연 현상이 결정되므
로 자연과의 조화를 강조하고 있다.

"임금이 정사를 살피는 것은 한 해, 경대부는 한 달, 백관들은 하루
를 통해 살핀다. 한 해와 한 달과 하루에 때가 바뀜이 없으면 백곡
이 풍성해지고, 정치가 맑고 깨끗해지며, 현명한 신하가 드러나 등용
되어 집안이 편안해질 것이다. 한 해와 한 달과 하루에 때를 잃어 뒤
바뀌었으면 백곡이 풍성해지지 못하고, 정치가 어지러워 밝지 못하
며, 현명한 신하가 숨어버리고, 집안이 평안치 못할 것이다. 백성은
별과 같은데, 별에는 바람을 좋아하는 것이 있고, 비를 좋아하는 것
도 있다. 해와 달의 운행은 겨울과 여름이 있게 하니, 달이 별을 좋
음으로 바람과 비를 써서 윤택하게 해 주는 것이다."

曰王省 惟歲 卿士 惟月 師尹 惟日 歲月日 時無易 百穀用成 乂用明
왈왕성 유세 경사 유월 사윤 유일 세월일 시무역 백곡용성 예용명

俊民 用章 家用平康 日月歲 時旣易 百穀用不成 乂用昏不明 俊民
준민 용장 가용평강 일월세 시기역 백곡용불성 예용혼불명 준민

用微 家用不寧 庶民惟星 星有好風 星有好雨 日月之行 則有冬有夏
용미 가용불녕 서민유성 성유호풍 성유호우 일월지행 즉유동유하

月之從星 則以風雨
월지종성 즉이풍우

---

141 『書集傳』, "五行乃生數自然之敍. 五事則本於五行, 庶徵卽本於五事, 其條理次第相爲貫
通, 有秩然而不可紊亂者也."·

100

왕은 1년 정사를, 경대부는 한 달 정사를, 보통 백관은 하루 정사를 맡는다. 마치 신분 질서에 기초하는 정치가 연상된다. 그것은 사회와 자연을 이원적으로 이해하지 않고, 정치와 자연을 일원적으로 파악하는 사고를 엿볼 수 있는 대목이다.

마융

고대인들은 별자리와 날씨의 연관성을 노래로 읊었다. "달이 필성에 걸렸으니, 또다시 큰 비 내리겠도다."[142] 이를 마융馬融(79-166)은 '기성箕星은 바람을 좋고, 필성畢星은 비를 좋아한다'는 말로 표현하였다. "인간이 땅에 붙어 있는 것처럼 별은 하늘에 붙어 있다. 28수에서 기성이 보이면 바람이 많이 불고, 필성이 보이면 비가 많이 내린다"[143]는 말과 같이, 인간사의 향방을 천문에서 찾는 발상이다.[144] 특정 별자리가 특정한 날씨를 좋아하는 이치를 알면, 그것을 적절히 이용할 수 있기 때문에 자연과 인간은 상통할 수 있다는 뜻이다. 그러니까 왕으로부터 백성에 이르기까지 각자 맡은 바 임무를 완수하면 가정과 국가가 평안해진다는 것이다.

8서징은 정치 행위의 결과가 자연의 수많은 징조로 나타나기 때문에 덕을 닦는 수양의 당위성과 함께 행복의 길을 일깨우고 있다. 특히 '휴징'이 선행의 징험이라면, '구징'은 악행의 징험이다. 인간사에 휴징과 구징이 있으므로 스스로 마음을 단속하여 살피지 않으면, 정치

---

142 『詩經』「小雅」 "魚藻之什·漸漸之石", "月離于畢, 俾滂沱矣."

143 『書集傳』, "民之麗乎土, 猶星之麗乎天也. 好風者箕星, 好雨者畢星."

144 胡渭, 『洪範正論』 권5, "正義曰: 詩云月離于畢, 俾滂沱矣, 是離畢則多雨, 其文見於經, 經箕則多風, 傳記無其事."

와 교화가 정상을 잃고 백성들이 좋아하는 것을 따를지라도 문란해
진다는 것이다.

'서징'은 하늘의 섭리에 어긋난 행위를 했을 때 불길한 현상으로 나
타난다고 말했다. 길흉은 인간의 행위에 따라 결정되고, 하늘이 내리
는 재앙 또는 복 역시 인간의 행위에서 비롯되기 때문이다. 만약 군왕
이 하늘이 내리는 재앙을 두려워하여 지극 정성으로 선한 일을 쌓으
면, 흉은 길로 바뀌고 화禍가 복으로 바뀔 것이다. 한편 하늘의 재앙을
두려워하면서도 악한 일을 한다면, 하늘은 더욱 진노하여 재앙을 내릴
것이기 때문에 군왕이 어찌 경계하지 않겠는가? 이처럼 "홍범"은 흉을
길로 변화시킬 수 있는 착한 정치[善政선정]의 의무감을 고취하였다.

조선의 고봉高峯 기대승奇大升(1527-1572)은 날씨의 변화를 군주의
책임 정치와 연관시켜 풀이한 바 있다.

"기자가 홍범을 무왕에게 베풀 때에 하늘과 인간의 도리를 합해서
말했다. 하늘에서는 '5행'이고, 인간에서는 '5사'다. 서징이란 '우양
욱한풍'이다. '휴징'은 좋고 아름다운 징험이고, '구징'은 허물이 낳는

나쁜 징험이다. 휴징에서 군왕이 지혜로우면 때
에 알맞은 추위가 따른다는 것은 겨울이 추운
것과 같은 것이니, '모謀'는 군왕이 남의 좋은 말
을 잘 따르는 것이다. '구징'에서 성질이 급하면
오랫동안 추위가 계속된다는 것은 바로 지금 4
월에 눈이 내리는 것과 같으니, 이것이 바로 '항
한恒寒'의 징조이다. '급急'은 성질이 너무 조급한
것이니, 군왕이 자기 마음대로 행하는 것을 말

기대승

한다. 한대 유학자들의 「오행전」은 홍범을 근거해서 만들었는데, 그 책에서 말하기를 군왕이 총명하게 듣지 못하는 것을 '불모不謀'라 하니, 그 나쁜 징조를 '항한恒寒'이라고 하였다. 만일 성상께서 한쪽의 말만 편벽하게 들으면 아랫사람들의 마음이 통하지 못할 것이니, 이것이 곧 총명하게 듣지 못하는 것을 '불모'라 하는 것이다. 이것으로 보면, 하늘과 사람의 호응 관계를 옛사람들이 매우 상세히 말했다고 할 수 있다."[145]

서징은 자연과 인간의 일치를 겨냥한다. 앞에서 기대승이 '항상 추운 날씨'를 열거한 이유는 성정이 조급한 군왕이 정사를 제멋대로 베푼 결과라는 것을 지적한 말이다. 8서징은 2오사의 덕목을 겸비한 인간이 역수를 중심으로 자연의 여러 현상을 주체화한 천도 범주라 할 수 있다. 역수에 근거하여 나타난 기상을 어떻게 판단할 것인가를 홍범은 복서卜筮의 방법으로 해결하라고 얘기한다. 이것이 바로 계의稽疑다. 계의는 의심을 품는(묻)다, 의심을 해결한다는 뜻이 있다.

"일곱째 계의란 거북점과 시초점에 능통한 사람을 뽑아 거북점과 시초점을 치도록 명령하는 것이다. (씌인 글에) '비가 오겠다', '비가 그치겠다', '흐리겠다', '안개가 끼겠다', '음양 기운이 서로 침범하겠다', '옳다', '후회하다'라고 한다. 모두 일곱 가지로서 거북점이 다섯

---

145 『高峯集』「論思錄」上, "然箕子以洪範陳之於武王也, 合天人之道而言之. 在天爲五行, 在人爲五事. 其曰庶徵者, 雨暘燠寒風也. 曰休徵者, 休嘉之應也. 曰咎徵者, 咎愆之應也. 休徵所謂謀時恒若者, 如冬則寒. 謀卽人君聽用人言之事也. 咎徵所謂急. 恒寒若者, 如今四月下雪, 乃恒寒之漸也. 急謂促急也, 卽人君自用己意之事也. 漢儒五行傳, 祖述洪範而爲之, 其書亦曰聽之不聰, 是謂不謀. 厥咎恒寒, 如有上偏听則下情不通, 卽所謂聽之不聰, 是謂不謀者也. 以此觀之, 天人之應, 古人言之甚詳."

이고 시초점이 둘인데, 온갖 새겨진 글귀를 통해 변화를 추연하여
길흉을 판단한다."

七稽疑 擇建立卜筮人 乃命卜筮 曰雨 曰霽 曰蒙 曰驛 曰克 曰貞 曰悔
칠 계 의 택 건 립 복 서 인 내 명 복 서 왈 우 왈 제 왈 몽 왈 역 왈 극 왈 정 왈 회

凡七卜五 占用二 衍忒
범 칠 복 오 점 용 이 연 특

　고대인들은 세상을 살면서 의심스런 일이 생기면 복서를 통해 해결
하였다. 복서의 대상은 다섯 종류가 있으며, 이에 대해 두 개의 결론
을 내리는 과정에서 과부족을 판단하는 합당한 방법을 가리킨다. 주
대周代에는 거북이 등껍질을 불에 태워 생기는 균열 상태를 보고 점치
는 방법과, 서양의 톱니바퀴풀로 알려진 식물의 건조한 줄기에 의한
점운占運의 심지뽑기가 있다. '복卜'에 대응하여 '시蓍'에 조언을 구하
는 일의 용어는 '서筮'였다.

　시초점은 중요도가 낮은 사건에, '귀갑龜甲'은 보다 중요한 사안을
판단하는데 사용되었다.[146] '우제몽역극雨霽蒙驛克'은 하늘의 변화를 상
징하는 다섯 종류 '거북점'의 내용을, '정회貞悔'[147]는 인사의 길흉을 판
단하는 시초점을 가리킨다. 따라서 '정회'는 『주역』의 형성과 관련이
있다. 7계의에 나타난 '정회'를 바탕으로 『주역』의 상괘와 하괘가 만
들어졌기 때문에 괘상으로 표현된 주나라의 『주역』은 홍범구주에서
그 연원을 찾을 수밖에 없는 것이다.

---

146 李錫浩·李鐵柱·林禎埒, 『中國의 科學과 文明(III)』(서울: 을유문화사, 1988), 2-3쪽 참조.
147 거북점에 대한 해석은 鄭玄의 이론에 의거하는 것이 대부분이다. 특히 '貞悔'는 周易
　　의 내외괘, 즉 하괘와 상괘를 가리킨다. 『春秋左傳』僖公 15년 條는 "고괘의 내괘는
　　風이요, 외괘는 山이다.[蠱之貞, 風也; 其悔, 山也.]"라 했다. 蠱卦(䷑)의 괘상은 위(☶)
　　가 山, 아래(☴)가 風이다. 「說卦傳」11장은 "巽은 風, 艮은 山이다"라고 했듯이, 내괘
　　는 '貞'이고 외괘는 '悔'다.

104

복서 행위는 일정한 절차가 필요하다. 우선 국가 기관이 있어야 하고, 복서에 정통한 사람을 선택해서 복서에 전념할 수 있는 직책을 맡겨야 한다. 옛 법도는 복서를 모르는 사람 또는 국가가 공인한 사람이 아니면 점치는 것이 용납되지 않았다. 복서를 담당한 관리는 먼저 앞으로 살필 조항과 현실의 변화를 읽어내어 점친다. 그 조항이 일곱인데, 다섯은 동물을 사용하고, 둘은 식물을 사용한다. 점의 결과는 다수결 원칙을 지키는 것이 불문율이다. 옛날에는 점치는 사람을 세 명 두었고, 그 중에서 두 사람의 의견을 쫓는 원칙이 있었다. 복서가 비록 하늘의 계시일지언정 지극 정성을 다한 뒤에 하늘의 뜻을 물어야 한다는 뜻일 것이다.

"이 사람을 임명하여 거북점과 시초점을 치되, 세 사람이 점쳤다면 두 사람의 말을 따르시오. 당신에게 만일 중대한 의문이 있으면 먼저 스스로 마음으로 생각하고, 다시 경대부와 상의하고, 다시 백성들과 상의해야 하며, 다음에 거북점과 시초점에 의존하시오. 당신이 찬성하고 거북점이 찬성하고 시초점이 찬성하고 경대부가 찬성하고 백성들이 찬성하면 이것을 일러 대동이라 하는 것이다."

立時人 作卜筮 三人占 則從二人之言 汝則有大疑 謀及乃心 謀及卿士
입시인 작복서 삼인점 즉종이인지언 여즉유대의 모급내심 모급경사

謀及庶人 謀及卜筮 汝則從 龜從 筮從 卿士從 庶民從 是之謂大同
모급서인 모급복서 여즉종 귀종 서종 경사종 서민종 시지위대동

복서 행위가 필요한 국가 대사는 군왕의 등극, 수도의 옮김, 관리의 임명, 정복 전쟁 등의 큰 일이다. 기자는 무왕에게 국정을 살피는 순서에 대해 말했다. 먼저 스스로의 판단으로 결정하고도 미심쩍할 경우에는 고급 관리와 상의하며, 이것도 모자랄 경우는 서민들의 의

견을 참고하고, 마지막으로 복서에 물어봐 결정하라는 것이다.

7계의의 가르침은 지금도 유효하다. 매사에 먼저 자신의 양심에 묻고, 최대의 노력을 쏟은 다음에도 결과를 알 수 없으면 신에게 물어서 마음의 평화를 구하는 것에 있다. 그래서 호위胡渭는 귀신보다는 인간 심성이 중요하다는 주희朱熹의 말을 인용하였다. "마음은 인간의 신명으로 텅 비어 있지만 영묘한 지각 능력은 귀신과 다르지 않다. 비록 거북점과 시초점이 영묘할지라도 인간을 뛰어 넘지 못한다."[148]

개인사를 포함해 국가 대사를 묻는 질문은 결국 마음의 문제로 통한다. 하늘의 뜻을 묻는 복서 행위도 마음이 빚어내는 판단으로 결정된다는 뜻이다. "대개 복서는 하늘이 보여주는 것이지만, 반드시 사람의 일을 극진히 한 뒤에야 천명을 구할 수 있는 것이다. 천명과 인사는 둘이 아니기 때문이다. 홍범이라는 책은 반드시 황극이 세워지고 3덕이 다스려진 뒤에 마음과 경대부와 백성에게 물을 수 있으므로 인간의 일을 극진히 한 다음에 복서로 판단하기 때문에 거북점과 시초점 모두가 긍정하는 것이 '대동'인 것이다."[149]

그러면 홍범구주의 천도론에서 7계의가 차지하는 위상은 무엇인가? 우주의 본체는 5행이며, 5행은 역수의 시간 운행으로 전개된다. 그것은 존재 법칙으로서의 천도 범주이다. 4시 운행의 변화 가운데 여러 징험들이 왜 생겨나고 어떻게 대처해야 하는가의 결정이 필요하다. 특히 서징과 계의는 인간 심성의 눈으로 자연 현상을 바라본 물음

---

148 胡渭, 『洪範正論』 권5, "朱子曰 心者, 人之神明, 其虛靈知覺, 無異於鬼神. 雖龜筮之靈, 不至於踰人."

149 林之奇, 『尙書全解』 券25, "蓋卜筮者天之所示也, 必人事盡然後, 可以求之天命. 天命人事無異致故也. 故洪範之爲書, 必先於皇極建三德乂然後, 謀及乃心謀及卿士謀及庶人, 以盡人謀而斷之以卜筮, 故其龜筮協從而大同.

과 판단을 뜻한다. 그것은 천도인 동시에 인도의 범주라 할 수 있다. 왜냐하면 천도와 인도가 분리되면 천도에 대한 올바른 해독이 불가능하기 때문이다.

홍범에서 '서징'과 '계의'를 강조한 이유는 단지 왕권의 강화에 대한 관심사가 아니라, 인류 문명의 '미래 예측' 원리를 추구하는 간절함에서 비롯된 것이다. 미래 예측이란 곧 문명의 향방에 대한 예측을 가리킨다. 이런 의미에서 홍범의 정치철학은 미래의 정치를 예견하면서 보다 나은 상황을 이끌어가는 동력이 되어야 할 것이다. 그러니까 홍범구주에서 부각되는 정치철학의 개념이 천명과 황극인 것이다.[150]

홍범의 천도는 인간의 심성을 매개로 터득된 범주인 까닭에 천도에 근거한 인도야말로 진정한 도덕 법칙의 자격이 있다. 인도를 거치지 않은 천도는 냉엄하기 짝이 없는 물리 법칙에 불과하다는 결론에 도달한다.

유교는 도가처럼 자연에 몰입하거나 현실의 초월을 목표로 삼지 않았다. 하늘에 대한 인간, 땅에 대한 인간, 인간 자체의 주체적 자각이라는 3재의 통찰이 곧 유교 인간관의 형성에 힘을 발휘하였다. 이른바 공자의 "사람이 도를 넓히는 것이지, 도가 사람을 넓히는 것이 아니다"[151]라는 말에 극명하게 나타난 바와 같이 인도를 떠난 천도는 존재하지 않는다. 따라서 유교는 인간 주체성 중심의 사유로 전개되어 자율의 도덕성을 확보하였던 것이다. 그것은 홍범사상의 핵심과 동일하며, 우리는 그 가능성을 '황극'에서 찾을 수 있다.

---

150 탁양현, 『서경 홍범구주의 정치철학』(서울: 퍼플, 2017), 138-141쪽 참조.
151 『論語』「衛靈公」, "人能弘道, 非道弘人."

5.
홍범의 인도론

1) 황극과 인간 주체성

유흠이 낙서가 홍범이라고 말한 이래, 낙서와 홍범은 밀접한 관계가 있었음에도 불구하고 둘 사이의 사상적 연관성을 심도 있게 연구한 학자들은 매우 드물었다. 조선의 정약용丁若鏞(1762-1836)은 정전제井田制가 곧 홍범구주의 기원이라 주장했으며,[152] 혹자는 낙서가 고대의 달 신화에서 비롯되었다[153]라고 말했다.

낙서는 얼핏보아 45점으로 이루어진 한낱 도표에 불과하지만, 거기에는 역철학의 기본이 집약되어 있다. 낙서는 하늘이 내려준 영묘한 신비로운 물건에 그치지 않는다. 도리어 낙서는 우주변화의 원리를 표상하는 수학적 우주관 성립의 근거로 조명받았던 것이다.

정약용

『주역』은 괘상을 중심으로 수數를 말한다. 먼저 천지라는 이미지[象]를 말한 뒤에 수의 질서를 언급하였다. '상'이 현상 쪽에서 말한 것이라면, '수'는 법칙 그 자체를 의미한다고 할 수 있다. 하지만 상과 수 모두를 갖춘 낙서는 천지 만물의 변화를 수학으

---

152 『丁茶山全書(上)』(서울: 홍익인간사, 1960), 1125쪽 참조.
153 杜而未, 『易經陰陽宗敎』(臺北: 學生書局, 1982), 163-178쪽 참조.

로 체계화한 원리인 것이다. 복희팔괘도는 1부터 8까지의 수가 등장하고, 문왕팔괘도는 1부터 9까지의 수가 등장한다. 낙서에는 5가 중앙에 위치하지만, 문왕팔괘도에는 5가 은폐된 상태로 8괘 구성의 중심에 있다. 문왕팔괘도에는 5가 생략되어 있다. 빈 칸으로 존재하는 5는 8방의 중앙에서 만물을 주재하는 핵심이라는 것을 짐작할 수 있다. 그것은 낙서도의 5가 중심에 위치한 것과 똑같다.

낙서도와 문왕팔괘도의 외형을 비교해보자. 낙서는 만물의 생성 원리를 시간 중심으로 설명하고 있으며, 문왕팔괘도는 만물의 생성 원리를 공간 중심으로 설명한 것이라 하겠다. 문왕팔괘도의 5를 중심으로 1·6, 2·7, 3·8, 4·9의 1, 2, 3, 4 생수生數와 6, 7, 8, 9의 성수成數를 4방과 4시에 배치시키면 낙서의 형상과 일치한다. 따라서 낙서 즉 홍범은 역상易象의 원리로서 유교의 근본이 되는 것이다.[154] 한마디로 낙서도와 문왕팔괘도와 홍범구주의 공통점은 5수가 그 논리 전개의 핵심에 있으며, 그것은 홍범의 5황극으로 집약되는 것이다.

낙서는 우주 수학의 원형을 넘어서 하늘이 만물에게 생명과 본성을 부여했다는 천명사상과 연결되기에 이른다. 공영달孔穎達(574-648)은 낙서에 담긴 생명의 수학 법칙과 문왕이 천명을 받은 이유는 동일한 원리라고 강조하였다.

"하도는 하늘에서 말미암고, 낙서는 땅에서 나온 것이다. 참위설의 주석은 모두 문왕이 낙서를 받받았다고 말했으니, 천명은 하도낙서의 출현이 천지의 위격에 해당되기 때문에 천지를 본받은 것을 보인

---

154 張志淵 著/유정동 譯, 『조선유교연원』(서울: 삼성문화문고, 1975), 8쪽 참조.

공영달

것이라고 말한 것이다. 이들은 모두 사실상 천명이다. 그러니까 「육예론」은 '하도낙서는 모두 천신의 언어로서 왕에게 가르치고 알려 준 내용이다.'라고 말하였다. 곧 하도와 낙서는 하늘이 내린 명령이므로 문왕이 비록 낙서를 받았으나, 역시 천명이다. 제왕이 바뀌는 것은 하늘이 그렇게 시킨 것이다. 그러므로 후세의 창업하는 왕은 비록 하도와 낙서의 상서로운 징조가 없더라도 또한 '천명을 받았다'고 한 것이다."[155]

공영달은 하도와 낙서에 새겨진 글귀를 하늘의 말씀(logos)이자 천명이라고 이해한다. 이런 의미에서 방동미는 홍범을 '계시록啓示錄'이라고 규정했다.[156] 홍범사상은 유교의 천명과 뿌리를 함께 한다는 뜻이다. 이 천명 사상은 우주의 시초와 생성 및 인간의 본성 문제와 직결되어 있다. 인간에 대한 물음은 단독으로 설정되지 않고, 항상 천지와 더불어 시작하기 때문이다.

"하늘의 일을 인간이 대신합니다. … 하늘이 듣고 보시는 것은 우리 백성들이 듣고 보는 것에 따르며, 하늘이 밝히고 위엄하신 것은 우

---

155 『毛詩正義』권16 「文王之什 詁訓傳」 제23, "然則河圖由天, 洛書自地. 讖緯注說皆文王受洛書, 而言天命者, 以河洛所出, 當天地之位, 故託之天地, 以示法耳. 其實皆是天命, 故六藝論云: 河圖洛書皆天神言語, 所以教告王者也. 是圖書皆天所命, 故文王雖受洛書, 亦天命也. 帝王革易, 天使之然, 故後世創基之王, 雖無河洛符瑞, 皆亦謂之受命."『毛詩正義』는 秦漢 교체기에 살았던 毛詩學의 개창자 毛亨의 傳과 鄭玄의 箋, 그리고 唐의 孔穎達의 疏로 이루어져 있다.
156 方東美, 『原始儒家道家哲學』(臺北: 黎明文化事業公司, 1984), 54쪽 참조.

리 백성들이 밝히고 두려워하는 것을 따르는 것이다."[157]

"천지는 만물의 어머니요, 오직 인간은 만물의 영장이다."[158]

"천지가 있은 뒤에 만물이 있고, 만물이 있은 뒤에 남녀가 있고, 남녀가 있은 뒤에 부부가 있고, 부부가 있은 뒤에 부자가 있고, 부자가 있은 뒤에 군신이 있다."[159]

"옛날에 성인이 역을 지은 것은 장차 성명의 이치에 순응하고자 함이니, 하늘의 도를 세움은 음과 양이요, 땅의 도를 세움은 유와 강이요, 인간의 도를 세움은 인과 의로서 3재를 거듭한 것이다. 그러므로 역이 여섯 획으로 괘를 이루고, 음과 양으로 나뉘며, 유와 강을 차례로 사용했다. 그러므로 역이 여섯 위상으로 문장을 이루었다."[160]

역이 지어진 목적은 모든 사람이 성명의 이치를 따르기 위한 방법이라는 것이다. 성명이란 무엇인가? 『주역』은 천도가 천명의 형식으로, 천명은 다시 천성의 형식으로 드러나는 논리를 취한다. 천도는 하늘의 존재 방식이고, 천명은 만물에게 천도의 내용을 명령내리는 것이고, 천성은 천명을 자신의 본질로 품부받는 것을 뜻한다. 천명은 천도와 천성을 연결시키는 콘덴서다. 따라서 천명을 알면 천도와 천성을 동시에 알게 되는 것이다. 결국 성명론은 천도 → 천명 → 천성이라는 논리가 성립되는 까닭에 인간은 천성을 극진히 하여 천명을 깨

---

157 『書經』「虞書」「皐陶謨」, "天工人其代之, … 天聰明, 自我民聰明; 天明畏, 自我民明威."
158 『書經』「周書」「泰誓」, "惟天地, 萬物之母; 惟人, 萬物之靈."
159 『周易』「序卦傳」, "有天地然後有萬物, 有萬物然後有男女, 有男女然後有夫婦, 有夫婦然後有父子, 有父子然後有君臣."
160 『周易』「說卦傳」 2장, "昔者聖人之作易也, 將以順性命之理, 是以立天之道曰陰與陽, 立地之道曰柔與剛, 立人之道曰仁與義, 兼三才而兩之. 故易, 六畫而成卦, 分陰分陽, 迭用柔剛, 故易, 六位而成章."

닦고 실천해야 마땅하다.

천성은 개체의 본성[個性개성]을 뜻한다. 개성은 개체적 본성의 준말로 모든 사물의 본질을 가리킨다. 개체는 각각 하늘로부터 선천적인 본질을 부여받는다. 그런데 동물과 인간이 다른 이유는 물성에는 도덕의 세계가 없으나, 인성은 도덕적 품성이 본질이기 때문이다. 물성과 인성을 공통으로 근거지우는 것이 바로 명命이다. 즉 개체 사물은 수없이 많고 다양하지만, 만물의 최종 근거는 '하나[天命천명]'로 귀결되는 것이다.

천명과 천성은 일자와 다자라는 관계가 성립한다. 일자의 속성이 개체의 본질로 내재화된 것이 바로 천성이기 때문이다. 천성은 모든 사물에 주어진 자연 그대로의 본질이라면, 인간의 입장에서는 도덕성 [人性인성]이 된다. 따라서 인성과 물성은 다르지만 천성은 똑같다고 할 수 있다. 성명은 인간 고유의 타고난 본성, 즉 인격성의 진실한 존재 방식이라 할 수 있다.

인간의 도덕성은 하늘이 내려주고, 인간은 그 본원인 하늘의 명령에 좇는 것을 사명[命]으로 삼는다. 성과 명은 하나의 이치[理 = Principle]이다. 성명학性命學이 곧 성리학性理學이다. 따라서 『주역』의 성명학은 이름과 사주를 따지는 점술가들의 명리학命理學 혹은 성명학姓名學과는 근본적으로 차원이 다른 것이다.

『중용』 1장은 「설괘전」과 동일선상에서 천명과 본성을 관계를 밝히고 있다. "하늘이 명을 내리신 것을 성이라 하고, 성을 온전히 따르는 것을 도라 하고, 도를 닦는 것을 교라 한다"[161] 천명이 만물에게 주

---

161 『中庸』, "天命之謂性, 率性之謂道, 修道之謂敎."

어질 때는 절대적인 까닭에 천명 자체는 보편성을 띤다.

천명이 사물에게 주어지면 사물의 본성[物性물성]이며, 인간에게 주어지면 사람의 본성[人性인성]이 된다. 천부의 덕성이 바로 인간의 본질이다. 인간 도덕성의 근거가 하늘에 있는 까닭에 『중용』은 천명의 주체화라는 윤리적 믿음과 철학적 신앙에 기초한 책이라 할 수 있다.

괘효에서 천인성명天人性命의 이치를 발견하는 일은 음양의 변화를 살피는 것만큼 매우 중요하다. 그것은 천명과 인간 일반을 연결시키는 보편 주제이기 때문이다. 양자의 결합에 대한 의심은 『주역』과 "홍범"의 정신에 위배된다. 천명은 천지를 닮으려는 인류에게 진리와 종교와 도덕의 원천이고, 천지는 항상 생명과 진리의 길을 알려주었다.

괘는 생명의 논리를 온전히 품고 있다. 괘는 하늘과 땅과 인간의 절묘한 조화를 생명의 춤과 미학으로 노출시키고 있다. 천지인 3재는 『주역』의 헌법으로서 생명과 시간의 보편성을 상징한다. 천도와 지도와 인도를 괘로 표현한 것은 진리에 대한 표상(representation)이다. 또한 천도를 음양, 지도를 강유, 인도를 인의로 배합시킨 것은 진리에 대한 대응성(correspondence)을 뜻한다.

3재는 『주역』의 삼위일체三位一體라 말해도 틀리지 않는다. 원래 '삼위일체'라는 말의 trinity는 '하나로 통일된 셋'이란 뜻의 'tri-unity'에서 유래했다. "물리학자들은 이러한 삼위일체를 '작용, 반작용, 협력'이라 부르고, 철학자들은 '정正, 반反, 합合'이라 부른다. 세 요소는 함께 더 큰 새로운 장을 이루고, 그것은 다시 그 반대를 낳아, 다시 더 큰 합을 준비한다. … 트리아드의 원리는 어느 곳에나 존재하고 있다. 새로운 전체를 종합함으로써 양극성의 진동을 지나가면, 균형의 기능이 나타나고, 자연의 형태들이 안정한 구조가 되고, 순서대로 질서 잡힌 과정이 실현된다. 그것은 '구조-기능-질서'와 '공간-힘-시간'의 삼위일체는 3의 배수인 수들의 원리로 팽창해나가는 것을 볼 수 있다."[162]

유교는 천지인을 우주 구성의 근본 존재로 여긴다. 유교의 인간관은 3재 관념에서 비롯되었다. 인간이 천지와 더불어 병존한다는 논리는 『주역』이 활짝 꽃피웠다. 인간은 천지를 근거로 태어나지만, 천지와 더불어 살아가는 존재다. 동중서董仲舒(BCE 170-BCE 120)는 천지인 3재의 도는 모두 하늘에서 비롯되었다[163]고 말했다. 고전에 나타난 천 관념은 형체를 지닌 하늘과, 만물을 주재하는 인격적 하늘로 대별된다. 특히 후자의 인격천은 유교의 종교성과 법칙성을 동시에 포함한다고 할 수 있다.

> "하늘의 질서에 법도가 있으니, 우리의 다섯 가지 법도를 삼가 지키게 하시어 이 다섯 가지를 두텁게 하십시오. 하늘의 등급에는 예가 있으니, 우리에게 다섯 가지 등급의 예를 좇게 하셨으니 이 다섯 가지를 쓰십시오. 다 같이 이를 받들고 서로 공경하여 화합하고 착하게 되게 하십시오. 하늘의 명에는 덕이 있으니, 5복으로 다섯 등급을 밝히십시오. 하늘이 벌하시는 것은 죄가 있기 때문이니, 형벌을 다섯 가지로 쓰십시오. 정사를 힘쓰고 힘쓰소서."[164]

---

162 마이클 슈나이더/이충호, 『자연, 예술, 과학의 수학적 원형』(서울: 경문사, 2002), 52-59쪽.

163 『春秋繁露』「天人三策」, "道之大原出於天."

164 『書經』「虞書」皐陶謨", "天叙有典, 勅我五典, 五惇哉. 天秩有禮, 自我五禮, 有庸哉. 同寅協恭, 和衷哉. 天命有德, 五服五章哉. 天討有罪, 五刑五用哉. 政事懋哉懋哉."

"주나라 문왕 13년에 무왕이 기자를 방문하였다. 무왕이 물었다. '아아, 기자여! 하늘이 백성들을 보호하여 이들이 화목하게 함께 살도록 도와주시는데, 나는 치국의 떳떳한 이치를 모르겠소이다.' 기자가 이에 대답하였다. '내가 듣건대, 옛날 곤鯀이 홍수를 막으면서 오행의 질서를 어지럽히자 천제께서 진노하시어 홍범구주를 주시지 않으니, 치국의 떳떳한 이치가 무너졌소. 곤은 죽임을 당했고, 우가 부친의 사업을 이어받아 일어났소. 하늘이 우에게 홍범구주를 내려주셨는데, 치국의 떳떳한 이치가 이로 말미암아 정해졌소이다.'"[165]

인간은 생명을 하늘로부터 받았으며, 또한 하늘이 부여한 법칙과 질서에 따라 삶을 영위해야만 한다고 믿었다. 이런 의미에서 인간 생명의 존재 근거로서 하늘과 인간은 능생能生과 소생所生의 관계가 성립한다.[166] 하늘은 인간과 만물의 근원자로서 만물을 주재 섭리하는 지고무상의 권위를 가진다.

인간은 하늘로부터 생명을 부여받은 존재인 까닭에 하늘에 대한 외경과 존숭 및 하늘의 명령에 대한 절대적인 순응 여부에 의하여 생사와 화복이 결정된다.[167] 이러한 경천敬天 의식은 천명사상으로 새롭게 태어났다. 하늘과 인간의 생명적 연관성을 토대로 하는 경천 신앙의 전승은 일차적으로 정치적 천명사상을 탄생케 하는 지반을 이루었고, 다시 그것이 천·인의 성명적性命的 연관성의 이해로 발전되면서 도

---

165 『書經』「周書」"洪範", "惟十有三祀, 王訪于箕子. 王乃言曰 嗚呼箕子! 惟天陰騭下民, 相協厥居, 我不知其彝倫攸敘. 箕子乃言曰 我聞, 在昔鯀陻洪水, 汩陳其五行, 帝乃震怒, 弗畀洪範九疇, 彝倫攸斁. 鯀則殛死, 禹乃嗣興, 天乃錫禹洪範九疇, 彝倫攸敘."

166 高懷民, 『先秦易學史』(臺北: 商務印書館, 1978), 32쪽 참조.

167 송인창, 「유가사상에 있어서의 천명의 자각과 인간존재」『동서철학연구(창간호)』(대전: 동서철학연구회, 1984), 84쪽 참조.

덕적 천명사상으로 전개될 소지를 마련했던 것이다.[168]

천인관은 천명 또는 인간 자체보다는 천명과 인간의 성명을 일관시키는 문제에 집중되었다. 그러면 홍범은 천인 관통 사유의 가능 근거를 어디에 두는가? 5황극장은 다음과 같이 말한다.

"임금이 부연한 말이 바로 떳떳한 이치와 가르침이고, 이는 천제가 가르쳐주신 것이다. 무릇 백성들은 황극의 말을 부연한 표준을 준수하고 시행하면 천자의 광휘에 가까이 하여 가서 말하기를 '천자는 백성의 부모가 되시어 천하의 왕이 된다'고 할 것이다."[169]

채침은 '황극에 대해 부연한 말'을 "임금의 훈계가 아니라, 하늘의 훈계로서 그 이치는 하늘에서 온 것이다"라고 풀이했다.[170] 황극의 본래 의미는 상제의 말씀이며, 훈령인 동시에 천명이라는 것이다. 무왕과 기자가 홍범을 주고받는 과정에서 천제가 진노하여 곤縣에게는 홍범구주를 내리지 않아 이륜彝倫이 어긋났으며, 하늘이 우禹에게는 홍범구주를 내려주어 떳떳한 법도가 온전해졌을 때의 이륜彝倫·이훈彝訓·제훈帝訓은 동일 개념이기 때문이다. 그러므로 천제의 가르침으로서의 황극은 곧 천명인 것이다.

황극을 종교 차원에서 볼 때, 천명은 하나님의 명령이요, 하나님의

168 신동호, 「선진유학에 있어서의 인본사상의 전개」『새마음논총(창간호)』(충남대 새마을연구소, 1977), 57쪽 참조.

169 『書經』「周書」"洪範", "曰皇極之敷言, 是彝是訓, 于帝其訓. 凡厥庶民, 極之敷言, 是訓是行, 以近天子之光, 曰天子作民父母, 以爲天下王."

170 『書集傳』권4, "上文敷衍之言. 言人君以極之理, 而反復推衍爲言者, 是天下之常理, 是天下之大訓, 非君之訓也. 天之訓也. 蓋理出乎天, 言純乎天, 則天之言矣."

말씀이다.[171] 양계초梁啓超는 천명을 『시경』의 '천제께서 정하신 법도대로 살아가네[順帝之則순제지칙]'와 결부시키면서 『구약성서舊約聖書』의 모세가 하나님에게서 받은 십계명十誡命과 흡사하다고 말했다.[172] 따라서 황극은 홍범의 논리 전개에서 그 핵심이 될 수밖에 없다. 그러니까 황극을 중심으로 앞의 5행·5사·8정·5기는 황극을 세우는 방법이고, 뒤의 네 범주는 황극에서 나온 것이기 때문에 황극의 주체성이 한층 강조되는 것이다.

자연의 질서가 황극을 통하여 사회 질서의 문제로 전환된다고 할 때, 황극은 천도 차원이 인사의 당위와 가치의 세계로 전환되는 매개 위치에 있음을 알 수 있다. 그 이유는 자연 질서가 인간 질서로 자각되기 때문일 것이다. 과거 주석가들은 '황극'을 크게 두 가지로 해석하였다.

① '황'은 임금을 뜻하는 군君이고, '극'은 지극한 표준을 뜻한다. 북극성이 천체의 중심에 존재하는 것처럼, 임금은 백성을 다스리는 으뜸가는 존재라는 것이다.[173]

② '황'은 크다는 의미의 대大, '극'은 중中이므로 황극은 곧 '대중지도大中之道'이다.[174]

---

171 남명진, 「홍범사상연구」 『인문과학논문집(3권1호)』(대전: 충남대학교, 1976), 257쪽 참조.

172 梁啓超, 『先秦政治思想史』(臺北: 中華書局, 1980), 21쪽 참조.

173 『書集傳』 권4, "皇, 君, 建, 立也. 極, 猶北極之極, 至極之義, 標準之名, 中立而四方之所取正焉者也. 言人君當盡人倫之至."

174 『尙書正義』 孔穎達의 疏, "正義曰 皇, 大, 釋古之極之爲中常訓也. 凡立所事, 王者所行, 皆是無得過與不及, 常用大中之道. 詩云莫匪爾極, 周禮以爲民極, 論語允執其中, 皆謂用大中也."

①의 황극은 백성을 다스리는 데 필요한 지극한 표준의 건립을 뜻하는 정치 철학 개념이다. ②는 황극을 천명의 본질로 풀이한 것이다. '극'을 '중'으로 옮긴 이유는 만물의 근거를 어디에도 치우치지 않는 시공의 보편성에서 찾았기 때문이다. 고전에서 중용과 중도를 가리키는 '중中'은 『서경』「대우모」에 처음 등장한다. 이때의 중도를 채침은 "성인이 서로 전한 심법의 요체로서 천리의 전체를 극진히 말한 것이다. 그것은 마음에서 이해한 것이다."[175]고 말하여 중용을 심학의 고급 담론 차원으로 언급하였다.

"하늘의 역수가 네 몸에 있으니, … 진실로 그 중도를 잡으라[天之曆數在汝躬천지역수재여궁, 人心惟危인심유위, 道心惟微도심유미, 惟精惟一유정유일, 允執厥中윤집궐중]"는 명제에서 하늘의 역수는 곧 천명이기 때문에 중도와 '극極'은 천명으로 바꾸어 표현할 수 있다. 천명이 행위와 가치의 규범이자 근거라고 할 때, 천명의 주체화는 자연의 표준에 대한 인간화와 사회화를 뜻한다. 인간의 도덕성으로 전환된 '중'은 인성론의 핵심으로 자리 잡는 것을 의미한다.[176]

중도와 황극은 성왕들이 대대로 전한 심법의 요체로서 유교 심학의 주제로 자리 잡았다. 마음의 중용을 세우는 방법을 "홍범"은 경용오사敬用五事의 '경敬'을 강조하는 범주로 내세웠다. 그렇다고 중용은 인성론의 의미로 한정되지 않는다. "유자劉子가 말하기를 '백성은 천

---

175 『書集傳』권1, "此聖人相傳之心法之要, 其所以極夫天理之全. … 只就這心上理會也."
176 『書集傳』권1, "曆數者帝王相繼之次第, 猶歲時氣節之先後. 汝有盛德大功, 故知曆數. 當歸於汝, 汝終當升此大君之位, 不可辭也. 是時舜方命禹以居攝未卽天位, 故以終陟言也. 人心惟危, 道心惟微, 惟精惟一, 允執厥中. 心者人之知覺, 主於中而應於外者也. 指其發於形氣者而言則謂之人心, 指其發於義理者而言則謂之道心. 人心易私而難公故危, 道心難明而易昧故微, 惟能精以察之而不雜形氣之私, 一以守之而純乎義理之正道."

지의 중에 근거해서 태어나는 데, 이른바 명이다.'"[177] 중中은 시공의 근거인 동시에 생명의 본성이기 때문이다.

"'중'은 천지의 도를 의미한다. 명은 운명의 명이 아니라, 천명이 내려와 인간의 광명한 본성과 본체를 형성한 것이다."[178] 이때의 중은 인간이 하늘로부터 부여받은 형이상학적 의미의 본성을 뜻한다. 그것은 성명으로서의 중과 천명으로서의 중이 일치된 경계를 가리킨다. 한마디로 중은 천명에서 연역되었기 때문에 황극은 인간의 본성이라고 할 수 있다.

> "대개 상고의 신령스런 성인이 하늘의 뜻을 이어받아 인륜의 표준을 세움으로써 도통의 전승이 내려오게 되었다."[179]
> "오직 사람만이 그 빼어남을 얻어서 만물의 영장이 되니, 형체가 이미 생성되어 앎을 드러낸다. (인의예지신) 다섯 성품이 느끼고 움직여 선과 악이 나뉘어 만 가지 일을 드러낸다. 성인이 중정과 인의를 바르게 정하여 고요함을 위주로 인간의 표준을 세웠다."[180]

성인이 천명을 바탕으로 진리의 표준을 세웠기 때문에 도통이 전승될 수 있었으며, 주렴계 역시 인간의 도덕성을 근거로 삼아 불변의 가치를 세웠다고 주장했다. 『중용』과 『태극도설』에서 말하는 입극立極과 인극人極은 황극에서 비롯되었다고 할 수 있다. 황극은 천명과 인

---

177 『春秋左傳』成公 13年條, "劉子曰 吾聞之, 民受天地之中以生, 所謂命也." 위는 BCE 578에 일어난 일이다. 劉子는 劉康公을 가리킨다.
178 牟宗三, 『中國哲學的 特質』(臺北: 學生書局, 1982), 23쪽 참조.
179 『中庸』「序文」, "蓋自上古聖神, 繼天立極而道統之傳, 有自來矣."
180 『太極圖說』, "惟人也, 得其秀而最靈, 形旣生矣, 神發知矣. 五性感動而善惡分, 萬事出矣. 聖人定之以中正仁義, 而主靜立人極焉."

간 주체성을 동시에 함축하고 있다.

그래서 주렴계는 태극과 음양과 오행으로 우주의 생성을 얘기한 다음에, 무극·태극·인극 개념으로 천도와 인성의 문제를 설명했던 것이다. 하늘과 인간이 합일할 수 있는 근거는 인극人極 즉 황극에 있다. 『주역』은 태극을 말하지만, 황극에 대해서는 일체 언급이 없다. 다만 "6효의 움직임은 3극의 도이다"[181]라고 말하여 천지인 3재의 이치를 반영했을 따름이다.

한편 육상산陸象山(1139-1192)은 '황극'과 '중'의 동일성을 다음과 같이 설명했다.

> "5는 9주의 중심에 있으므로 '황극'이라 한다. 어찌 '중'이라 명명하
> 지 않았겠는가? (『좌전』은) 백성이 천지의 중을 근본으로 삼아 태어
> 났고, 『시경』의 '많은 백성들이 안정되었음은 님의 지극한 은덕이
> 네'[182]라는 말도 어찌 중이라고 명명하지 않았겠는가?"[183]

홍범9주의 중앙에 위치한 5를 '황극'이라 부르기 때문에 다할 '극'자는 '중'으로 해석함이 마땅하다는 것이다. 인간은 천지의 중도를 부여받아 태어났고, 세상의 이치가 중도가 아님이 없기 때문에 '극'을 '중'으로 풀이하는 것이 옳다고 한다. 따라서 황극·태극·중도 또는 중용·인극은 궁극적으로 서로 상통하는 개념라 할 수 있다.

---

181 『周易』「繫辭傳」上篇 2장. "變化者, 進退之象也; 剛柔者, 晝夜之象也; 六爻之動, 三極之道也."

182 이는 『詩經』「周頌」"淸廟之什·思文"에 나오는 글귀다. "思文后稷, 克配彼天, 立我烝民, 莫匪爾極."

183 『陸象山全集』권2, "五居九疇之中而曰皇極, 豈非以其中而命之乎? 民受天地之中以生, 而詩言立我烝民, 莫匪爾極, 豈非以其中命之乎?"

이들이 사용한 언어와 표현이 비록 다를지라도 그 본질은 같다. 자구 풀이에 충실한 것보다는 전체를 관통하는 대의에 맞추어 파악하는 것이 중요하다. "홍범"에서 말하는 황극은 천도를 내면화한 주체요, 인도를 실천하는 주인공인 까닭에 정치적 천명과 도덕적 천명을 사회에 구현하는 핵심이다. 황극은 『주역』이 지향하는 천지인 3재의 중정中正 원리로서 천도를 주체화하고 실천하는 인간의 보편 의지를 뜻한다.

2) 황극의 사회화 – 왕도의 구현

홍범사상은 우주와 인간의 삶을 꿰뚫는 통일 원리의 확립을 목표로 삼는다. 이때 천도는 인도의 존재 근거요, 인도는 천도를 내재화하고 실천함으로써 이 둘은 불가분의 관계를 맺는다. 유교에서 천도가 최고의 가치를 갖는 이유는 단순히 형이상학의 차원에 머물지 않고, 인간의 실천 문제와 연결되기 때문이다.

"홍범"에서 천도의 본체는 5행이다. 이 5행이 생성 운행하는 과정에 역수曆數는 시간의 선험 질서로 작동하면서 만물이 싹터 나오고, 점차 인간 삶의 길인 인도가 성립한다. 그래서 홍범은 천도에 대한 인간 주체화를 통해 인격의 완성을 도모한다. 그러니까 천도에 대한 내면화의 방법이 중시되었고, 실천의 중심을 황극으로 내세웠던 것이다.

그럼에도 주희와 채침은 황극을 '중'으로 풀이하지 않고, 백성과 신하의 꼭대기에 존재하는 군왕으로 해석했다. 그리고 군왕의 책무는 백성들이 5복을 누릴 수 있는 왕도의 구현에 있다고 말한다. 오직 임금만이 5복을 내릴 수 있는 자격이 있다는 것이다. '극'을 정치적 의미로 해석할 수 있는 전거는 '오직 임금만이 인륜의 표준을 세울 수 있다[皇建其有極황건기유극]'는 말에서 찾을 수 있다. 이처럼 '황극'은 왕도 실현의 구심체인 동시에 인격의 완성자로 승화될 경우는 내성외왕內聖外王을 겸비한 존재라 할 수 있다.[184]

홍범에서 말하는 '극極'의 의미는 다양하다. 정치적 입장에서는 최고 통치권자인 군왕이며, 우주의 본체를 주체화한 측면에서는 황극인 동시에 태극이며, 천지의 정신인 천명을 품부 받은 의미로는 중中이다. 황극의 건립과 실현의 목적은 백성이 5복을 향유토록 하는 것에 있다. 과연 5복을 누릴 수 있는가는 천명의 자각 여부에 달려 있다. 그래서 채침은 "표준은 복의 근본이요, 복은 표준이 펴는 효력이다"[185]라고 해석했다. 굳이 인과론으로 풀어보면 군왕은 원인이요, 복은 결과라는 해석도 가능하다. 5복을 달성하려면 다음의 조건을 갖추어야 할 것이다.

"무릇 백성들이 사악한 붕당을 만들지 않고, 신하들이 사적으로 패거리를 만들지 않음은 임금이 표준을 세웠기 때문이다. 무릇 백성 중에서 계책이 있고, 일을 하고, 절개를 잘 지키는 이를 당신은 항상 생각해야 할 것이다. 표준에 맞지 않더라도 죄짓지 않으면 임금은 그들을 받아들여야 할 것이다. 만약 어떤 이가 낯빛을 편안하고 온순하게 하면서 '나는 미덕을 행합니다'라고 말하거든 당신을 그에게 복을 내려주시오. 그러면 신하들은 임금의 표준을 생각할 것이다."[186]

---

184 『書經』「虞書」"大禹謨"에 나오는 "天之曆數在汝躬, 汝終陟元后"에서 '元后'는 임금을 지칭하는 極과 상통한다.

185 『書集傳』 권4, "極者, 福之本; 福者, 極之效."

186 『書經』「周書」"洪範", "凡厥庶民, 无有淫朋, 人无有比德, 惟皇作極. 凡厥庶民, 有猷有爲有守, 汝則念之. 不協于極, 不罹于咎, 皇則受之. 而康而色, 曰予攸好德, 汝則錫之福, 時人斯其惟皇之極."

중용의 진리를 터득하여 정치를 시행하면 백성들은 사사롭게 무리 짓지 않을 것이며, 또한 관리들 역시 부화뇌동 않게 되어 천하는 마침내 도덕 사회로 진입할 수 있다는 것이다. 그 방법으로 왕은 덕과 능력과 지조 있는 사람을 등용하며, 백성이 비록 중도를 지키지 못하더라도 죄에 저촉되지 않으면 널리 포용하여 부드럽게 맞으며, 만약 '내가 좋아하는 바가 덕이다'라고 하는 사람에게는 복을 베풀면 되는 것이다. 그 결과 중용의 도리에 어긋나는 사람이라도 마침내 동참할 것이라는 화합의 정치를 제시하였다.

그리고 백성을 다스리는 최우선 정책은 외롭고 의지할 곳이 없는 사람을 학대하지 말 것이며, 덕이 높고 밝은 사람을 공경해야 한다[187]는 덕치의 원칙을 강조했다. 더욱이 유능한 인재에게 합당한 기회를 제공하면 나라가 창성할 것이며, 올바르게 행동하는 사람에게는 부귀를 내려주면 보은할 것이다.

만약 국가에 해악을 끼칠 경우는 이미 복을 주었더라도 다시 죄를 내리라는 신상필벌의 원칙을 적용해야 한다고 강조한다. 이쯤되면 홍범은 덕치와 법치의 절충에 가깝다. 하지만 '5황극'은 도덕의 사회화를 강조하기 위해 법을 얘기한 것일뿐, 결단코 요즈음의 법률 지상주의는 아니다. 그만큼 중용과 정의가 구현되는 왕도정치를 겨냥하고 있는 것이다.

"치우치거나 기울지 말고 성왕의 의리를 따라야 하며, 사심으로 편애하지 말고 성왕의 도를 따라야 하며, 무조건 미워하지 말고 성왕의 길을 따라야 할 것이다. 치우치지 않고 편들지 않으면 성왕의 도

---

187 『書經』「周書」「洪範」, "無虐煢獨, 而畏高明."

는 크고 넓어질 것이요, 편들지 않고 치우치지 않으면 성왕의 도는 순조롭게 다스려질 것이며, 위반하지 않고 치우치지 않으면 성왕의 도는 바르고 곧으리니, (임금은) 사람을 세우는 표준을 모을 수 있고, (신하와 사람들의) 표준을 임금에게로 돌아가도록 할 수 있소."[188]

여기서 말하는 왕도王道는 중용을 지키는 덕치를 뜻한다. 그러니까 중도의 실현이 곧 왕도정치로 연결되는 것이다. 중도는 물리학 또는 기계론에서 말하는 A와 B 사이의 중간에 존재하는 C를 가리키는 중앙(center)이 아니다. 그것은 A와 B 사이를 가득 채우는 생명의 본원이자 가치의 근원을 뜻하는 역동적인 중심을 가리킨다. 중용은 결코 바깥에 존재하는 초월적 근거가 아니라, 인간 내면 속에 잠재되어 존재하면서 언제든지 도덕 행위로 드러나는 가치의 준거인 것이다. 그래서 생명의 본원에 집중하고 통찰하는 방법이 중요하다.

그런데 한 번 중용을 잡았다[執中집중]고 덕으로 전환되는 것은 아니다. 마치 한 마리 제비가 날아온다고 해서 봄이 오는 것이 아닌 것처럼, 덕을 한결같이 쌓아야 터득되는 것이다. 언제 어디서든지 올바른 가치를 '나의 것'으로 주체화해야 성덕成德이 된다는 뜻이다. 맹자는 양주楊朱의 극단적인 이기주의와 묵자墨子의 극단적인 이타주의를 절충한 것은 중용이 아니라고 말했다. 전자는 사회의 중요성을 망각한 개인주의로 치닫고, 후자는 공동체만 중요하고 개성은 전혀 돌보지 않는 폐단을 지적한 것이다.

---

188 『書經』「周書」,「洪範」, "無偏無陂, 遵王之義, 無有作好, 遵王之道, 毋有作惡, 遵王之路. 無偏無黨, 王道蕩蕩, 無黨無偏, 王道平平, 無反無側, 王道正直, 會其有極, 歸其有極."

"양주는 나를 위한다는 주장을 취하여 한 오라기의 털을 뽑아서 천하를 이롭게 하는 일도 하지 않는다. 묵자는 겸애를 주장하여 머리 꼭대기부터 발꿈치까지 털이 다 닳도록 천하를 이롭게 하는 일이라면 감행한다. 자막은 그 중간을 잡고서 나가는데, 중간을 잡고 나가는 것이 정도에 가깝다고 한다. 중간을 잡고 나가는데 임기응변하는 일이 없으면 그것은 한 가지를 고집하는 것과 같은 것이다. 한 가지를 고집하는 것을 미워하는 것은 그렇게 하는 것이 정도를 해치고 하나를 내걸어 백 개를 없애버리기 때문이다."[189]

중용의 폐단은 하나만을 고집하는 것에 있다. 불변의 가치가 아무리 소중하다고 해서 변화를 잊어서는 안 되는 것과 똑같다. 그래서 맹자는 상도常道와 함께 권도權道의 중요성을 강조했던 것이다. 시간의 적절성이 배제된 중용은 말라비틀어진 나무토막과 하등 다를 바가 없기 때문이다.

그러나 상황에 따라 매번 바뀌는 중용은 더더욱 옳지 않다. 상황 논리를 강조할 경우는 상대주의 가치관이 넘쳐 흘러 이 세상은 도덕 불감증에 빠질 것이다. 그렇다고 불변의 가치만을 고집할 경우는 이 세상은 도덕 만능주의로 흐를 위험이 있는 까닭에 양자를 모두 포용하는 방법이 곧 집중集中인 것이다. 한마디로 중용은 시의時宜에 맞는 판단과 행위다.

"홍범"이 말하는 왕도정치의 목표는 백성이 육극六極을 피하고 오

---

189 『孟子』「盡心」上, "孟子曰: 楊子取爲我, 拔一毛而利天下, 不爲也. 墨子兼愛, 摩頂放踵, 利天下爲之. 子莫執中, 爲近之, 執中無權, 猶執一也. 所惡執一者, 爲其賊道也, 擧一而廢百也."

복五福을 누리도록 하는 것에 있다. 오복과 육극 자체는 행복과 불행에 대해 상대성을 띠고 있으나, 인간은 시비와 선악 등 가치 판단하는 주체이기 때문에 중도의 자각自覺이 매우 중요하다. "자각은 궁극적 주체가 주체 자신을 주체적으로 파악하는 것"[190]이듯이, 자각은 중도와 황극의 실천에 앞서는 깨달음의 문제와 직결되어 있다. 애당초 유교의 깊은 곳에는 자각의 문제가 도사리고 있다.

유교는 상제(천도·천명) 안으로 들어가는 것이 아니라, 상제의 의지가 무엇인가를 파악하는 문제로 집약된다. 상제·신·천도를 어떻게 체현하느냐에 달려 있다. 주체성을 열게 되면 상하를 관통시킬 수 있다. 천도의 체현을 통해 주관성과 객관성이 하나로 통하여 도덕 실천이 그 중심이 되는 것이다.[191]

천도가 인간 주체 속에서 자각될 때, '중中'과 '극極'은 하나의 동질성이 형성되므로 황극은 우주의 최고 실상이 된다.[192] 이처럼 중도를 바탕으로 하는 왕도사상은 천도를 체인體認하는 체계인 까닭에 강력한 실천이 요구된다. 왕도는 사변 철학의 대상이 아니라, 천도에 대한 종교적 믿음과 올바른 행위가 요청된다고 하겠다. 왕도는 관념과 지식으로 터득될 수 없고, 오로지 도덕의 실천을 통하여 획득되는 정치 행위의 성과라고 할 수 있다.

왕도정치의 최종 목표는 중용의 사회화·세계화에 있다. 왕도는 어느 쪽에 치우치거나 무리 짓지 않고, 언제 어디서나 정직正直의 덕목을 지켜야 한다. 한편으로 기울어지지 않는 올바른 덕을 쌓아야 군왕

---

190 박종홍, 『박종홍전집(III)』(서울: 형설출판사, 1980), 153쪽.
191 牟宗三, 앞의 책, 96쪽 참조.
192 方東美, 앞의 책, 75쪽 참조.

의 중용 즉 황극에 민심이 귀일될 수 있다. 옳을 정正은 중용에 근거한 중정中正이고, 직直은 굽지 않은 곧음을 뜻하므로 대중지정大中至正과 일치한다.[193] 강과 유는 각각 어느 한 쪽에 편중된 것이므로 중용의 마음으로 터득되는 정직이 곧 중도인 것이다.[194]

5황극장은 인간 주체성을 비롯하여 군왕의 책임감과 아울러 천제의 말씀으로 매듭짓는다. 도덕 차원에서 종교 차원으로 결론짓고 있다. "황극에 대해 부연한 말이 떳떳해지고 실행되면 천제의 말씀과 같아질 것이다. 무릇 백성들은 황극의 말을 부연한 표준을 준수하고 시행하면 천자의 광휘에 가까이 가야 할 것이다. 천자는 백성의 부모이기 때문에 천하의 왕이 될 수 있다는 말이다." 황극의 말씀은 상제의 말씀이자 훈령인 천명이다. 그러니까 황극의 말씀은 종교 차원의 '천계록天啓錄'이란 말이 생겨났던 것이다.[195]

군왕은 만백성의 부모로서 천도에 순응하면서 백성이 하고픈 일을 먼저 해주고, 백성의 슬픔은 먼저 슬퍼하고 백성의 기쁨은 맨 나중에 기뻐한다. 지극히 백성을 사랑하면 마침내 백성들 역시 순종할 것이다. 군왕은 백성의 부모다. 부모가 낳아서 기르고 가르치듯이, 군왕은 만백성의 삶을 책임진 존재다.

"왕안석王安石은 '황극의 소재를 어디서 취할 것인가? 하늘에서 올바름을 취할 뿐이다. 내가 하늘에서 올바름을 취하면 백성들은 나에게서 올바름을 취할 것이다. 도는 본래 하늘에서 생겨나 나의 덕이

---

193 『書經』「周書」"洪範", "六三德: 一曰正直, 二曰剛克, 三曰柔極."
194 屈萬里, 『尙書釋義』(臺北: 中國文化學院出版部, 1980), 99쪽 참조.
195 方東美, 『中國哲學精神及其發展』(臺北: 中華書局, 2012), 75쪽 참조.

되는데, 황극은 나와 백성이 똑같은 것이다. 나는 천제에게서 가르
침 받고, 백성은 내게서 배운다."[196]

이상 살핀 바와 같이, 5황극장이 갖는 의의는 일곱 가지로 요약할
수 있다. ① 대중大中의 도리로 백성을 교화하는 것, ② 인재를 발굴하
여 덕성을 앙양시키는 것, ③ 올바른 정치를 구현하여 도덕 사회의 건
설에 힘쓰는 것, ④ 백성의 재능을 살려 민생을 돌보는 것, ⑤ 대중지
정大中至正의 가치로 이 세상을 아름답게 만드는 것, ⑥ 황극은 만물의
보편성을 뜻하는 천도이므로 누구든지 준수해야 마땅하고, ⑦ 천제의
의지를 천하에 구현하는 것 등으로 정리할 수 있다.

왕도의 실현을 목표로 삼는 황극 사상은 종교와 철학이 융합되어
있다. 황극은 천도인 5행과 역수를 인간의 본성 차원에서 통찰하고,
상제의 뜻을 이 세상을 구현하여 백성의 부모가 되는 길이 곧 왕도라
는 것으로 압축할 수 있다. 그러면 왕도를 실현하는 방법은 무엇인
가? "홍범"은 팔정八政을 통해 왕도의 길을 밝히고 있다.

"셋째 팔정이란 첫째는 양식을 담당하는 관리요, 둘째는 재물을 담
당하는 관리요, 셋째는 제사를 담당하는 관리요, 넷째는 공사를 담
당하는 관리요, 다섯째는 교육을 담당하는 관리요, 여섯째는 도적
을 금지시키는 관리요, 일곱째는 외교를 담당하는 관리요, 여덟째는
군사를 담당하는 관리이다."

---

196 林之奇,『尙書全解』 권24, "王氏之說其言曰 有極之所在, 吾安所取? 正取正於天而已.
我取正於天, 則民取正於我. 道之本出於天, 其在我爲德, 皇極, 我與庶民所同然也. 故我
訓于帝, 則民訓于我矣."

三八政, 一曰食, 二曰貨, 三曰祀, 四曰司空, 五曰司徒, 六曰司寇,
삼 팔 정 일 왈 식 이 왈 화 삼 왈 사 사 왈 사 공 오 왈 사 도 육 왈 사 구

七曰賓, 八曰師.
칠 왈 빈 팔 왈 사

여덟 가지 정책은 왕도의 첫걸음이자 지름길이다. 양식은 민생의 가장 절실한 먹거리를 뜻하며, 그 다음이 재물이다.[197] 양식과 재물은 경제 정책의 선결 요건이다. 사마천은 「화식열전貨殖列傳」을 지어 민심을 얻기 위해서는 먼저 백성들을 부유하게 만드는 정책이 필요하다고 지적했다.

오죽하면 『사기史記』 이래 『명사明史』에 이르기까지 「식화지食貨志」는 중국 역대 정사正史에서 거의 빠지지 않는 항목이 되었을까? 경제 관련의 명문장으로 알려진 사마천의 『사기』「화식열전」의 원형은 홍범의 3팔정에 있다. 「식화지」란 말 그대로 먹을 것과 재화를 증식하는 방법을 얘기한 일종의 사회 경제사를 집약해 놓은 글이다. 인간은 한순간도 먹지 않으면 죽는다. 마찬가지로 재물은 이 세상의 혈관에 흐르는 붉은 피와 같다. 이런 의미에서 「화식열전」은 한 편의 현대판 기업인 성공 스토리이자 경영 이론서라고 할 수 있다.

이밖에도 조상을 얼을 기리는 '제사'는 국정의 필수 과제요, '사공'은 문명 건설의 하드웨어를 뜻하는 토지·주거·건축이요, '사도'는 국

197 『周易』「繫辭傳」 하편 1장, "天地之大德曰生, 聖人之大寶曰位, 何以守位曰仁, 何以聚人曰財. 理財正辭, 禁民爲非曰義"라 하여 인류를 모으기 위해서는 재물이 필요하다고 했다. 천지는 만물을 낳아 생명을 성숙시켜려는 목적으로 존재하고, 성인은 인류를 건지기 위한 장엄한 프로젝트를 기획한다. 성인은 우선 천지와 하나되는 문명의 영웅이라는 반열[寶]에 올라서 천지를 대행하여 사랑[仁]을 베풀고, 인류의 삶을 위해 경세치용[財]에 힘쓰고, 야생의 조건을 인간다운 삶으로 살아가도록 올바른 이념[正辭]을 정립하고, 물질욕이 빚어내는 싸움에서 벗어나 정의로운 사회 공동체의 건설에 필요한 도덕적 가치[義]를 세웠다.

가의 백년대계를 뜻하는 교육이요, '사구'는 사회의 질서와 안녕을 유지하는 사법과 치안이요, '빈'은 이웃 나라와의 외교요, '사'는 국토방위를 담당하는 관리 또는 업무를 가리킨다. 3팔정을 『대학大學』에 비교하면, 식·화·사·사구·사도·사구 등은 왕도의 첫걸음인 동시에 왕도 실현의 제가齊家와 치국治國에 해당될 것이며, 빈·사는 왕도 달성의 평천하平天下에 해당될 것이다. 이처럼 8정[198]은 제가·치국·평천하를 강조하는 『대학』의 논리 형성에 지대한 영향을 끼쳤다고 할 수 있다.

'3팔정'에는 백성을 생활을 풍족하게 만드는 경제 정책과 사회 질서를 바르게 수립하는 정치 철학이 제시되어 있다. 공자의 "자신을 닦고 다른 사람을 평안하게 할 것이다. … 자신을 닦고 백성을 평안하게 해주는 것은 요순도 실현하기 어려워 고심하셨던 일이다."[199]라는 말은 "홍범"의 논조와 유사하다. 그것은 자신의 심성 수양을 바탕으로 치인治人이 가능하다고 본 것으로 안으로는 성인의 덕을 닦으며, 밖으로는 왕자의 사업을 이루는 '내성외왕內聖外王'의 길이다. 제가·치국·평천하의 8정을 통해 '외왕'의 단계에 도달하려면, 이른바 격물格物·치지致知·성의誠意·정심正心의 '내성'이 요구되는 것이 당연하다.

그래서 "홍범"은 내성과 관련된 오사五事를 말한다. 그것은 인간의 인식 능력과 인격의 형성을 세 단계로 설명한다.

"둘째 오사란 첫째는 용모요, 둘째는 말이요, 셋째는 보는 것이요, 넷째는 듣는 것이요, 다섯째는 생각하는 것이다. 용모는 공손해야

---

198 조선의 유학자 李玄逸(1627-1704)는 八政을 '箕子의 八條之教'라고 말했다.(『洪範衍義』「序文」참조.)

199 『論語』「憲問」, "修己以安人 … 修己以安百姓, 堯舜其猶病諸."

하고, 말은 정당해야 하고, 보는 것은 분명해야 하고, 듣는 것은 귀
밝아야 하고, 생각하는 것은 통달해야 한다. 용모가 공손하면 엄숙
해질 수 있고, 말이 정당하면 다스릴 수 있고, 보는 것이 명백하면 명
확해질 수 있고, 듣는 것이 귀밝으면 좋은 일을 도모할 수 있고, 생
각이 통달하면 사리에 밝을 수 있다."

二五事, 一曰貌, 二曰言, 三曰視, 四曰聽, 五曰思. 貌曰恭, 言曰從,
이오사　일왈모　이왈언　삼왈시　사왈청　오왈사　모왈공　언왈종,
視曰明, 聽曰聰, 思曰睿. 恭作肅, 從作乂, 明作哲, 聰作謀, 睿作聖.
시왈명　청왈총　사왈예　공작숙　종작예　명작철　총작모　예작성

8정은 인간의 용모와 태도, 언어, 관찰, 듣기, 사유와 그 작용의 목
적 등을 얘기하고 있다. 용모와 태도는 공경하게, 언어는 믿음직스럽
게, 관찰은 명료하게, 듣기는 총명하게, 사유는 예지롭게 하는 원칙을
제시한다. 이런 과정을 거쳐야만 '숙예철모성肅乂哲謀聖'의 결과를 얻
을 수 있다는 것이다. 5사의 궁극 목표는 성스러운 지혜[聖]의 경지에
있는데, 그것은 엄숙한 태도와 믿음직한 말투, 명료한 관찰과 총명한
듣기와 명석한 사유를 통해 가능하다. 그래서 공영달은 "사유는 마음
과 의식이 지향하는 것이요, 실천으로 옮겨야만 중용이 터득될 수 있
다"[200]고 말하여 합리적 사유의 극치가 바로 '성스러운 지혜'라고 말
했던 것이다.

　내성외왕의 '내성'에 도달하는 길은 5사를 바탕으로 천지의 운행
원리를 터득하는 것으로부터 출발한다. 그것은 하늘의 의지가 자연
현상으로 나타나는 징험(우양욱한풍雨暘燠寒風의 서징庶徵)에 대응하여 연
월일시의 역수曆數를 '7계의'의 복서卜筮를 통하여 판단하는 과정을 거

---

200 『尙書正義』「洪範」, "思是心慮所行, 使行得中也."

쳐야 가능하다. 공자는 복서의 가치와 효능을 다음과 같이 말했다.

> "옛 하은주 삼대의 명철한 왕들은 모두 천지의 신명을 받들었는데,
> 복서의 신비한 작용이 아님이 없었다. 감히 사사롭게 상제의 의지를
> 더럽히지 않았기 때문에 일월의 운행에 어긋나지 않았고, 복서의 효
> 용을 어기지 않은 것이다."[201]

공자는 복서를 신명의 도로 인식했다. 천지를 가득 채운 신명이 하는 일 중에서 의심스런 사태는 인간 내면의 밝고 밝은 덕성과 복서 행위로 판단한다는 뜻이다. "홍범"은 이러한 지극한 깨달음의 경지를 '성聖'으로 불렀던 것이다.

그래서 '8서징'은 휴징休徵과 구징咎徵을 대응시켜 참다운 지식에 대해 언급하고 있다. 참다운 지식이란 인간과 자연이 호응해서 생기는 주체적 인식을 가리킨다. 인간의 태도와 행위에 따라 자연은 좋은 징조와 나쁜 징조로 보여주기 때문에 "홍범"은 애당초 자연과의 조화를 넘어서 천인합일天人合一을 부르짖었다. 그러니까 내성외왕의 인격자[皇極황극]는 도덕적 가치를 사회에 구현하는 존재라 할 수 있다. 임지기林之奇는 3덕과 성인의 관계를 다음과 같이 말한다.

> "3덕은 성인이 만물의 기틀을 보고 변화를 제어할 때, 사물의 균형
> 을 재어 골고루 베품을 황극의 작용으로 삼아 가볍고 무거움을 변
> 별하였다. (중도와 권도의 통일을 외친) 호원胡瑗(993~1059)은 '성인이 이

---

201 『禮記』「表記」의 孔穎達의 疏, "子言之, 昔三代明王, 皆事天地之神明, 無非卜筮之用. 不敢以其私褻事上帝, 是以不犯日月, 不違卜筮."

미 중도에 말미암아 천하를 다스렸는데, 권도 없는 중도를 잡아 하나만을 고집하는 것 같음을 근심했다'고 말했다. 그러므로 3덕을 사용해서 시간의 적절성에 의거하여 행위의 마땅함을 잡아 평안의 경계에 들어갔다. 때문에 황극으로 성인의 중도를 볼 수 있고, 3덕으로 성인의 권도를 볼 수 있는 것이다."[202]

중도의 황극이 체體라면, 중도에서 약간 벗어난 강극剛克과 유극柔克은 중도[正直]를 가능하게 하는 권도라 할 수 있다. "올바르고 평안함이 정직이고, 강하여 남에게 친근하지 못하는 것은 지나치게 강함이요, 화순하여 친근한 것은 지나치게 유순함이다. (임금은) 깊게 잠긴 이는 강함으로 다스리고, 높고 밝은 이는 유순함으로 다스려야 할 것이다."[203]

정직은 올바르고 평안한 상태를 뜻한다. 만약 극도로 강하여 순하지 않는 때는 강으로 다스리고, 극도로 화순하지 않을 때는 부드러움으로 다스리라고 한다. 또한 중도에 미치지 못하여 침잠에 빠질 때는 강함으로 부드러움을 다스리고, 중도에 벗어나 지극히 높을 때는 부드러움으로 강함을 다스려야 한다는 내용이다. "홍범"은 중도에 의거하여 강유를 겸비한 다음에 세상을 통치할 수 있는 존재는 군왕뿐이라고 말한다.

"오직 임금이라야 복을 지으며, 임금이라야 위엄을 지으며, 임금이라야 좋은 음식을 먹을 수 있다. 신하는 복을 짓거나 위엄을 지으며 좋

---

202 『尙書全解』권 25, "三德者, 聖人所以臨機制變, 稱物平施, 以爲皇極之用, 而權其輕重也. 胡安定曰聖人旣由中道而治天下, 又慮夫執中無權猶執一也. 故用三德者, 所以隨時制宜以歸安寧之域也. 故皇極則見聖人之道, 三德則見聖人之權."
203 『書經』「周書」"洪範", "平康正直, 彊弗友剛克, 燮友柔克. 沈潛剛克, 高明柔克."

은 음식을 먹어서는 안 된다. 신하가 복을 짓거나 위엄을 지으며 좋은 음식을 먹으면, 그 해가 당신의 집안에 미치게 되고 흉함이 당신의 나라에 미치게 되어 신하들은 왕도를 버릴 것이며, 백성들도 법도를 어기고 난을 일으킬 것이다."[204]

학자들은 황극을 중용 또는 군왕으로 해석한다. 여기서의 '벽辟' 자는 특별히 군왕을 지시하기 때문에 주희와 채침 등은 오직 군왕만이 "복과 위엄을 내릴 수 있고, 좋은 음식을 먹을 수 있으며[作福작복·作威작위·作食작식]", 만약 그렇지 않으면 사회에 혼란이 일어난다고 경고했다. 만약 임금 '벽辟'을 군왕으로 풀이할 경우는 지금까지 대중지도大中之道를 심법 전수의 진리로 삼은 요·순·우·탕·문·무 등은 모두 자기 한 몸만을 위해 호의호식한 인물이 되는 모순이 생기기 때문에 군왕으로 해석하는 것은 무리가 뒤따른다. 임금 '벽'은 가차자假借字이므로 사특하다[邪辟사벽]는 뜻으로 해석하는 것이 옳다[205]는 주장이다.

사특한 자가 복과 위엄과 맛있는 음식을 독점하지 않아야 관리들도 동조할 수 있다. 만약 사특한 군왕이 독점할 경우는 국가 사회가 큰 혼란에 빠져 신하는 비뚤어지고 백성들 역시 분수를 지키지 않아 악을 짓게 된다는 것이다. 한마디로 이 구절만큼은 '군왕'보다는 '대중'으로 풀이하는 것이 훨씬 타당하다.

이처럼 개인의 5사를 바탕으로 3덕의 인격이 표출되며, 또한 3덕의 운용은 사회 전반에 걸쳐 영향을 끼치므로 인도 실천의 결과인 5

---

204 『書經』「周書」"洪範", "惟辟作福, 惟辟作威, 惟辟玉食, 臣無有作福作威玉食. 臣之有作福作威玉食, 其害于而家, 凶于而國, 人用側頗僻, 民用僭忒."
205 方東美, 『原始儒家道家哲學』, 61-63쪽 참조.

복6극의 문제로 연계되는 것이다. 그렇다면 모든 인간이 추구하는 5복은 무엇이고, 그토록 피하려는 6극은 무엇인가?

> "아홉째 다섯 가지 복이란 첫째는 장수요, 둘째는 부유함이요, 셋째는 건강과 평안함이요, 넷째는 미덕을 좋아하는 것이요, 다섯째는 늙어서 천수를 누리는 것이다. 여섯 가지 흉사란 첫째는 요절이요, 둘째는 질병이요, 셋째는 근심이요, 넷째는 가난함이요, 다섯째는 사악함이요, 여섯째는 나약함이다."[206]

5복은 오래 사는 것, 부자로 사는 것, 건강하고 평안한 삶을 유지하는 것, 아름다운 덕을 좋아하는 것, 삶의 자연스런 마침이다. 6극은 일찍 죽는 것, 질병을 앓는 것, 근심이 많은 것, 가난한 것, 죄 짓는 것, 몸의 쇠약을 가리킨다. 5복은 3덕을 유용하게 다스려서 얻는 길한 상황이요, 6극은 3덕을 사용하지 않아 나타나는 흉한 상황을 뜻한다. 5복과 6극은 행복과 고통이지만, 그것은 왕도정치의 결과로 나타나는 성적표이기도 하다. 한마디로 홍범 전편에 흐르는 고귀한 정신은 민생에서 시작해서 민생으로 끝맺는 것에 있기 때문에 인도의 궁극 목표는 왕도로 집약되는 것이다.

3) 홍범구주의 논리 구조

지금까지 우리는 홍범구주를 천도와 인도로 나누어 살펴보았다. 9

---

206 『書經』「周書」「洪範」, "九五福, 一曰壽, 二曰富, 三曰康寧, 四曰攸好德, 五曰考終命. 六極, 一曰凶短折, 二曰疾, 三曰憂, 四曰貧, 五曰惡, 六曰弱."

권근

주가 각각 독립된 범주로 보이지만, 실제로는 아홉 개의 범주가 상호 깊은 연관성이 있음을 발견할 수 있었다. 그러나 과거의 연구자들은 5사와 서징 사이의 긴밀성에만 치중하여 탐구했다. 9주 전체에 흐르는 논리 구조에 대한 정확한 이해가 홍범사상의 성격을 이해하는데 도움이 될 것이다.

조선 초기의 학자 권근權近(1352-1409)은 "범주가 비록 아홉이지만 핵심은 셋이다. 하늘에서는 5행이요, 인간에서는 5사이며, 황극은 하늘과 인간을 통합하여 하나로 꿰뚫은 것이다"[207]라고 말하여 홍범구주 논리학의 중추를 황극으로 이해했다. 그는 홍범이 아홉 범주로 이루어졌으나, 자연의 운행 원리인 천도를 인간이 주체적으로 체득하여 천인합일의 경지에 도달하는 것에 목표가 있다고 보았다. 특히 권근은 천도와 인도를 일관하는 원리야말로 홍범사상의 특징이라고 강조했다.

천도는 인간 주체와 분리되어 존립할 수 없는 까닭에 천도와 인도는 근원에서는 하나다. 천도를 실현하는 것이 인도요, 인도를 통하여 천도가 실현되는 것이라 할 수 있다.[208] 선진유학을 비롯하여 송대 성리학의 근본 과제는 하늘과 인간의 문제를 어떻게 설정하여 천인합일할 수 있는가의 문제가 핵심이었다. 이러한 천인합일 사유의 원형을 가장 잘 보존하고 있는 것이 바로 홍범사상이다.

---

207 『入學圖說』권1, "疇雖有九而樞要有三. 在天惟五行, 在人惟五事, 而皇極者合天人而一之者也."
208 류승국, 『동양철학연구』(서울: 근역서재, 1983), 124쪽 참조.

홍범구주의 논리 구조를 세 가지 입장에서 살펴보자. ① 홍범구주를 낙서의 구조와 비교하면 대대對待 관계가 구성된다. ② 인간 본성에 대한 통찰을 통해 우주의 생성을 파악하는 자각론과 이에 근거하여 행위하는 실천론이다. ③ 5황극을 중심으로 천도 범주와 인도 범주를 각각 대비하면 일종의 인과론이 성립한다.

① 대대의 논리 - 홍범은 우주의 생성을 해명하는 낙서와 연관이 있고, 낙서는 문왕팔괘도와 연관이 있다. 낙서가 우주에 대한 시간 위주의 생성을 얘기한다면, 문왕팔괘도는 공간 위주의 생성을 얘기한다. 낙서와 문왕팔괘도는 만물의 생성을 설명할 때, 수數를 이용한다.[209] 특히 낙서와 구궁의 배열은 8괘의 구성과 관계가 있으며,[210] 낙서는 우주의 구조와 생성을 특유의 수리론으로 전개하고 있다. 또한 낙서는 우주의 구조와 수의 질서가 동일하다는 전제에서 우주의 생성 문제를 알려주고 있다.

수의 질서는 감각에 의존하는 지식으로 포착되지 않는다. 수는 추상적이고 형식적일 뿐만 아니라 그 구조와 작용 자체가 일정한 질서와 패턴으로 이루어졌기 때문에 낙서는 수의 방식에 의거하여 만물의 생성을 얘기한다. 이미 정현鄭玄(127-200)은 5행을 생수生數와 성수成數로 나누는 10수 중심의 우주론을

정현

---

209 서양의 피타고라스(BCE 580-BCE 500)는 인간이 신성해져서 신과 같은 존재가 되려면 반드시 수학을 공부해야 한다고 주장하면서, 음악으로 마음을 닦는 방안을 제시하여 서양철학의 방향타를 결정지었다.
210 杜而未, 『易經原義的發明』(臺北: 學生書局, 1983), 176쪽 참조.

수립한 바 있다. 이러한 "한역漢易의 10수 사상과 낙서의 9수론은 송대의 주희와 채원정에 이르러 이른바『역학계몽易學啓蒙』이 저술됨으로써 하락상수론河洛象數論이 확정되어 지금의 하도십수도河圖十數圖와 낙서구서도洛書九數圖로 도상화되었다."[211]

낙서의 도상은 5를 중심으로 1과 9, 2와 8, 3과 7, 4와 6이 각각 대응해 있다. 특히 낙서는 5를 중심으로 어느 방향으로 그 수를 합해도 15가 된다. 즉 낙서는 1과 9, 2와 8, 3과 7, 4와 6이 5를 중심으로 대대 관계가 형성되는 것이다. 또한 낙서는 태양수太陽數(1, 9), 소음수少陰數(2, 8), 소양수少陽數(3, 7), 태음수太陰數(4, 6)가 4상 원리로 구성되어 있다. 태양수는 같은 양으로 1은 생수이고, 9는 성수다. 마찬가지로 태음수는 같은 음으로 4는 생수이고, 6은 성수로 이루어져 있다. 이들은 빛이 있으면 그늘이 있듯이, 강유·진퇴·동정 등의 작용처럼 서로 공존하는 형태를 취한다. 이 양자는 상호 부정이 아니라, 상호 긍정의 관계로 존재하는 것이다.

따라서 낙서의 5수는 본체가 되어 1, 2, 3, 4 생수生數와 6, 7, 8, 9 성수成數로 둥글어가는 이 세상에 대한 사유 방법론으로 정립되었던 것이다.

② 자각론과 실천론 - 어떤 철학 체계이든지 우주론이 그 근간을 이룬다. "홍범"도 예외는 아니다. 왜냐하면 아홉 범주는 5황극을 중심으로 네 범주는 천도론이며, 나머지 네 범주는 천도에 상응하는 인도론이기 때문이다. 천도를 얘기하는 네 개의 범주 중에서 1오행과 4오

---

211 유남상, 「正易의 圖書象數原理에 관한 硏究」『인문과학 논문집 7권2호』(충남대학교, 1981), 188쪽.

기는 천도 자체를 말한 것이라면, 8서징과 7계의는 인간의 주체적 인식을 거친 천도인 까닭에 자각의 문제가 매우 소중하다.

5행과 5기는 자연을 객관적으로 서술한 법칙이며, 서징과 계의는 자연 질서를 인간 심성 안에서 체득한 주체화된 천도라 할 수 있다. 만물의 생성 원리인 5행과 역수가 자연의 변화로 나타날 때, 이런 자연 현상을 인간 심성의 반영체로 자각하는 순간에 앎, 즉 지식이 성립되기 때문이다. 5기의 역수에 의해 여러 징조로 나타난 자연 현상을 계의함으로써 만물의 본체인 5행이 인지된다는 뜻이다. 결국 홍범에서 말하는 앎은 4오기 → 8서징 → 7계의 → 1오행의 순서로 형성된다고 할 수 있다.

이때 천도에 대한 앎의 주체는 5황극이다. 이 황극은 실천 과정에서도 중심이 된다. 특별히 실천에 앞서 3덕을 갖춘 다음에 왕도를 실현하여 사회 전체에 5복이 넘치게 하는 것이 최상이다. 3덕을 인격 완성의 목적으로 삼아 심성 수양에 대한 요건을 성취해야 한다. 그래야 왕도의 실천 방법인 8정을 구현함으로써 6극은 피하고 5복을 향유할 수 있다는 것이다.

따라서 홍범구주의 실천 문제는 6삼덕 → 2오사 → 8삼정 → 9오복유극의 논리로 전개되는 것이다. 이렇게 볼 때, 홍범구주는 자연의 인간화와 인간의 사회화를 통해 왕도정치의 구현을 목표로 삼는 체계라고 할 수 있다.

③ 인과 논리 - 앞에서 홍범구주의 지행知行 문제를 살폈듯이, 9주는 일련의 연속성으로 이루어져 있다. 9주는 원인과 결과라는 유기체의 논리 구조로 형성되었다는 뜻이다. 홍범사상이 지식과 행위의 일치를

강조하는 배경에는 가치관과 사상의 극심한 혼란에서 비롯되었기 때문이다.

그래서 기자는 개인과 국가와 천하의 우환憂患을 가슴에 사무치게 느끼고 홍범을 지었던 것이다. "역이 흥기한 것은 중고일까? 역을 지은이는 우환에 있었을 것인저!"[212] 성인의 우환 의식은 만백성으로 하여금 오복을 누리고 육극을 피하도록 하는 왕도를 저변에 깔고 있다.

오복육극은 군왕의 황극에 대한 주체화와 실천 여부에 달렸고, 백성의 동참 여부로 결정된다. "우환은 인생의 고죄苦罪에서 표출되는 것이 아니라, 그것을 유발시킨 것은 내면적인 도덕 의식이다."[213] 인간은 자신의 행위에 대해 근신하는 태도가 필요하다. 이러한 근신과 노력은 주초周初의 경敬·경덕敬德·명덕明德에서 도출된 것이다.[214]

군왕이 황극을 핵심 가치로 삼아 왕도를 실천하면 하늘은 오복을 내리고, 패도로 치달으면 하늘은 육극을 내린다는 것이다. 백성이 군왕의 가르침을 실행하지 않으면 하늘 또한 육극을 내리고, 군왕의 가르침을 따를 경우는 하늘은 오복을 내린다. 그래서 맹자는 "화복은 모두 나로부터 생기지 않음이 없는 것"[215]이라고 말하여 주체성의 확립을 강조했던 것이다.

은말주초에 탄생한 "홍범"은 사회 구성원 전체가 5복을 누리는 것을 꿈꾸었다. 5복은 인간이면 누구나 희망하는 영원한 과제다. 유교는 정덕正德·이용利用·후생厚生이 골고루 펼쳐지는 이상 사회를 모델로 삼았다. "홍범"은 그 선결 요건으로 개인의 심성 수양을 뜻하는 5사,

---

212 『周易』「繫辭傳」下篇, "易之興也, 其中古乎? 作易者其有憂患乎!"
213 牟宗三, 앞의 책, 15쪽.
214 徐復觀, 앞의 책, 22쪽 참조.
215 『孟子』「公孫丑」上, "禍福, 無不由自求之者."

사회의 실천 범주인 8정을 제시한다. 8정을 어떻게 실행하는가에 의해 왕도의 성공이 달렸고, 8정의 결과는 5사의 지혜로운 사유[聖]에 의해 좌우된다고 할 수 있다. 5사의 성과 역시 5황극의 주체성을 확보에 의해 결정되기 때문에 황극이 5행을 어떻게 통각하는가의 문제도 중요하다. 그것은 7계의의 신명스런 판단으로 심화된다. 계의는 또한 시간의 선험 질서를 뜻하는 4역수를 근거로 삼는 까닭에 일종의 신비 체험에 가까운 순수 의식이라 할 수 있다.

4오기는 원인이요, 그 결과는 8서징이다. 또한 서징의 원인을 판단하며[七稽疑칠계의], 계의가 원인되어 그 결과로써 5행이 인식되는 것이다. 이렇게 천도의 인과율을 바탕으로 인도의 인과율이 성립한다. 즉 6삼덕의 수양을 통해 2오사의 결과를 얻고, 5사가 원인이 되어 8삼정의 결과를 이루고, 8정의 구현에 의해 9오복육극의 결과가 나타나는 것이라 할 수 있다.

따라서 천도에 대한 인과 논리는 4오기 → 8서징 → 7계의 → 1오행의 순서로 전개되며, 그리고 이 천도에 근거하여 6삼덕 → 2오사 → 8팔정 → 9오복육극의 인도로 전개된다. 요컨대 홍범과 낙서의 대대 논리에 의거한 자연의 생성, 지식과 실천의 일치를 얘기하는 지행知行의 문제, 원인과 결과를 다루는 인과율을 종합하면 그 논리의 중심에 5황극이 존재하는 것을 확인할 수 있다.

황극, 황권인가 중도인가?

홍범구주는 황극을 중심으로 여덟 개의 범주가 나열되어 있다. 황극이 몸통이라면, 나머지 여덟 범주는 날개라는 뜻이다. 이 구주는 줄곧 동양인들의 사유와 사상에 지대한 영향을 끼쳤는데, 그 중심에 황극이 있다. 송나라 휘종徽宗(1082-1135)은 즉위하자마자 국시國是와 비견되는 '건중建中'을 연호로 삼았다.

여기서 말하는 '건중'을 세우는 것이 곧 황극이다. 황극을 둘러싼 용어가 정치 무대에 등장한 사건이다. 당시 정계의 거두는 재상 왕회王淮(1126-1189)였다. "왕회의 집정 강령은 "홍범"의 황극에 있다. 당시 학자들은 한당漢唐의 주석을 통해 황극 원문을 이해했다. 공안국의 『전傳』과 공영달의 『상서정의』가 원문보다 더 중요했다."는 뜻이다.[216]

송대에 이르러 '건중' 또는 '황극'을 국시로 결정한 배경에는 "(세상의) 표준을 모아놓으면 그 표준으로 돌아갈 것이다[會其有極회귀유극, 歸其有極귀기유극]"라는 "홍범" 5황극장에 있다. 이에 대해 공영달은 다음과 주석을 달았다.

"'회會'는 모은다는 뜻으로 사람이 장차 행동할 때, 중도를 모아서 행동하는 말이다. 행실이 중도를 얻으면, 천하 사람들 모두가 귀의하여 중도에 맞는 행위를 할 것이다. '천하'란 크게 말한 것이다. 『논

---

216 余英時 지음/이원석 옮김, 『주희의 역사세계(하)』(서울: 글항아리, 2015), 1202쪽 참조.

어』는 '하루라도 자신을 극복하여 예로 돌아간다면 천하 사람들이 모두 어짊으로 귀의할 것이다'라고 했는데, 이 구절의 '천하'와 그것의 의미는 똑같다."[217]

주희의 황극에 대한 논의는 제자들과 대화를 나눈 기록인 『주자어류朱子語類』에 나온다.

"황극은 '대중'의 뜻이 아니라, '황'은 곧 천자이고 '극'은 지극함으로 '황'이 '극'을 세운다는 것을 말한다. 동서남북이 이 곳에 이르러 꼭 만나니 곧 중도의 핵심으로 마냥 가운데는 아니다. 한유들이 '중'으로 설명했으나, 오늘날의 의미와는 다르다. 예컨대 '다섯 가지 일이 꼭 맞다'는 내용이 바로 그것이다. 요즘 사람들은 '중'을 설명할 때, 다만 모호하여 선한 일은 철저히 권장할 필요가 없고, 악한 일은 철저히 벌줄 필요가 없다고 말한다. 그렇다면 어찌 그것을 '중'이라 할 수 있겠는가?"[218]

"인군이 극을 세우는 것은 표준을 세우는 것과 같다. … 예컨대『주례』의 '백성의 극으로 여긴다', 『시』의 '백성의 극심', '4방의 극'은 모두 이러한 뜻이다. '중'의 의미가 진실로 그 안에 함축되어 있으나, '극'은 '중'으로만 풀이해서는 안 된다. 한유들이 '중'에 대해 주석을 달고 설명할 때, 다만 '다섯 가지 일에 꼭 맞다'라고만 말하여 오히

---

217 『尙書正義』, "會謂集會, 言人之將爲行也. 集會其有中之道而行之. 行實得中, 則天下皆歸其爲有中矣. 天下者, 大言之. 論語云, 一日克己復禮, 天下歸仁焉. 此意與彼同也."

218 『朱子語類』 권79 「尙書2·洪範」, "皇極非大中, 皇乃天子, 極乃極至, 言皇建此極也. 東西南北, 到此恰好, 乃中之極, 非中也. 但漢儒雖說作中字, 亦與今不同, 如云五事之中, 是也. 今人說中, 只是含胡依違, 善不必盡賞, 惡不必盡罰, 如此, 豈得謂之中."

려 방해가 되지 않았는데, 최근의 '중'에 대한 설명은 옳지 않다. 근래의 주장은 모호하고 구차하여 시비를 가리지 않고 흑백을 변별하지도 않으면서 해야 할 일이 생겼을 때, 대충 해버리고 철저하게 하지 않으려 하는 것이다. 이것이 어찌 성인의 뜻이겠는가?"[219]

주희는 '황'을 '천자', '극'은 '표준'이라고 못박았다. 황극을 군왕이 반드시 세우고 지켜야 할 원칙으로 인식한 것이다. 주희 당시에 학자와 관료 사이에 벌어진 논쟁거리는 세 가지가 있었다. 도학道學과 붕당朋黨과 황극에 대한 논변이 바로 그것이다.[220]

그것은 관료 집단과 학자 집단 사이의 충돌 과정에서 빚어져 권력 장악을 위한 통치술의 방법과 순수한 학술 연구의 과제로 극명하게 나뉘었다. 도학과 붕당과 황극은 서로 분리될 수 없는 일종의 삼각 관계로 얽혀 있다. 곧 도학으로부터 붕당이 파생했고, 도학과 붕당으로부터 다시 황극이 파생되어 나타나고, 황극은 또다시 도학의 이론 근거가 되었다.

주남周南(1159-1213)은 관료 집단이 허구로 만들어낸 도학과 황극에 대한 의론이 장차 천하를 어지럽힐 것이라고 비판했다. 이런 배경에서 황극이 정적을 탄압하려는 관료 집단의 도구로 이용되거나, 순수 학술을 탐구하는 학자들 사이의 미묘한 차이에서 첨예한 논쟁으로 벌어졌다. 양만리楊萬里(1127-1206)와 유광조劉光祖(1142-1222)와 주남 등 세 사

---

219 『朱子語類』 권79 「尙書2·洪範」, "人君建極, 如箇標準. … 如周禮以爲民極, 詩維民之極, 四方之極, 都是此意. 中固在其間, 而極不可以訓中. 漢儒注說中字, 只說五事之中, 猶未爲害, 最是近世說中字不是. 近日之說, 只要含胡苟且, 不分是非, 不辨黑白, 遇當做底事, 只略略做些, 不要做盡. 此豈聖人之意."

220 이는 周南(1159-1213)의 『山房集』 권7, "今之蔽蒙之甚者, 則立爲議論, 以籠罩主意, 使陛下不能擺脫以用人者, 其說有三而已. 一曰道學, 二曰朋黨, 三曰皇極, 臣請得而極論之."

람은 '황극의 힘'을 빌려 '도학'에 대한 관료 집단의 공격을 막아내려고 의견을 모았다.

양만리

더 나아가 주희는 황극에 대한 해석에서 훈고학과의 결별을 선언하고, 심지어 관료 들의 권력욕을 방어하려는 목적에서 '대중' 설을 부정하였다. '황'은 군왕, '극'은 지극 함 또는 표준으로 풀이했다. '황이 표준을 세우다[皇建其有極황건기유극]'는 말은 군왕 이 마음을 바르게 하고 몸을 닦아 천하를 위해 도덕적 모범이 되어야 한다는 의미를 갖는다. 그래서 당시의 섭적葉適(1150-1223)[221]은 '극을 세우는 것[建極건극]'이 황극의 진정한 주제라고 외쳤던 것이다.

"황극은 있지 않은 곳이 없으나, 그 어려움은 세우는 것에 있습니다. 극을 세우는 것이 어려운 것이 아니라, 세우는 방법을 식별해내는 것 이 어렸습니다. 하늘이 부여하여 우임금이 받았고, 무왕이 자신을 비 워 방문하자 기자가 재계하여 말해주었는데, 모두 극 자체를 말한 것이 아니라 극을 세우는 것에 대해 말했습니다. 그러므로 그 어려 움은 '세움'에 있다고 (내가) 말한 것입니다. 비록 그렇더라도 극을 세 우면서 기자의 말에 완전히 부합했던 후대 사람들이 얼마나 적습니 까? 그러므로 '그 어려움은 세우는 방법을 식별해내는 것에 있다'고 말한 것입니다."[222]

---

221 葉適의 호는 忠定이고, 별칭은 水心先生 또는 正則이다.
222 『水心別集』 권7(『葉適集』 제3책), "故皇極無不有也, 而其難在于建. 建極非難也, 而其難 在于識其所以建. 天界之, 禹受之, 武王虛己而訪之, 箕子齋戒而言之, 皆非極也, 皆建極 也. 故曰其難在于建. 雖然, 後世之建極而能盡合乎箕子之言者, 何其少也. 故曰其難在于

섭적의 말대로 황극은 더 이상 "홍범" 5황극장에 국한되지 않고, 인간의 사유를 비롯하여 사회와 문명을 성숙시킬 수 있는 잣대로 사용되었다. 우임금의 치수 사업도 '극을 세우는 방법[建極건극]'에 속한다. 또한 '황극은 있지 않은 곳이 없다'는 말처럼, 황극은 만물의 보편 원리이므로 정치 질서를 넘어서 성숙한 문화를 잉태하는 자궁으로 인식되었다.

그것은 지금까지 '오직' 군왕만이 표준을 세울 수 있다는 관념에서 벗어나 누구나 황극을 세울 수 있다는 보편주의를 지향하도록 만들었다. 이러한 보편주의는 황극을 '대중大中'으로 해석하는 사상을 낳기에 이르렀다. 그 대표자가 바로 육상산陸象山(1139-1192)이다. 황극을 '대중'으로 풀이하는 경향은 육상산의 심학心學에 와서 꽃피웠다.

> "춘정월 13일에 관리와 백성을 모아 놓고 홍범 '5황극장'을 강의했다. 군에는 옛 관습이 있었는데, 정월 대보름에 관아 청사에서 (도교의) 제사를 지내면서 '백성을 위해 복을 기원한다'는 것이다. 선생은 이때 관리와 백성을 모아서 홍범(황극)의 '복을 모아 백성에게 베풂' 장을 강의함으로써 제사를 대체했다. 인심의 선함을 밝히는 것은 스스로 복을 구하는 방법인데, 마음 속을 밝게 하는 것만한 것이 없다고 했다. 어떤 이는 강의를 듣고 울었다."[223]

"'황'은 크다는 뜻이고, '극'은 중이라는 뜻이다. "홍범"의 아홉 범주 중에서 다섯 번째가 중의 자리인 까닭에 '극'이라 한다. 이 극이 극

識其所以建."
223 『象山先生全集』 권36 「年報」, "春正月十三日, 會吏民講洪範五皇極一章. 郡有故事, 上元設醮黃堂, 其說曰, 爲民祈福. 先生于是會吏民, 講洪範斂福錫民一章, 以代醮事. 發明人心之善, 所以自求福者, 莫不曉然于中, 或爲之泣."

대화되면 우주를 가득 채워 천지는 이로 말미암아 위치하고, 만물은 이로 말미암아 길러진다. 옛 성왕들은 황으로 극을 세웠기 때문에 천지의 화육에 참여할 수 있었다. … '황이 극을 세운다'는 것은 곧 5복을 모아서 백성에게 베풀 수 있다는 것이다. 이 극을 버리고 복을 말하는 것은 허언이고 망언으로 이치에 밝지 않은 것이다."[224]

육상산은 모든 것을 마음으로 환원시키는 심학자이므로 5복의 주관자를 군왕에서 무게 중심을 인간의 '마음'으로 옮겼다. "그는 마음을 객관 세계의 근원으로 삼았다. 객관 세계는 주관적 의식 혹은 마음에 의해 파생된다고 본다. '우주가 내 마음이고, 내 마음이 우주'라는 명제가 육상산 사상의 출발점이다."[225]

어쩌면 육상산의 입장에서 황은 크다, 극은 중中으로 새기는 것은 타당하다고 할 수 있다. 그러나 객관주의자 주희는 만족스럽지 못한 견해를 드러낼 수밖에 없었다. 심학에 기반한 육상산의 "황극 강의"와 이기이원론理氣二元論에 기반한 주희의 "황극변" 사이에 불꽃 튀기는 논쟁이 벌어졌던 것이다.

우선 주희는 문인였던 오필대吳必大(1146-1197)[226]에게 부친 편지에 "황극변皇極辨"을 함께 보내면서 황극에 대한 평소의 소신을 밝혔다. 이 편지는 1189년 여름에 작성되었는데, "황극변"은 광종光宗(1147-

---

224 『象山先生全集』 권23 「荊門軍上元設廳講義」, "皇, 大也, 極, 中也. 洪範九疇, 五居其中, 故謂之極. 是極之大, 充塞宇宙, 天地以此而位, 萬物以此而育. 古先聖王, 皇建其極, 故能參天地贊化育. … 皇建其有極, 卽是斂此五福以錫庶民, 捨極而言福, 是虛言也, 是妄言也, 是不明理也."

225 유명종, 『송명철학』(서울: 형설출판사, 1982), 212쪽 참조. 특히 육상산은 禪宗과 子思와 孟子의 唯心論을 융합하여 심학의 사상 체계를 구축하였다.

226 오필대는 자가 伯豐이고 호가 存齋다. 젊어서는 張栻(1133-1180)과 呂祖謙(1137-1181)에게 배웠고, 늦은 나이에 주희를 스승으로 모셨다.

1200)[227]이 '황극'을 국시國是로 천명한 것에 대한 반응으로 지은 것이다. 하지만 이 글은 나중에 여러 차례 수정되었다. 글 가운데에 육상산을 반박한 곳과 더불어 끝 부분에는 1196년에 쓴 발문跋文이 추가되어 있다. "황극변"은 주희의 이념을 알 수 있는 매우 중요한 글이다.

"선대 유학자는 그 의미를 깊이 추구한 적이 없었고, 임금이 몸을 닦아 도를 세우는 근본을 살피지 못했기에 '황극'을 '대중'으로 잘못 풀이했던 것이다. 또한 그의 말을 보면, 이것저것 다 포용하는 관대한 경우가 많고, 다시 '중'을 애매하고 구차한 것으로 오인하여 선악의 의미를 구분하지 않았다. … 잘못 인식된 '중'을 잘못 풀이된 '극'으로 여겨 지극히 엄격하고 분명한 본질을 살피지 못하고, 지극하게 관대하고 넓은 도량을 만드는데 힘썼다. 그 폐단은 장차 임금으로 하여금 몸을 닦아 정치를 확립하는 것을 모르도록 해서 한漢 원제의 우유부단함과 당唐 대종[228]의 무원칙한 관용에 떨어지게끔 만들어 마침내 옳고 그름이 거꾸로 되고 현인과 악인이 뒤바뀌어 혼란스럽게 되어 재앙이 뒤따르는 데 이를 것이다. 어찌 '복을 모아 백성에게 베푸는 것'을 바랄 수 있겠는가? 아아! 공안국이 정말로 잘못했도다. 그러나 그의 본심을 더듬어본다면, 임시로 문장에 따라 의미를 풀이하여 입으로 송독하기 편하게끔 하기 위한 계책였을 뿐이지, 그화가 이 지경까지 이르리라고는 알지 못했던 것이다."[229]

---

227 孝宗의 셋째 아들로 恭王에 봉해졌다가, 乾道 7년(1171)에 황태자가 되었고, 淳熙 16년(1189) 즉위하여 다음 해 년호를 紹熙로 고쳤다. 6년 동안 재위했다.

228 당나라 代宗(726-779)은 성과 이름이 李豫다. 肅宗의 적장자로 왕위에 올랐다. 廟號가 代宗이고, 諡號는 睿文孝武皇帝이다.

229 『朱子文集』 권52, "先儒未嘗深求其意, 而不察乎人君所以修身立道之本, 是以誤訓皇極爲大中. 又見其詞多爲含洪寬大之言, 因復誤認中爲含胡苟且, 不分善惡之意. … 以誤認

이 글에서 주희는 공안국을 비롯한 과거 학자들의 '황극'에 대한 오류를 강도 높게 비판하고 있다. 그것은 공안국의 번역을 무비판적으로 답습했던 학자들의 태도와 함께 당쟁에서 이기려고 황극 개념을 이용하는 조정의 오랜 관습을 견제하기 위한 유효한 방법였기 때문이다. 또한 군주 지상주의로 나아가는 해석을 저지할 수 있는 수단이기도 했다.

주희는 새로운 황극관을 수립하기 위해 군왕은 '몸을 닦아서 지극한 표준을 세워야 할 의무가 있다'고 풀이했다. 이른바 내성內聖이 완벽해야 외왕外王이 가능하다는 '내성외왕'의 실제적인 효과를 겨냥했던 것이다.

주희는 비록 권력의 심장부 밖에서 있었지만, 조정의 일거수일투족을 마치 손바닥 보듯이 했다. 친구 및 문인들과 나눈 서신 왕복, 소보小報 같은 정보 보고를 통해 주희는 전체 정국의 추이와 대세를 파악했다. 그가 보유한 정보의 풍부함, 정확함, 신속함은 실로 믿기 어려울 정도다.[230] 이러한 정보의 막강한 힘을 바탕으로 황극에 대한 새로운 해석을 시도할 수 있는 근거를 확보하였다. 주희는 황극을 '대중大中'으로 해석하는 오류의 근원을 한대 유학자에서 찾았다.

그러면 한유漢儒들은 왜 황극을 '대중'으로 번역했는가? 그것은 직역이 아니라 의역이다. 한대의 정현鄭玄과 마융馬融 이래 위진 시대의 왕숙王肅, 청대의 유학자들은 한결같이 황극을 왜 '대중'으로 번역하

之中爲誤訓之極, 不謹乎至嚴至密之體, 而務爲至寬至廣之量, 其弊將使人君不知修身以立政, 而墮于漢元帝之優遊, 唐代宗之姑息, 卒至於是非顚倒, 賢否貿亂, 而禍敗隨之, 尙何斂福錫民之可望哉. 嗚呼, 孔氏則誠誤矣. 然迹其本心亦曰 姑以隨文解義爲口耳佔畢之計而已, 不知其禍之至此也."

230 余英時 지음/이원석 옮김, 『주희의 역사세계(하)』(서울: 글항아리, 2015), 1251쪽 참조.

마융

왕숙

는가에 대한 이유를 묻지 않고, 전통을 그대로 답습했던 것이다. '대중'으로 풀이하는 이유를 알기보다는 오히려 과거의 풀이가 편리했을 뿐만 아니라, 인간 주체성[大中대중]을 강조하는 유교 본연의 입장을 충실히 지킬 수 있었기 때문으로 추정된다.

방동미方東美는 황극을 둘러싼 논쟁은 상제上帝 의식을 잃어버린 것에서 비롯되었다고 진단했다. 프랑스 철학자 "폴 리쾨르(Paul Ricoeur: 1913-2005)는 원시 종교의 상제가 '은퇴한 상제'로 변질되었다고 말했다. 상제가 진정 은퇴하여 인간 세계와 격리된 것이 아니고, 인간이 일종의 사상의 논리를 조정하여 그것을 죽막竹幕으로 삼아 상제를 격리시켰기 때문이다. 상제는 직접 만날 수 있는 대상이 아니라, 간접 사고의 고려·연구·분석의 대상으로 변질되었던 것이다."[231]

한마디로 철학적 사유에 골몰한 나머지 생명을 주관하는 신이 내려준 본성만 중요할뿐, 정작 본성을 내려준 신을 배제한 꼴이라는 뜻이다. 천명은 잃어버리고 '본성 = 대중'만을 강조하는 경우가 아닐 수 없다. 이밖에도 황극을 '대중'으로 해석하는 전통은 16자 심법[232]에 비롯되었다는 것도 부정할 수 없다.

---

231 方東美 지음/남상호 옮김, 『원시유가도가철학』(서울: 서광사, 1999), 179쪽 참조.
232 '人心有危, 道心惟微, 惟精惟一, 允執厥中'의 16자를 가리킨다.

옛 성현들이 16자 심법의 중요성을 강조했던 이유는 인심과 도심의 특성을 밝히면, 도심으로 귀결될 수 있다는 강력한 믿음 때문이었다. 인심과 도심은 이원적으로 존재하는 것이 아니라, 인심은 본성과 동일한 근원에서 유래되었음을 밝혀 인심의 도덕 지향성을 목적으로 삼았던 것이다.

왕초王樵(1521-1599)는 성현의 심법이 곧 중용이고, 중용에 근거한 정치야말로 대동사회 건설의 지름길이라고 말한 바 있다.[233] 그래서 왕백王伯(1197-1274) 역시 "홍범"의 가치를 높이 평가했다. "이 글은 천하의 왕자가 하늘을 이어받아 인간의 표준을 세운 위대한 보전이다. 그 강목은 가장 밝고, 그 의리는 가장 엄밀하고, 그 공용과 관련된 바는 가장 광범위하고, 만물이 태어나고 돌아가는 지도리에 대한 말은 가장 정밀하다"[234]

채침은 스승 주희의 '황극'관과 전통의 '대중'설을 융합하여 '건중建中 = 건극建極'을 병렬하는 형식을 제시한 다음에, 『서경』의 핵심을 중용과 황극으로 압축한 『서집전書集傳』「서문序文」을 지었다. 그는 중도 또는 황극 자체보다는 '세우다[建]'에 방점을 찍고, 인간 주체성 확보와 성인의 심법을 통해 올바른 역사 정신의 전승과 천하의 안녕 문제로 매듭지었던 것이다.

"아아, '서'를 어찌 쉽게 말할 수 있으리오. 2제3왕이 세상 다스리던

---

233 『洪範正論』권1, "王氏樵 尙書日記曰 人心惟危四語, 聖學傳心之妙, 而未及政事之祥. 水火金木土穀惟修數語, 善政養民之要, 而未及心源事目之備. 洪範一篇, 性命政事, 大綱細目, 兼該全備, 信乎唐虞以來, 授受之微言也."
234 『欽定書經傳說彙纂』권11, "此書, 王者繼天立極之大典也. 其綱目爲最明, 其義理爲最密, 其功用所關爲最廣, 其歸宿樞機爲最精."

대경대법이 모두 이 책에 실렸으나, 지식이 얕은 식견과 학식으로 어떻게 그 심오한 이치를 다 드러낼 수 있으랴. 더구나 수 천년 뒤에 태어나 수 천 년 전의 일을 밝히려는 것은 매우 어려운 일이다. 그러나 2제3왕의 다스림은 도에 근본하고, 2제3왕의 도는 마음에 근본을 둔 것이니, 바로 그 마음을 깨우치면 그 도와 다스림을 진실로 말할 수 있을 것이다. 무슨 까닭인가? 오직 일심을 갖고 중용의 도를 잡음은 요·순·우가 서로 전한 심법이요, 중용의 도를 세우고 만민의 삶의 푯대를 세움은 상의 탕과 주의 무왕이 서로 전한 심법이니, 덕과 인과 경과 성은 말이 비록 서로 다를지라도 이치는 하나로서 이 마음의 오묘함을 밝힌 것 아님이 없다. 하늘을 말함에는 마음의 유래를 엄정히 하고, 백성을 말함에는 그 마음이 말미암아 베푸는 것을 삼갔으니, 예악과 교화는 마음의 발현이요, 온갖 문물제도는 마음의 드러난 것이요, 집안을 가지런히 하고 나라를 다스리고 천하를 평안하게 함은 마음을 미루어 확장한 것이니, 마음의 덕이 지극히 성대하도다. 2제3왕은 이 마음을 잘 보존한 자요, 하의 걸과 상의 수는 이 마음을 잃은 자요, 태갑과 성왕은 어려움을 당하고 나서야 이 마음을 보존한 자이다. 마음을 간직하면 다스려지고 잃어버리면 어지러워지니, 치세와 난세가 나뉨은 마음을 보존하고 그렇지 못했느냐에 달려 있을 따름이다. 후세의 인군으로서 2제3왕의 다스림에 뜻을 둘진대, 그 도를 구하지 아니할 수 없을 것이며, 2제3왕의 도에 뜻을 둘진대 그 마음을 구하지 아니할 수 없으리니, 그 마음을 구하는 요령은 이 책말고 어디서 찾으랴."[235]

235 『書集傳』「序」, "嗚呼, 書豈易言哉. 二帝三王治天下之大經大法, 皆載此書, 而淺見薄識, 豈足以盡發蘊奧. 且生於數千載之下, 而慾講明於數千載之前, 亦已難矣. 然二帝三王之

채침은 "홍범"의 요지를 2제3왕이 천하를 다스리던 대경대법의 경전으로 인식하고, 그 핵심은 '중도를 세우고 황극을 세우는 것에 있다[建中建極건중건극]'에 있다고 압축하였다. 또한 요·순·우의 16자 심법의 전수 역시 중도와 황극이라 규정하면서 유교의 성경誠敬으로 결론지었다.

하지만 유교 심법의 전승을 탕과 무왕의 일로 귀결시킨 반면에, 정작 "홍범"의 저자인 기자를 배제시킨 점은 매우 아쉽다.[236] 도에 근거한 것이 도학이요, 도학은 심법으로 전승되기 때문에 심학이요, 도학과 심학에 근거한 성인의 정치가 곧 유교의 도통道統이라는 것이다. 한마디로 채침은 도학과 심학과 정치학의 일치를 겨냥하면서 성인 제왕의 통치 정신이 곧 성학聖學의 역사로 전승되었다고 밝혔던 것이다.

治, 本於道, 二帝三王之道, 本於心, 得其心, 則道與治, 固可得而言矣. 何哉, 精一執中, 堯舜禹相授之心法也, 建中建極, 商湯周武, 相傳之心法也. 曰德 曰仁 曰敬 曰誠, 言雖殊而理則一, 無非所以明此心之妙也. 至於言天, 則嚴其心之所自出, 言民, 卽謹其心之所由施, 禮樂敎化, 心之發也, 典章文物, 心之著也, 家齊國治而天下平, 心之推也, 心之德, 其盛矣乎. 二帝三王, 存此心者也, 夏桀商受, 亡此心者也, 太甲成王, 困而存此心者也. 存則治, 亡則亂, 治亂之分, 顧其心之存不存如何耳. 後世人主, 有志於二帝三王之治, 不可不求其道, 有志於二帝三王之道, 不可不求其心, 求心之要, 舍是書, 何以哉."

236 채침이 의식했든 그렇지 않든 箕子를 빠뜨린 것은 문제가 있다. "홍범" 본문은 箕子가 武王에게 전수한 사실이 명백하기 때문이다. 그것은 殷보다 周를 드높이던 유교의 정치 의식이 학술계에 침투되어 멀리 채침에게도 영향을 끼친 것으로 보인다.

홍범과 하도낙서
- 상학象學과 수학數學의 융합

1) 하도낙서 문화와 홍범의 관계

예로부터 하도와 낙서는 천지의 상서로움을 상징하는 보배로 여겨졌다. 『서경』「고명편顧命篇」에는 주나라 강왕康王(?-BCE 1055)[237]이 즉위할 때, 동서 양쪽 벽에 하도와 아름다운 옥과 천구天球와 붉은 칼을 나란히 진열시킨 것으로 보아서 하도는 진귀한 보물로 간주되었음을 알 수 있다.[238] 공자는 "봉황도 오지 않으며, 황하에서 하도가 나오지 않으니 내 삶도 끝나는가 싶구나"[239]라고 탄식하여 하도와 낙서는 태평성대에만 출현하는 상서로운 징조라고 말했다.

이것은 제자백가를 종합한 백과사전류의 『여씨춘추呂氏春秋』로 이어진다. 한 국가의 흥망성쇠를 걸머진 제왕이 출현할 때는 반드시 하늘이 그 징조를 먼저 보여준다는 것이다. 이를테면 붉은 새가 단서丹書[240]를 입에 물고 나온 사건은 문왕이 역사의 전면에 등장하는 당위성을 상징한다.[241] 한편 그것은 황하에서 나온 용마의 등에 새겨진 도

---

237 성씨가 姬, 이름은 쇠釗로서 武王과 成王을 계승한 왕이다.
238 『書經』「顧命」, "赤刀大訓弘璧琬琰, 在西序; 大玉夷玉天球河圖, 在東序."
239 『論語』「子罕」, "子曰鳳凰不至, 河不出圖, 吾已矣夫."
240 태양을 상징하는 붉은 새는 주나라의 火德으로 묘사된다. 붉은 새가 입에 물고 나온 丹書는 천명을 전해준다는 일종의 圖讖에서 얘기하는 문건을 뜻한다.
241 『呂氏春秋』「有始覽」「應同」, "及文王之時, 天先見火赤鳥銜丹書集于周社."

표(도해)가 녹색을 띠었기 때문에 녹도綠
圖[242]로 불리기도 한다.

사마천

이런 연유에서 『회남자淮南子』는 '단서'
와 '녹도'를 병칭하기 시작했다. '단서'는
낙수洛水에서 나왔고, '녹도'는 황하에서 나
왔다는 것이다.[243] 그것은 『주역』「계사전」
의 내용과 조금 다를지언정 단서와 녹도를
상서로운 보물로 여긴 점은 동일하다. 게다가 사마천司馬遷(BCE 145-
BCE 86)은 하도와 낙서를 더욱 밀접한 관계로 부각시켰다.[244] 「계사
전」은 우선 성인이 모델로 삼은 천지의 섭리가 바로 하도와 낙서라고
규정했으나, 하도와 낙서가 발원한 지역이 서로 다르다고 설명한다.

> "하늘이 신령한 물건을 내림에 성인이 본받으며, 천지가 변화함에 성
> 인이 본받으며, 하늘이 형상을 드리워서 길흉을 나타냄에 성인이 형
> 상화하며, 하수에서 하도가 나오고 낙수에서 낙서가 나옴에 성인이
> 본받았다."[245]

하늘이 성인에게 내려준 '신비스런 사물[神物신물]'은 만물의 원리

---

242 『呂氏春秋』「恃君覽」「觀表」, "綠圖幡薄, 從此生矣." 河圖의 별칭이 곧 綠圖다. 『墨子』「非
攻篇」下에 "河出綠圖"라는 말이 나오는데, 하도에서 나온 帳簿(名簿)는 제왕 또는
성인이 천명을 받은 吉兆를 상징한다.(殷國光 外, 『呂氏春秋譯註』, 吉林文史哲出版,
1993, 753쪽 참조.)

243 『淮南子』「俶眞訓」, "洛出丹書, 河出綠圖." 낙서가 丹書, 하도가 綠圖라는 등식이 성립
될 수도 있다.

244 『史記』「孔子世家」, "河不出圖, 雒不出書, 吾已矣夫!"

245 『周易』「繫辭傳」上 11장, "天生神物, 聖人則之, 天地變化, 聖人效之, 天垂象見吉凶, 聖
人象之, 河出圖洛出書, 聖人則之."

를 알 수 있는 궁극자다. 하늘은 '신물'을 통해 자신의 의지를 세상에 펼쳤다. 성인은 하늘로부터 받은 최고의 선물을 본받아 법칙화했다[則之칙지, 效之효지, 象之상지]. '신물'에는 두 가지 의미가 있다. 하나는 성인이 반드시 본받을 만한 우주 원리를 가리키며, 다른 하나는 이성적 사유를 넘어선 신비주의 측면이 함축되어 있다. 그래서 '하늘이 천문 현상으로 드리웠다[天垂象천수상]'고 말했던 것이다. 신물의 내용이 바로 『주역』의 뿌리인 하도와 낙서다.²⁴⁶ 그것은 하늘이 내린 일종의 계시록이라 할 수 있다.

「계사전」의 언급 이후 하도와 낙서를 바탕으로 역易을 지었다고 말한 성인을 복희伏犧라고 단정하는 이론이 수립되었다. 그것은 하도낙서에 대한 연원의 일원화에 기초한 것이다. 그래서 오랜 동안 학술계는 하늘이 복희에게 하도와 낙서를 내려주었다는 견해가 주류를 이루었다.

하지만 한대 유학자들은 이에 동의하지 않는다. 유흠劉歆(BCE 53?-ADE 23)과 왕충王充(27-97) 등은 하도와 낙서를 각각 복희와 우임금으로부터 비롯되었다고 얘기한다. 복희는 하도에 근거해서 팔괘를 긋고, 우임금

유흠　　　　　　왕충

---

246 하늘이 내린 '신물'이 하도낙서라고 가정한다면, 하도낙서는 하늘이 형상으로 드리운 卦象과 더불어 『주역』의 두 핵심축에 해당된다. 하도낙서가 시간을 중심으로 『주역』을 설명하는 체계라면, 괘상은 공간을 중심으로 『주역』을 설명하는 방식이다. 이런 의미에서 하늘이 내린 신물을 시초점과 거북점으로 한정지을 이유는 하나도 없다. 그것은 성인이 본받은 대상이 하도낙서라고 규정한 말이 증명하기 때문이다.

156

은 낙서를 본받아 홍범을 지었다는 새로운 학설을 펼쳤다. 그래서 한 대 이후의 낙서 문화는『서경』"홍범"에서 찾는 것이 정설로 굳어졌다. 홍범편의 성립 시기를 은주 시대의 전환기로 거슬러 올라가 찾은 것이다.『한서』「오행지」에는 다음과 같은 말이 있다.

"유흠劉歆은 '복희씨가 하늘을 이어받아 왕노릇을 할 때 하도를 내려 받고 본받아서 획을 그으니 8괘가 바로 그것이다. 우임금이 홍수를 다스릴 때, 낙서를 받아 규범화하여 베푼 것이 곧 홍범이다. 성인은 도를 실천하여 그 진리를 보배롭게 여겼다. 은나라에 이르러 기자는 태사太師의 위치에서 그것을 가르쳤다. 주나라가 은나라에 이기자 기자는 돌아갔고, 무왕은 친히 자기를 버리고 (천하의 대법을) 물었다. 그러므로 경전은 이렇게 말한다. "(문왕) 13년[247]에 무왕이 기자를 방문하였다. 무왕이 묻기를 '아아, 기자여! 하늘이 아래 백성을 보호하여 이들이 화목하게 함께 살도록 도와주시는데, 나는 치국의 떳떳한 이치를 모르겠소.' 기자가 대답하였다. '제가 듣건대, 옛날 곤鯀이 홍수를 막으면서 5행의 질서를 어지럽히자 천제께서 진노하셔 아홉 가지 치국의 대법(홍범구주)을 주시지 않으니 치국의 떳떳한 이치가 무너졌습니다. 곤은 죽임을 당했고, 우禹가 (부친의) 사업을 계승하여 일어났습니다. 천제께서는 홍범구주를 우에게 내려주셨는데, 치국의 떳떳한 이치가 이로 말미암아 정해지게 되었습니다.' 이것이 바로 무왕이 낙서를 기자에게 물은 것이고, 기자는 우가 낙서를 얻었다고 대답한 것이다. '첫째는 오행이요, 둘째는 오사를 삼가 행하는 것이요, 셋째는 팔정을 시행하도록 힘쓰는 것이요, 넷째는 오기

---

247 문왕이 건국한 후 13년을 말하며, 무왕이 商을 멸망시킨 후의 2년을 가리킨다.

를 함께 쓰는 것이요, 다섯째는 황극을 세우는 것이요, 여섯째는 다스리는데 삼덕을 쓰는 것이요, 일곱째는 계의를 밝게 쓰는 것이요, 여덟째는 항상 생각하여 갖가지 징조를 쓰는 것이요, 아홉째는 권함에 오복을 쓰고 경계함에 육극을 쓰는 것입니다.' 이 65자는 모두 낙서의 본문으로 이른바 하늘이 우에게 내려주신 아홉 범주의 대법인 천하사의 순서인 것이다. 하도와 낙서는 서로가 날줄과 씨줄이 되고, 팔괘와 구장은 서로 겉과 속이 된다는 뜻이다. 옛날 은나라의 도가 느슨해지자 문왕은 『주역』을 연역하였다. 주나라의 도가 높아지자 공자는 『춘추』를 지었다. 곧 건곤의 음양을 본받고, 홍범의 구장 咎徵을 본받아 하늘과 사람의 도가 찬연히 드러났던 것이다."[248]

유흠을 비롯한 경학자들은 하도와 낙서의 연원을 복희와 우임금으로 분리한 다음에 복희는 하도를 본받아 8괘를 긋고, 우임금은 낙서를 본받아 홍범을 진술했다고 말한다. 더 나아가 하도와 낙서는 수직과 수평 관계[經緯경위]이며, 8괘와 9장章은 겉과 속의 관계[表裏표리]로 존재한다고 주장한다.

그것은 하도에서 나온 용마의 등에 새겨진 그림[龍馬負圖용마부도]과

---

248 『漢書』 卷27上 「五行志」 7上, "易曰 '天垂象見吉凶, 聖人象之; 河出圖雒出書, 聖人則之.' 劉歆以爲虙羲氏繼天而王, 受河圖, 則而畫之, 八卦是也; 禹治洪水, 錫雒書, 法而陳之, 洪範是也. 聖人行其道而寶其眞. 降及于殷, 箕子在父師位而典之. 周旣克殷, 以箕子歸, 武王親虛己而問焉. 故經曰 '惟十有三祀, 王訪于箕子, 王乃言曰 嗚呼箕子! 惟天陰騭下民, 相協厥居, 我不知其彝倫攸敍.' 箕子乃言曰 '我聞在昔, 鯀陻洪水, 汩陳其五行, 帝乃震怒, 弗畀洪範九疇, 彝倫攸斁. 鯀則殛死, 禹乃嗣興, 天乃錫禹洪範九疇, 彝倫攸敍.' 此武王問雒書於箕子, 箕子對禹得雒書之意也. '初一曰五行, 此二曰羞用五事, 此三曰農用八政, 此四曰叶用五紀, 此五曰建用皇極, 此六曰乂用三德, 此七曰明用稽疑, 此八曰念用庶徵, 此九曰嚮用五福 畏用六極.' 凡此六十五字, 皆雒書本文, 所謂天乃錫禹大法九章常事所次者也. 以爲河圖雒書相爲經緯, 八卦九章相爲表裏. 昔殷道弛, 文王演周易. 周道敝, 孔子述春秋. 則乾坤之陰陽, 效洪範之咎徵, 天人之道粲然著矣."

낙수에서 나온 신령스런 거북이 등껍질에 새겨진 글귀[神龜負書신귀부서]라는 견해를 형성시키는 원인을 제공했다. 이후 당나라 말엽까지는 하도에 대해 별다른 풀이가 등장하지 않았으나, 낙서의 해석에는 색다른 의견이 나타나기에 이른다.[249]

유흠은 "홍범편"의 '하늘이 우에게 홍범구주를 내려주었다[天乃錫禹洪範九疇천내석우홍범구주]'는 말과 '거북이 등껍질에 새겨진 문양'에 기초하여 홍범 본문을 "5행으로부터 마지막 6극[初一曰五行초일왈오행, 威用六極위용유극]"까지의 65자로 확정지었다. 이로부터 낙서가 곧 홍범이라는 주장이 설득력 있게 받아들여졌고, 심지어 홍범 본문이 몇 자인가에 대한 논쟁이 일어났다. 65자 본문을 들러싸고 27자, 38자, 20자를 주장하는 학자들도 생겨났다.

이후 많은 학자들은 거북이 등에 아로박힌 1부터 9까지의 수를 낙서로 인식하는 학설로 받들었다. 소길蕭吉(?-501)[250]은 『황제구궁경黃帝九宮經』에 근거하여 구주의 방위를 정했다. "9는 머리에 이고 1은 발로 밟으며, 왼쪽은 3이고 오른쪽은 7이며, 2와 4는 어깨가 되며, 6과 8은 다리가 되며, 5는 중앙에 있으면서 득실을 다스린다." 1, 3, 7, 9는 홀수요 양수로서 사정방四正方 즉 1은 북방, 3은 동방, 7은 서방, 9는 남방에 위치한다. 2, 4, 6, 8은 짝수요 음수로서 네 귀퉁이[四隅사우] 즉 8은 동북방, 4는 동남방, 2는 서남방, 6은 서북방에 위치한다. 1부터 9까지의 수를 합하면 모두 45가 되고, 각각의 열列과 두 대각선의 셋을 합하면 모두 15가 된다. 이를 정리해서 도표를 만들면 다음과 같다.

---

249 蔣秋華, 『宋人洪範學』(臺北, 臺灣大學出版委員會, 1986), 78쪽 참조.
250 蕭吉은 隋 煬帝 시기에 활약한 학자로 『五行大義』를 비롯하여 『宅經』, 『葬經』 등을 저술했다. 『五行大義』 권1은 『黃帝九宮經』의 말을 이렇게 인용하였다. "戴九履一, 左三右七, 二四爲肩, 六八爲足, 五居中宮, 總御得失."

四	九	二
三	五	七
八	一	六

2) 송대의 하도낙서 해석 방법론

송대에 이르면 성리학의 흥기와 함께 논리의 엄밀성을 드높이는 학문이 존중받기 시작했다. 이러한 분위기에서 학자들은 하도낙서에 내포된 수의 질서에 대한 합리성을 한층 드높이기 위해 도표를 이용하는 방법을 즐겼다. 그 씨앗은 「계사전」에 나오는 하도와 낙서를 수학 방정식으로 이해하려는 시도에서 싹텄다고 할 수 있다. 그것은 한대의 정현鄭玄(127-200)이 「계사전」을 주석하면서 하도와 낙서의 질서를 음양과 5행으로 결합한 것에서 비롯되었다.

"정현은 「계사전」에 다음과 같은 주석을 달았다. 하늘의 1은 북에서 수를 낳고, 땅의 2는 남에서 화를 낳고, 하늘의 3은 동에서 목을 낳고, 땅의 4는 서에서 금을 낳고, 하늘의 5는 중앙에서 토를 낳는다. 양이 짝이 없거나 음이 짝이 없으면 서로 이룰 수 없다. 땅의 6은 하늘의 1과 함께 북에서 수를 이루고, 하늘의 7은 땅의 2와 함께 남에서 화를 이루고, 땅의 8은 하늘의 3과 함께 동에서 목을 이루고, 하늘의 9는 땅의 4와 함께 서에서 금을 이루고, 땅의 10은 하늘의 5

와 함께 중앙에서 토를 이룬다."[251]

이 글은 정현이 하도를 뜻하는 「계사전」 상편 9장의 천지지수天地之數를 5행의 방위로 분배하여 풀이한 것이다. 그것을 송대 학자들이 하도의 수와 방위라고 설명하면서부터 상수학의 발전에 획기적인 기반이 마련되었던 것이다. 한편 낙서의 수와 방위 문제는 『후한서後漢書』 「장형전張衡傳」에 나오는 정현의 주석을 바탕으로 활발한 논의가 시작되었다.

"『역위건착도』[252]의 '태일은 수를 취득하여 9궁을 순회한다'는 말에 정현이 주석을 달았다. 태일은 신이 거주하는 북신(북극성)의 명칭[253]이다. 아래로 8괘의 궁을 순행하는데, 매번 동서남북의 네 방위는 중앙을 중심으로 돈다. 중앙은 북극성이 머무는 곳이 때문에 9궁이라 부르는 것이다. 하늘의 수는 양이 나오고 음은 들어가는 것으로 크게 나뉜다. 양은 '자'에서 일어나고 음은 '오'에서 일어나므로 태일이 9궁으로 내려감은 감궁에서 시작하고, 이로부터 곤궁에서 쫓고,

---

251 『禮記』「月令第六」孔穎達 疏, "鄭注易繫辭云: 天一生水於北, 地二生火於南, 天三生木於東, 地四生金於西, 天五生土於中. 陽無耦, 陰無配, 未得相成. 地六成水於北, 與天一幷; 天七成火於南, 與地二幷; 地八成木於東, 與天三幷; 天九成金於西, 與地四幷; 地十成土於中, 與天五幷也."

252 『易緯乾鑿度』는 8괘에다 계절과 방위를 접목시켜 시간과 공간을 하나로 결합하였다. 이를 도표로 만들면 다음과 같다. 숫자 배열이 지금의 洛書 문양과 文王八卦圖가 똑같음을 발견할 수 있다. (太一下行九宮圖)

巽四	離九 (陰根於午)	坤二
震三	五	兌七
艮八	坎一 (陽根於子)	乾六

太一下行九宮圖

253 鄭玄 注/常秉義 編, 『易緯』(新疆人民出版社, 2000), 23쪽. "太一者, 北辰之神名也, 居其所曰太一, 常行於八卦日辰之間, 曰天一, 或曰太一. 出入所遊, 息於紫宮之內外, 其星因以爲名焉. 故星經曰: 天一, 太一, 主氣之神. 行, 猶待也. 四正四維, 以八卦神所居, 故亦名之曰宮."

다시 이로부터 진궁에서 쫓고, 다시 이로부터 손궁에서 쫓아 절반을 운행하여 중앙의 궁으로 돌아가 쉰다. 이미 다시 이로부터 건궁에서 쫓고, 다시 이로부터 태궁에서 쫓고, 다시 이로부터 간궁에서 쫓고, 다시 이로부터 이궁에서 쫓으면 그 운행이 한 바퀴를 돌아 위로 태일(북극성)의 별에 노닐어 자미궁[254]으로 돌아간다. 운행은 감궁에서 시작하여 이궁에서 마친다."[255]

장형

『역위건착도』의 수가 1→2→3→4→5→6→7→8→9의 순서로 전개되는 패턴은 낙서의 도형과 일치하며, 9궁에 나타난 5행의 운행 역시 문왕팔괘도의 방위와 동일하다. 9궁이란 명칭은 천문학자 장형張衡(78-139)이 처음 사용하였다. 장형은 9궁 이론에서 하도와 낙서의 관계를 직접 언급하지 않았으나, 그것은 낙서의 방위와 일치하기 때문에 정현의 주석이 송대의 학술에 영향을 끼치도록 징검다리 역할을 했다고 할 수 있다.

---

254 동양 천문학은 북극성이 하늘에서 일년 내내 볼 수 있는 항성의 별자리이기 때문에 하늘나라 임금이 사는 자미궁의 중심으로 간주했다. 자미궁은 天帝가 하늘을 다스리기 위해 신하와 장군들을 포진하고 있듯이, 주위의 뭇 별들은 북극성 주위를 둘러싸고 있다.

255 『後漢書』「張衡傳」, "易緯乾鑿度曰 太一取其數以行九宮. 鄭玄注云: 太一者, 北辰神名也. 下行八卦之宮, 每四乃還於中央. 中央者, 北辰之所居, 故謂之九宮. 天數大分, 以陽出, 以陰入. 陽起於子, 陰起於午, 是以太一下九宮, 從坎宮始, 自此而從於坤宮, 又自此而從於震宮, 又自此而從於巽宮, 所以行半矣. 還息於中央之宮. 既又自此而從於乾宮, 又自此而從於兌宮, 又自此而從於艮宮, 又自此而從於離宮, 行則周矣, 上遊息於太一之星而反紫宮. 行起從坎宮始, 終於離宮也."

송대 학자들은 한유漢儒들이 말하는 수와 방위를 흑백 그림으로 바꾸어 책머리에 실었는데, 유목劉牧(1011-1064)[256]은 45개의 점點과 수數로 구성된 "태호씨수용마부도太皡氏受龍馬負圖"와 "낙서오행생수도洛書五行生數圖", "낙서오행성수도洛書五行成數圖" 등의 도표를 만든 것으로 유명하다. 유목은 하도와 낙서가 복희 당시에 똑같이 나왔는데, 복희씨는 하도낙서를 근거로 8괘를 그었다고 주장했다.

진단

유목은 특별히 하도는 45수요, 낙서는 55수라고 발표하였다. 그는 자신의 권위와 학설의 당위성을 진단陳摶(871-989)에 의탁했는데, 이에 대해 송유들의 비판이 매우 극심하였다. 오로지 유목만이 9수 하도와 10수 낙서라는 견해를 펼쳤으나, 다른 학자들의 동의를 얻지 못했다. 하도와 낙서를 거꾸로 인식한 유목의 주장은 아무런 근거가 없기 때문이라는 것이다.[257] 그 대표자는 채원정蔡元定(1135-1198)[258]이다. 그는 공안국孔安國

채원정

---

256 劉牧은 范仲淹과 孫復의 문하에서『春秋』를 수학했고, 范諤昌에게서 易學을 배웠다. 그의 학문 연원은 邵雍과 같지만 圖書學派의 개창자가 되었으며, 저서로는『易數鉤隱圖』가 있다.

257 『易學啓蒙』「本圖書 第一」, "古今傳記自孔安國劉向父子班固, 皆以爲河圖授羲, 洛書錫禹. 關子明邵康節, 皆以十爲河圖, 九爲洛書. 蓋大傳旣陳天地五十有五之數, 洪範又明言天乃錫禹洪範九疇, 而九宮之數, 戴九履一, 左三右七, 二四爲肩, 六八爲足, 正龜背之象也. 惟劉牧意見以九爲河圖, 十爲洛書, 託言出於希夷. 旣與諸儒舊說不合, 又引大傳以爲二者, 皆出於伏羲之世. 其易置圖書, 並無明驗. 但謂伏羲兼取圖書, 則易範之數誠相表裏爲可疑耳."

258 조희영,「수학적 인문학 관점으로 본 蔡沈의 象數思想」『대동문화연구』96집, 2016, 172쪽, "『宋元學案』「蔡元定傳」에 따르면, 채원정이 1198년 사망할 즈음 장남 蔡淵에

공안국

소강절

(BCE 156-BCE 74)·유향劉向(BCE 79-BCE 8)과 유흠劉歆(BCE 53- ADE 25)·반고班固(32-92) 등은 복희가 하도를 받고, 우임금은 낙서를 받았다고 주장한 바 있다. 관자명關子明과 소강절(1011-1077)은 10수 하도, 9수 낙서를 주장했다.

채원정은 관자명과 소강절의 이론을 바탕으로 유목을 비판했는데, 소강절은 전통의 천원지방설天圓地方說에 근거하여 하도와 낙서 문제를 풀었다. "'원'은 별로서 역법의 수는 아마 여기서 시작되었을 것이다. '방'은 '토'로서 주州를 나누고 전답을 정井 자로 나누는 방법은 아마 이것을 모방했을 것이다. '원'은 하도 수이고, '방'은 낙서의 문양이다. 그러므로 복희와 문왕은 그것에 의거하여 역을 지었고, 우임금과 기자는 그것을 서술하여 홍범을 지었다."[259] 소강절은 하늘이 둥글고 땅은 방정하다는 것을 얘기했지만, 하도와 낙서의 수에 대해서 만큼은 언급하지 않았다.

채원정은 하도와 낙서의 연원을 밝힌 인물이 각각 복희와 우임금이라고 주장하면서, 「계사전」의 '천지지수' 55는 하도이고, 홍범구주

게는 易學, 둘째 蔡恒에게는 『春秋』, 막내 蔡沈에게는 '洪範皇極數'를 완성할 것을 유언했다. 이는 『律呂新書』 서두에 있는 眞德秀(1178-1235)의 언급에서도 확인할 수 있다."

259 『皇極經世書』 「觀物外篇 上」, "圓者, 星也, 曆紀之數其肇於此乎! 方者, 土也, 畫州井地之法其倣乎此乎! 蓋圓者河圖之數, 方者洛書之文, 故羲文因之而造易, 禹箕敍之而作範也."

를 9궁으로 판단함으로써 유목의 논지를 뒤집는데 성공했던 것이다. 더 나아가 주희朱熹(1130-1200)는 채원정의 이론을 바탕으로 상수역학의 확고한 기반을 마련하였다.[260]

주희가 하도와 낙서의 도상을 『주역본의周易本義』와 『역학계몽易學啓蒙』의 첫머리에 장식한 이후부터 수많은 학술 논쟁이 벌어졌다. 그래서 주희의 이론을 정설로 받아들이는 학자, 또는 회의와 불신하는 부류로 나뉘었다.[261] 그럼에도 『역학계몽』은 상수학에 대한 기념비적 작품으로 후대에 지대한 영향을 끼쳤다. 『주역』과 "홍범"의 연관성 및 상수론의 핵심을 정리한 이 책은 「본도서제일本圖書第一」·「원괘획제이原卦畫第二」·「명시책제삼明蓍策第三」·「고변점제사考變占第四」 등의 네 편으로 이루어져 있다.

이 서책은 하도낙서를 근본으로 삼아 논의한 까닭에 '본도서'라 불리며, 괘효의 근거 역시 하도낙서에 있다는 의미의 '원괘획'과, 수의 기능과 효과를 표현한 「계사전」의 '대연지수大衍之數' 또한 하도낙서에 뿌리를 두고 해명하고 있다. 한마디로 『역학계몽』의 주제는 하락상수론河洛象數論이라고 해도 과언이 아니다.

3) 하도낙서의 경위표리론

앞서 살폈듯이, 공안국과 유흠은 하도와 8괘의 연관성을 언급했으나, 10수가 곧 하도라고 말하지는 못했다. 유흠은 복희 - 하도 - 8괘,

---

260 양재학, 『朱子의 易學思想에 관한 研究- 河洛象數論을 중심으로』(충남대 박사논문, 1992), 53-58쪽 참조.
261 周予同, 『朱熹與中國文化』(臺北: 學林出版社, 1989), 10쪽 참조.

우 - 낙서 - 홍범구주의 체계로 인식했으나, 채원정과 주희는 하도가 10수요, 낙서는 9수라고 규정하여 이른바 '도십서구설圖十書九說'을 제창하였다. 주희가 『역학계몽』을 통해 제기한 '도십서구설'에 대해 끊임없는 논변이 벌어졌다.

이를테면 청대의 한학가들은 훈고학의 관점에서 꾸준한 의문을 던졌다. 한학가들의 문제 제기는 이론과 내용보다는 오히려 글자 풀이 혹은 문헌학의 입장을 고수하고 있다.[262] 주희의 하도낙서에 대한 태도는 학술을 넘어 신념의 정도로까지 확대된다. 그는 하도낙서에 내포된 의리의 측면을 공자에게로 귀결시킨다.[263]

그렇다면 주희는 하도와 낙서의 관계를 어떻게 이해하는가? 주희는 「계사전」 상편 9장의 '천지지수'를 공자가 발명한 하도 수라고 주장한 반면에,[264] 낙서에 대해서는 『주역』과 연관지어 별다른 언급을 하지 않았다. 하도와 역의 연관성은 분명하지만, 역과 홍범은 간접성이 인정됨에도 불구하고 뚜렷한 증거가 없다는 이유에서 심도 있는 논의를 못했기 때문으로 보인다.

사변 철학자 주희는 하도와 낙서의 관계를 인물별, 사상적 연원에서 찾는 것보다는 오히려 본체와 작용[體用체용] 관계로 고찰한다. 주희는 체용 문제를 날줄과 씨줄[經緯경위], 항상성과 변화성[常變상변], 대대對待와 유행流行 등의 개념을 통해 하도와 낙서를 형이상학과 형이하학 차원을 구분하는 방법으로 접근했다. 그 결과물이 바로 '경위표리설經緯表裏說'이다.

---

262 朱伯崑, 『易學哲學史(中)』(北京: 北京大學出版社, 1988), 432쪽 참조.
263 『朱子大全』 권38 "答袁機仲", "以上五條, 鄭意傾倒無復餘蘊矣. 然此熹之說, 乃康節之說; 非康節之說, 乃希夷之說; 非希夷之說, 乃孔子之說."
264 「계사전」 상편 9장에 대한 『周易本義』, "此言天地之數 陽奇陰偶, 卽所謂河圖者也."

"사실상 천지의 이치는 하나일 뿐이다. 비록 시기가 옛날과 지금의 앞뒤가 다름이 있지만, 그 이치는 둘이 될 수 없다. 그러므로 복희가 단지 하도에 근거해서 역을 지었으니, 굳이 낙서를 예견하지 않아도 이미 낙서와 거슬리면서도 합치했다. 우임금이 낙서에 근거하여 홍범을 지었으니, 또한 굳이 하도를 추고하지 않아도 이미 암암리에 하도와 부합하였다. 그 이유는 무엇인가? 진실로 이 이치 이외에 또 다른 이치가 없기 때문이다. … 가령 금세에 또다시 하도와 낙서가 나오고 그 수가 또한 서로 꼭 부합한다면 복희가 오늘을 취해서 역을 지었다고 할 수 있겠는가? 「계사전」의 이른바 '황하에서 그림이 나오고 낙수에서 글이 나오니 성인이 이를 본받았다'고 한 것도 역시 성인이 역을 짓고, 홍범을 만든 것이 그 근원은 모두 하늘의 뜻에서 나왔다는 것을 일반화하여 말한 것이다."[265]

하도와 낙서의 논거는 각각 「계사전」과 "홍범"에 있다. 그 유래가 비록 다를지언정 내용과 본질이 일치하려면 반드시 그 이론 체계 또는 목적이 동일해야 할 것이다. 이 문제가 확보되지 않는다면, 하도와 낙서는 합리성이 없는 공허한 수리론에 몰입되거나 서법筮法의 신비성만을 강화시키는 결과를 가져올 뿐이다.

그래서 주희는 '황하에서 그림이 나오고 낙수에서 글이 나오니 성인이 이를 본받았다'[河出圖洛出書하출도낙출서, 聖人則之성인칙지]'라는

---

265 『易學啓蒙』「本圖書第一」, "蔡元定曰: 其實天地之理一而已矣. 雖時有古今先後之不同, 而其理則不容於二也. 故伏羲但據河圖以作易, 則不必豫見洛書, 而已逆與之合矣; 大禹但據洛書以作範, 則亦不必追考河圖, 而已暗與之符矣. 其所以然者何哉? 誠以此理之外, 無復它理故也. … 假令今世復有圖書者出, 其數亦必相符, 可謂伏羲有取於今日而作易乎! 大傳所謂'河出圖洛出書, 聖人則之'者, 亦汎言聖人作易作範, 其原皆出於天之意."

명제를 제시한 다음에, 유흠이 말한 하도낙서의 경위표리설을 인용하여 '천지지수天地之數'[266]를 공자가 처음으로 밝힌 하도라고 규정하였다.[267]

한편 낙서에 대해 공자는 비록 말하지 않았으나, 그 상象과 설명이 이미 갖추어져 있기 때문에 하도와 낙서는 떼려야 뗄 수 없는 함수 관계로 존재한다는 것이다. 즉 공자는 홍범이 곧 낙서라고 표현하지 않았던 까닭에 하도와 낙서의 연관성 문제는 모호한 상태로 전승되어 왔음을 시사하고 있다.[268] 한마디로 주희는 홍범사상을 도상화시킨 것이 바로 낙서요, 낙서에 대한 부연설명이 곧 홍범구주라는 유흠의 말을 인용하면서 하도와 낙서를 겉과 속의 관계로 매듭지었던 것이다.

채원정의 아들이자 주희의 제자인 채침蔡沈(1176-1230, 호는 구봉九峰)[269]은 우선 상象과 수數를 중심으로 『주역』과 "홍범"을 구분하였다. 역은 복희·문왕·주공·공자의 네 분 성인을 거치면서 상징 철학으로 수립되었고, 홍범은 하늘이 우임금에게 내려주었으나 '수'가 전해지지 못했다는 것이다.[270]

그래서 진덕수眞德秀(1178-1235, 호는 서산西山)는 세 분 성인[271]을 거

---

266 『周易』「繫辭傳」上 9장, "天一地二天三地四天五地六天七地八天九地十, 天數五, 地數五, 五位相得, 而各有合, 天數二十有五, 地數三十. 凡天地之數五十有五, 此所以成變化而行鬼神也."

267 『易學啓蒙』「本圖書第一」, "此一節, 夫子所以發明河圖之說也. … 此河圖之全數, 皆夫子之意, 而諸儒之說也."

268 『易學啓蒙』「本圖書第一」, "至於洛書, 則雖夫子之所未言, 然其象其說已具於前, 有以通之, 則劉歆所謂經緯表裏者可見矣."

269 아버지 蔡元定과 스승 朱熹의 유언을 받들어 『書經集傳』과 『洪範皇極』을 지었다.

270 『洪範皇極內篇一』, "九峯蔡氏自序曰: 體天地撰者易之象, 紀天地之撰者範之數. … 易更四聖而象已著, 範錫神禹而數不傳."

271 복희, 문왕·주공, 공자를 가리킨다.

쳐 완성된 채침이 말한 홍범의 수학은『주역』의 공로와 똑같다[272]고 말했다.『주역』이 심볼과 이미지[象] 중심으로 설명한 체계라면, "홍범"은 수를 근본으로 삼는 수리철학이라는 뜻이다.[273] 따라서 '상'과 '수'는 만물의 원리를 각각 다른 방법으로 해명한 것이라는 점에서『주역』과 "홍범"의 보편성을 확보할 수 있었다.

진덕수

그렇다면『주역』과 "홍범"이 소통할 수 있는 근거는 어디에 있는가?라는 문제가 떠오를 수밖에 없다. 송대 철학은 이미 만물의 공식을 '하나'로 정립하려는 사유를 비롯하여 리理 철학과 수학을 중시하는 학문이 싹트기 시작했다. 채침은『주역』의 '상'과 "홍범"의 '수'를 비교하는 방식에서 벗어나 리와 수의 본질 문제로 환원시킨다. 채침은 "성리학자들과는 다르게 리와 기氣의 관계보다는 리와 수의 관계를 더 강조한다. 그래서 리는 모두 수의 규정성을 지니며 수의 연역 방식이 물질의 생성과 변화의 법칙을 파악하는 중요한 척도인 것이다. 더 나아가 그는 사회의 윤리 규범이나 도덕 법칙도 수의 연역을 통해 밝힐 수 있다고 주장한다."[274]

272 『洪範皇極內篇一』, "黃氏瑞節曰: 易更四聖而象已著, 範錫神禹而數不傳. 九峯蔡氏撰皇極內篇爲一書. 於是有範數圖, 有八十一章, 六千五百六十一變. 西山眞氏云, '蔡氏範數與三聖之易同功'者, 是也."

273 『洪範皇極內篇一』, "先君子曰: '洛書者, 數之原也'. 余讀洪範而有感焉, 上稽天文, 下察地理, 中參人物古今之變, 窮義理之精微, 究興亡之徵兆, 微顯闡幽, 彝倫所敍, 秩然有天地萬物各得其所之妙, 歲月侵尋, 粗述所見, 辭雖未備, 而義則著矣. … 余所樂而玩者, 理也; 余所言而傳者, 數也. 若其所以數之妙, 則在乎人之自得焉爾." 여기서 '先君子'는 아버지 채원정을 가리킨다.

274 김연재, 「"홍범황극내편"에 나타난 蔡沈의 數本論과 그 세계관」『儒敎思想硏究』 24집

왜냐하면 수는 '리'에서부터 비롯되고, 리는 수로 인해 밝혀지기 때문이다. 이처럼 리와 수는 존재와 인식, 본질과 형식, 또는 원리와 변화 등을 설명하는 개념으로 설정되었고, 그것은 하도와 낙서를 '천원지방天圓地方'과 본체와 작용 관계로 확정짓는 사유의 기반이 되었던 것이다. 채침은 하도낙서를 체용 문제로 풀이하였다.

"하도는 모양이 둥글지만 운용은 모가 나니 성인이 그것을 바탕으로 괘를 그었다. 낙서는 모양이 모나지만 운용은 둥그므로 성인이 그것을 바탕으로 구주를 서술하였다. 괘는 음양의 상象이고, 주疇는 오행의 수이다. 상은 짝수가 아니면 정립되지 않고, 수는 홀수가 아니면 유행하지 않으므로 홀수와 짝수의 구분이 상과 수의 시작이다. 음양과 오행은 진실로 두 개의 몸체가 아니며, 8괘와 9주 역시 두 가지 이치가 아니다. '리는 하나이지만 나뉘어진 것은 다르다'는 말은 조화를 깊이 깨달은 자가 아니면 어찌 그것을 알 수 있겠는가!" 또한 말했다. "하도에 홀수가 없는 것은 아니지만 작용은 짝수에 내포되어 있으며, 낙서에 짝수가 없는 것은 아니지만 작용은 홀수에 내포되어 있다. 짝수는 음양이 대대對待하는 것이며, 홀수는 오행이 번갈아 운행하는 것이다. 대대하는 것은 홀로 존재할 수 없고, 번갈아 운행하는 것은 끝을 궁구할 수 없다. 하늘과 땅이 형체가 있고, 사계절이 운행하며 사람과 사물이 생겨나고, 만물이 엉기는 것이 오묘하지 않은가!"[275]

(유교사상연구회, 2010), 36쪽.

275 『易學啓蒙』「本圖書第一」, "九峯蔡氏曰: 河圖體圓而用方, 聖人以之而畫卦. 洛書體方而用圓, 聖人以之而叙疇. 卦者, 陰陽之象也; 疇者, 五行之數也. 象非偶不立, 數非奇不行, 奇偶之分, 象數之始也. 陰陽五行, 固非二體, 八卦九疇, 亦非二致, '理一分殊', 非深於造

하도와 낙서는 원래부터 '하나'인 까닭에 상과 수는 세상을 들여다보는 핵심 코드라는 뜻이다. 인간이 사변 철학자의 삶을 사느냐, 수학자의 길을 걷는냐에 따라 『주역』을 추종하거나 "홍범"을 선호하는가가 결정된다는 것이다. 『주역』이 자연을 읽는 위대한 책이라면, 홍범 사상은 자연의 속살을 들여다볼 수 있는 일종의 수학의 문법이라 할 수 있다.[276]

이런 의미에서 상 혹은 수 가운데 어느 하나라도 빠뜨리면 하도와 낙서, 혹은 『주역』과 "홍범"의 존립 기반은 무너질 것이다. 왜냐하면 8괘와 9주가 형식은 다를지언정 본질은 일치하기 때문이다. 하도는 음양오행이 서로를 기다리는 아름다운 대칭의 미학을 얘기한다면, 낙서 홍범은 이 세상의 변화와 조화를 알 수 있는 통로인 것이다. 이 둘은 언제 어디서나 함께 공존한다. 이것이 바로 성리학에서 말하는 '체용일원體用一源'의 원칙이다. 주희는 하도와 낙서를 본체와 작용으로 나누는 것으로부터 수의 구조와 운용을 분석한다.

하도는 1부터 10까지의 수로, 낙서는 1에서 9까지의 수로 이루어져 있다. 하도는 생수生數(creating number)가 내부에, 성수成數(becoming number)는 생수의 외부에 위치한다. 낙서 수는 하도와는 다르게 중앙의 5를 중심으로 8방에 위치한다. 즉 홀수인 1·3·7·9는 동서남북의 사정四正에, 짝수인 2·4·6·8은 네 모퉁이[四惟사유]에 위치한다.

化者, 安能識之! 又曰: 河圖非無奇也, 而用則存乎偶, 洛書非無偶也, 而用則存乎奇. 偶者, 陰陽之對待乎, 奇者, 五行之迭運乎! 對待者不能孤, 迭運者不可窮. 天地之形, 四時之行, 人物之生, 萬物之凝, 其妙矣乎!"

276 "갈릴레이의 말에 따르면, 신은 수학이라는 언어로 자연을 설계했다. 카톨릭 교회의 말에 따르면, 신은 성경의 '지은이'다. 그것은 수학을 신의 모국어로 등식화하는 발상이다."(마리오 비비오 지음/김정은 옮김, 『신은 수학자인가』, 서울: 열린 과학, 2009), 126쪽 참조.

왜 하도와 낙서의 방위가 다르게 나타나는가?

"하도는 1·2·3·4·5의 생수가 6·7·8·9·10의 성수를 통솔하여 생수와 성수가 같은 방위에 있다. 대개 하도는 생성수가 온전히 갖추어져 방위의 일정불변함과 수의 본체임을 사람들에게 보이기 위한 것이다. 낙서는 1·3·5·7·9의 홀수가 2·4·6·8의 짝수를 통솔하여 홀수와 짝수가 각각의 방위에 자리잡는다. 대개 양(홀수)이 위주가 되어 음(짝수)을 통솔하므로 낙서는 만물 변화의 시초와 수의 작용을 상징한다."[277]

하도는 생수 1·2·3·4·5와 성수 6·7·8·9·10이 5와 10을 중심으로 각각 음양 파트너로서 수화목금토 5행과 북남동서의 순서로 만난다. 즉 하도는 5행의 시간과 4방의 공간이 서로 마주보는 짝을 이루는 대칭을 형성한다. 반면에 낙서는 홀수 1이 짝수 6을 통솔하여 북방과 서북방에, 홀수 7은 짝수 2를 통솔하여 서방과 서남방에, 홀수 9는 짝수 4를 통솔하여 남방과 동남방에, 홀수 3은 짝수 8을 통솔하여 동방과 동북방에, 중앙의 홀수 5는 홀짝수로 구성된 8방을 주재하는 양상을 나타낸다. 이것이 바로 하도는 수의 본체, 낙서는 수의 작용이라는 전제에서 수를 체용 관계로 분석한 것이다.

하도는 생성 개념으로 음양을 구분한 다음에 생수가 성수를 통솔하여 양이 안쪽에, 음은 바깥쪽에 존재하는 수의 분합分合이 대대對待

---

277 『易學啓蒙』「本圖書第一」, "或曰: 河圖洛書之位與數, 其所以不同何也? 曰: 河圖以五生數統五成數, 而同處其方, 蓋其全以示人而道其常, 數之體也. 洛書以五奇數統四偶數, 而各居其所, 蓋主於陽以統陰而肇其變, 數之用也."

의 형상을 보이는 까닭에 수의 본체라고 불린다. 낙서는 홀짝[奇偶기위] 개념으로 음양을 구분하여 홀수 양이 짝수 음을 통솔하여 양은 동서남북에, 음은 네 모퉁이에 위치한다. 특히 중앙의 5를 중심으로 1과 9, 2와 8, 3과 7, 4와 6이 상함 관계로 위치하면서 변화를 설명하는데 효과가 있으므로 수의 변화[變]와 작용이라고 불린다. 한마디로 하도 수의 질서가 본체를 상징한다면, 낙서는 하도에 대한 변화의 작용이라고 할 수 있다. 따라서 하도와 낙서는 서로를 수반하는 공존과 체용의 관계로 존재하는 것이다.

이런 의미에서 호방평胡方平(호는 玉齊옥제)은 하도가 본체의 측면을 위주로, 낙서는 생성 작용의 측면을 대표하는 체계이기 때문에 어느 한쪽에 보편성이 있다고 인식하는 이원론(dualism)의 위험을 제기하면서 보편과 변화는 동시에 공존한다고 강조하였다.[278]

그러므로 하도가 낙서를 발생시키거나, 하도는 부모이고 낙서는 자식이라는 따위의 인과 관계로 설정해서는 곤란하다는 뜻이다. 하도 속에는 낙서가, 낙서는 본래 하도를 담지하므로 본체와 작용은 떨어져 존재할 수 없고[體用不相離체용불상리], 단지 논리적으로 본체와 작용을 분리하여 인식할 수 있을 뿐이다[體用不相雜체용불상잡].

결국 주희는 유흠이 제시한 하도낙서의 표리 관계를 수의 체용 문제로 바꾸어 논증했으며, 특별히 하도낙서의 표리 관계를 소통시키는 가능 근거를 중앙에 위치한 수 5, 즉 "홍범"의 황극에서 찾았던 것이다.

---

278 『易學啓蒙』「本圖書第一」, "玉齊胡氏曰: 河圖十數, 十者對待以立其體, 故爲常. 洛書數九, 九者流行以致其用, 故爲變也. 常變之說, 朱子特各擧所重爲言, 非謂河圖專於常, 有體而無用, 洛書專於變, 有用而無體也."

"(누군가) 물었다. 하도와 낙서가 모두 5가 중앙에 있는 까닭은 무엇입니까?"(주자가) 대답했다. "무릇 수의 시작은 한 번은 음하고 한 번은 양하는 것일 뿐이다. 양의 상은 둥글고, 둥근 것은 지름이 1이고 둘레가 3이다. 음의 상은 네모지고, 네모진 것은 한 변이 1이고 둘레는 4이다. 둘레가 3인 것은 천일天一을 하나로 셈하므로 그 양을 세 배 하여 3이 된다. 둘레가 4인 것은 지이地二를 하나로 셈하므로 그 음을 두 배 하여 2가 된다. 이것이 이른바 '삼천양지'라는 것이다. 3과 2를 합하면 5가 된다. 이것이 하도와 낙서 수에서 모두 5를 중심으로 삼은 까닭이다."[279]

---

279 『易學啓蒙』「本圖書第一」, "曰: 其皆以五居中者, 何也?" "曰: 凡數之始, 一陰一陽而已矣. 陽之象圓, 圓者徑一圍三. 陰之象方, 方者徑一而圍四. 圍三者以一爲一, 故參其一陽而爲三. 圍四者以二爲一, 故兩其一陰而爲二. 是所謂'參天兩地'者也. 三二之合, 則爲五矣. 此河圖洛書之數, 所以皆以五爲中也."

8.

홍범을 둘러싼 수학 논쟁

1) 홍범과 채침의 수학

"홍범"은 고대 문명의 정치와 사상에 기반한 왕권과 통치술의 경험과 교훈, 자연의 징조에 대한 인간의 대응과 마음닦기, 행복은 무엇인가에 대한 물음에 관한 기자의 진술을 주나라 사관이 기록한 문건이다.[280]

기자에 의해 형성된 홍범사상의 연원은 고대로 거슬러 올라간다. 유교의 뿌리는 요순과 만난다. 유교 인문학은 요순의 '중中', 기자의 '황극皇極', 공자의 '인仁', 『주역』의 '원형이정元亨利貞',[281] 맹자의 '인의仁義' 정신에 집약되어 나타난다.[282] 이러한 유교 인문학에 수학이 도입되면서부터 학술의 엄밀성이 보강되기 시작한다. 홍범이 낙서의 방정식과 결합되면서 천도에 대한 수학 법칙이 강조된 것이다.

이 세상이 움직이는 질서를 『주역』은 상象 중심으로, 홍범구주와 낙서는 수數 중심으로 설명하는 방식으로 발전하였다. 채침에 이르러

---

280 張華, 『洪範與先秦思想』(吉林大學, 박사논문, 2011), 7쪽 참조.

281 元亨利貞은 시간으로는 春夏秋冬, 공간으로는 東西南北, 인간으로는 仁義禮智를 뜻한다. 즉 원형이정은 시공간과 인간을 융합하는 언어다.

282 "'중'이 인문의 시작이라면, '극'은 인문의 성장을, 공자가 제시한 '인'은 인문의 성숙을 뜻한다."(탁양현, 『서경 홍범구주의 정치학』, 서울, 퍼플, 2017). 172쪽 참조. 그리고 맹자의 '인의예지'는 인문의 완숙을, 『주역』의 '원형이정'은 인문 정신의 융합과 통합을 뜻한다.

홍범사상은 드디어 수학과 상학이 융합되어 세상의 비밀을 읽어내는 자연의 문법으로 인식되었다. 그것은 수학 언어로 표현된 최고의 인문 수학으로 손꼽힌다.

한대 이후 송대 초기까지의 학자들은 홍범과 낙서의 연관성을 인지하고 있었으나, 순수 수학의 입장에서 심도 있게 연구하지는 못했다. 주자의 제자인 채침에 이르러 비로소 홍범을 낙서와 연관된 인문 수학의 형식으로 연구하기 시작했다.

채침의 아버지 채원정은 홍범구주를 오랫동안 탐구했으나, 홍범에 대한 전문 저작물을 짓지는 못했다. 채원정은 아들에게 자신의 연구 과제를 맡긴다는 유언을 남기고 죽었다. 채침은 아버지의 뜻을 받들어 『홍범황극내편洪範皇極內篇』5권을 저술했다.[283]

『홍범황극내편』은 크게 세 부분으로 이루어져 있다. 첫째, 낙서학洛書學이다. 책 앞부분은 실제로 '낙서'의 도상을 그린 「홍범황극도洪範皇

| 채침 | 채침의 묘 |

283 『宋史』 권434 「列傳」 193 "儒林傳 4", "洪範之數, 學者久失其傳, 元定獨心得之. 然未及論著, 曰成吾書者沈也. 沈受父師之託, 沈潛反復者數十年, 然後成書, 發明先儒之所未及."

極圖」를 중심으로 「구구원수도九九圓數圖」·「구구방수도九九方數圖」·「구구행수도九九行數圖」·「구구적수도九九積數圖」 등을 실어 자기 철학의 독창성을 유감없이 발휘했다.[284] 둘째, 홍범구주의 수학을 송대 학술에 접목할 수 있도록 재구성한 상수론이다. 셋째, 하도보다는 낙서를 중시하는 81수의 우주관을 펼쳐 스승 주희와 아버지 채원정의 공동 저술인 『역학계몽』과 다른 수리론을 주장하였다. 채침은 『주역』이 '상象' 중심으로 천지가 하는 일을 드러낸 것이고, 홍범은 '수數' 중심으로 천지의 질서를 규명한 것이라고 구분하면서 자신의 논지를 극명하게 밝혔다.

"천지의 일을 주체화한 것은 『주역』의 상이고, 천지의 일을 질서지은 것은 "홍범"의 수다. 수는 1에서 시작하고, 상은 2에서 이루어진다. 1은 홀수이고, 2는 짝수이다. 홀수는 수가 유행하는 까닭이요, 짝수는 상이 성립하는 까닭이다. 그러므로 2가 4가 되고 4가 8이 되는데, 8은 8괘의 상이다. 1이 3이 되고 3이 9가 되는데, 9는 9주九疇의 수이다. 이를 중첩하면 8이 64가 되고 64에서 4,096의 상이 완비된다. 9가 81이 되고, 81에서 6,561의 수가 두루 갖추어진다. 『주역』은 네 분 성인을 거치면서 상이 이미 드러났으나, "홍범"은 우임금에 내려주었지만 수가 전해지지 못했다. … 아! 천지가 비롯된 근거는 수이고, 인간과 만물이 생겨난 근거도 수이며, 만사의 득실의 근거 역시 수이다. 수의 본체는 형체에서 드러나고, 수의 작용은 리에서 오묘해지니, 신묘함을 궁구하고 변화의 극치를 알아 사물 밖에 우뚝 선 자가 아니면 어찌 여기에 참여할 수 있겠는가? 그러나 수는 상과 그 작용이 다른 것 같지만 근본은 하나이며, 길이 다른 것 같

---

284 이들은 똑같이 9 × 9 = 81 체계를 형성한다.

으나 귀착지는 같다. 수에 밝지 못하면 상을 함께 말할 수 없고, 상에 밝지 못하면 수를 함께 말할 수 없다. 이 둘은 함께 존재하는 것이지, 어느 하나도 없어서는 안 된다. 아버지(채원정)는 '낙서가 수의 근원이다'라고 말했다. 나는 "홍범"을 읽고 느낀 바가 있었는데 위로는 천문을 헤아리고, 아래로는 지리를 살피며, 가운데로는 인간과 만물의 옛날과 지금의 변화를 참작하여 의리의 정미함을 궁구하고 흥망의 징조를 연구하며, 드러난 것을 은미하게 하고 어두운 것을 밝혀내었다."[285]

채침에 의하면, 하도는 『주역』 계통의 논리이고 낙서는 홍범 계통의 논리이다. 전자는 역대 성인을 거쳐 발전해왔으나, 낙서와 홍범의 수는 특별히 전수되지 못했다는 것이다. 채침은 낙서를 사다리로 삼아 홍범과 주역학의 통합을 시도했다. 그는 주역학과 홍범학을 통일시키기 위한 근거로 상의 근원은 하도에서, 수의 근원은 낙서에서 찾았다. 채침이 낙서 원리를 바탕으로 자신의 학술 체계를 구성한 결과물이 바로 「홍범황극도」다. 낙서를 상수의 근원으로 삼았기 때문에 「홍범황극도」를 책머리에 배치했던 것이다.

---

285 『洪範皇極內篇』,「自序」, "九峯蔡氏自序曰 體天地之撰者易之象, 紀天地之撰者範之數. 數者始於一, 象者成於二. 一者奇, 二者偶也. 奇者數之所以行, 偶者象之所以立. 故二而四, 四而八, 八者八卦之象也. 一而三, 三而九, 九者九疇之數也. 由是重之, 八而六十四, 六十四而四千九十六而象備矣, 九而八十一, 八十一而六千五百六十一而數周矣. 易更四聖而象已著, 範錫神禹而數不傳. … 嗟夫! 天地之所以肇者, 數也; 人物之所以生者, 數也; 萬事之所以失得者, 亦數也. 數之體著於形, 數之用妙乎理, 非窮神知化獨立物表者, 曷足以與此哉? 然數之與象, 若異用也, 而本則一; 若殊途也, 而歸則同. 不明乎數, 不足與於象; 不明乎象, 不足與於數. 二者可以相有, 不可以相無也. 先君子曰 洛書者, 數之原也. 余讀洪範而有感焉, 上稽天文, 下察地理, 中參人物古今之變, 窮義理之精微, 究興亡之徵兆, 微顯闡幽." 이 글 중간에 있는 '…'의 앞 부분은 『宋史』 권434 「列傳」 193 "儒林傳 4"에 나오는 내용이다.

채침은 낙서의 외연과 내포를 심화 확대시켰다. 홍범의 수리 자체가 곧 낙서이기 때문이다. 이 홍범의 수학을 『주역』의 권위에 대등할 수 있을 만큼의 수준으로 끌어올리는 것이 바로 자신의 의무라고 확신했다. 채침은 홍범의 수학과 『주역』의 논리에 대한 차별화를 통하여 자신의 독특한 수학을 정립하였다.[286]

그 요지는 『주역』이 2 → 4 → 8 → 64 → 4,096의 질서라면, 홍범은 1 → 3 → 9 → 81 → 6,561로 진행된다는 것이다. 『주역』은 2의 곱셈 또는 제곱셈, 홍범은 3의 '제곱(n^2)' 형태로 전개된다. 그것은 2 → 4(2^2) → 8(4×2) → 64(8^2)의 형식과, 3 → 3^2(9) → 9^2(81) → 81^2(6,561)의 형식으로 구분된다.[287] 이처럼 채침은 낙서를 바탕으로 만물의 공식을 수립할 수 있다는 자신감에 힘입어 당시 유행하던 성리학의 합리성에 수학의 엄밀함을 보강했던 것이다.

"만물의 이치가 비롯되는 곳이 곧 수가 일어나는 곳이다. 은미하고 은미하여 그 작음은 형체가 없고, 밝고 밝아 그 큼은 가장자리가 없다. 은미함은 밝음의 근원이고, 작음은 큼의 뿌리다. 선후가 있으니, 어찌 분리될 수 있는가? … 리가 있어야 기가 있는데, 기는 드러나 있고 리는 감추어져 있다. 기가 있어야 형체가 있는데, 형체는 드러나 있고 기는 감추어져 있다. 사람들은 형체의 수는 알지만 기의 수를

---

286 채침은 하도와 낙서의 차이점을 통하여 새로운 형이상학을 모색했다.

하도	體圓用方	괘의 근거	음양	象	짝수	대칭	對待	靜	주역 체계
낙서	體方用圓	홍범의 수학	오행	數	홀수	변화	迭運	動	홍범 체계

287 『주역』은 2^2=4에서 2×4=8로, 8^2=64, 64^2=4,096이라는 곱셈과 제곱셈의 불규칙성이 내포되어 있다. 따라서 제곱셈 위주의 홍범과 2→4→8→64로 진행되는 괘의 논리는 다르다. 『주역』은 제곱셈의 논리가 적용될 수 없다는 뜻이다. 그러나 홍범은 항상 '제곱셈'의 법칙이 적용된다. 그것은 혹시 상극을 넘어 하도 세상으로의 '본질적 비약'을 상징하는 법칙은 아닐까?

모르며, 사람들은 기의 수는 알지만 리의 모르니, 리의 수를 알면 도에 가까울 것이다."[288]

'리와 수가 똑같은 근원에서 나온다'는 말은 곧 리와 수의 동질성을 뜻한다. 리가 생명의 본질이라면, 수는 생명이 자기 복제하는 법칙 또는 질서이기 때문에 리와 수는 동일 원리에 대한 두 명칭이라 하겠다. 채침은 성인이 인류를 위해 만물의 법도를 알려고 창안한 인문 수학[289]은 리수학理數學에 기초했기 때문에 인륜 세상 역시 수의 법칙이 지배한다고 보았다.[290] 한마디로 수는 모든 곳에 존재하면서 만물을 융합하고 소통시키는 질서를 제공한다. 그러니까 수학은 만학의 여왕일 수밖에 없다.[291]

수학과 음악을 통해 우주의 근원에 다가섰던 피타고라스에 의하면, "산술은 수 자체를 공부하는 것이고, 음악은 시간에 따른 수를 공부하는 것이며, 기하학은 공간에서 수를 공부하는 것이고, 천문학은 시간과 공간에서 수를 공부하는 것이다."[292] 수는 자연이 규칙적인 패턴으로 전개되는 원리인 동시에 그것을 알 수 있는 강력한 사유의 도구도 된다. 수가 없이는 한 순간도 사고가 불가능하기 때문이다.

---

288 『洪範皇極內篇』2, "理之所始, 數之所起. 微乎微乎, 其小無形, 昭乎昭乎, 其大無垠. 微者昭之原, 小者大之根. 有先有後, 孰離孰分? … 有理斯有氣, 氣著而理隱. 有氣斯有形, 形著而氣隱. 人知形之數而不知氣之數, 人知氣之數而不知理之數, 知理之數, 則幾矣."

289 『洪範皇極內篇』1, "數由人興, 數由人成. 萬物皆備於我, 咸自取之也. 中人以上, 達於數者者; 中人以下, 囿於數者也. 聖人因理以著數, 天下因數以明理, 然則數者, 聖人所以教天下後世者也."

290 『洪範皇極內篇』1, ① "數者, 彝倫之敍也. 無敍則彝倫斁矣, 其如禮樂何哉?" ② "數者, 所以順性命之理也."

291 『洪範皇極內篇』1, "物有其則, 數者, 盡天下之物則也."

292 이광연, 『수학, 인문으로 수를 읽다』(서울: 한국문학사, 2014), 49쪽.

이쯤되면 수학은 문명을 떠받쳐온 거대한 기둥이라고 할 수 있다. 채침의 "수는 사람에 말미암아 일어나고, 수는 사람에 말미암아 이루어진다. 만물은 모두 나에게 갖추어져 있다.[數由人興수유인흥, 數由人成수유인성. 萬物皆備於我만물개비어아]"는 말은 곧 자연은 수학적 본성을 바탕으로 생성되고, 수학은 인간 전체를 꿰뚫은 인문학의 성격을 띠고 출현했다는 것을 뜻한다.

피타고라스(Pythagoras: BCE 582?-BCE 500?)는 수(arithmos)가 우주를 구성하는 보편적 원리, 곧 아르케라고 생각했다. 그는 자연의 모든 원리는 수로 표현될 수 있으므로 '이익을 위한 것이 아닌 원형(arche-type)으로서의 숫자'라는 말을 즐겨 사용하였다. 자연의 수학화를 시도한 피타고라스는 만물이 수에 의해 형성되었고, 수는 자연 전체에서 으뜸가는 것이기 때문에 수들의 요소가 만물의 요소들이며 온 우주가 조화이자 수라고 믿었다. 자연의 수학화는 '수가 하늘과 자연을 만들어낸다'라는 우주론과 '인간이 인식할 수 있는 모든 것들은 수를 지니고 있다'라는 인식론에 두 발로 딛고 서 있다. 수는 우주와 인간 정신을 이어주는 튼튼한 교량인 셈이다.[293]

채침의 수학은 하도와 낙서의 관계와 역할을 비교하는 것으로부터 출발한다. 그는 전통의 천원지방설天圓地方說과 소강절 및 부친 채원정의 학설을 이어받아 하도와 낙서를 체용 관계로 분석하였다.

"하도의 본체는 둥글지만 작용이 네모진 것을 성인이 본받아 괘를 그

---

293 김용규, 『생각의 시대』(서울: 살림, 2016), 331-440쪽 참조. 神을 얘기한 Platon은 "신은 끊임없이 일하는 기하학자"라는 말을 남겼고, Galilei는 "자연이라는 거대한 책은 수학의 언어로 쓰여 있다"고 했으며, Leibniz는 "하느님이 계산하시니 세계가 만들어졌다"고 말했다.

었다. 낙서의 본체는 네모졌지만 작용이 둥근 것을 성인이 본받아 구주를 펼쳤다. 괘는 음양의 상이고, 구주는 오행의 수이다. 상은 짝수가 아니면 성립되지 않고, 수는 홀수가 아니면 유행할 수 없다. 홀수와 짝수의 구분이 상과 수의 시작이다. … 음양과 오행은 진실로 두 개의 실체가 아니다. 팔괘와 구주 역시 둘이 아니다. 리는 하나인데 쓰임이 다를뿐, 조화를 깊이 안 자가 아니면 누가 알 수 있겠는가?"[294]

채침은 하늘이 둥글고 땅은 네모지다는 기존의 '천원지방설'과 함께 하도는 본체이고 낙서는 작용이라는 전통의 체용관[295]을 극복하고, 하도와 낙서 자체에 각각 체용 관념을 주입시켜 하락 사이의 빈틈 없는 관계성을 확보하는 길을 열었다. "채침의 스승들은 '하원낙방河圓洛方'과 '하기낙우河奇洛偶'를 주장한다. 그러나 채침은 '하체원이용방河體圓而用方'과 '낙체방이용원洛體方而用圓'을 주장한다. 이는 하도는 체로 '원', 낙서는 용으로 '방'이라는 종래의 시각과는 달리 하락을 각각 체용으로 나누어 보는 관점이다. 순수하게 용用(낙서의 입장)으로 본다면, '하방낙원'이 되어 스승의 주장과는 반대가 된다."[296]

그것은 하도와 『주역』보다는 훨씬 낙서와 홍범의 활용성을 강조한 것이다. 채침은 "하도를 『주역』의 계통에, 낙서를 「홍범」의 계통에 속한다고 보았다. 「홍범」의 9주는 구궁도九宮圖에 기본하며, 낙서의 구

---

294 『洪範皇極內篇』1, "河圖體圓而用方, 聖人以之而畫卦. 洛書體方而用圓, 聖人以之而敍疇. 卦者, 陰陽之象也; 疇者, 五行之數也. 象非耦不立, 數非奇不行. 奇耦之分, 象數之始也. … 陰陽五行, 固非二體. 八卦九疇, 亦非二致. 理一用殊, 非深於造化者, 孰能識之?"

295 『易學啓蒙』「本圖書」第一, "河圖以五生數統五成數, 而同處其方, 蓋揭其全以示人而道其常, 數之體也. 洛書以五奇數統四偶數, 而各居其所, 蓋主於陽以統陰而肇其變, 數之用也."

296 조희영, 「수학적 인문학 관점으로 본 蔡沈의 象數思想」『大同文化研究 96집』(2017), 176쪽 참조.

궁 원리가 수의 본원이자 구주의 원천이다."[297] 그는 새로운 체용관의 도입을 통해 하도 - 복희 - 『주역』의 기원이라는 갈래와, 낙서 - 우 - 홍범의 모체라는 갈래를 통합할 수 있는 토대를 마련했던 것이다.

채침은 하락을 통해 우주의 구조와 생성을 수학 법칙으로 풀이한다. 피타고라스가 수의 질서로 존재하는 우주를 코스모스(Kosmos)라고 부른 최초의 인물인 것처럼, 채침에게 철학은 수학이요 수학이 곧 철학이었다. 그는 우주와 역사와 문명의 발전, 동식물의 분류 및 인간의 운명까지도 수의 문법으로 읽었다. 그것은 만물에 수가 깃들어 있을 뿐만 아니라 온갖 사물 자체가 수로 이루어졌다는 발상이다. 또한 1부터 9까지의 홀수와 짝수로 이루어진 수의 질서에 의해 천지가 구성되고 사계절이 운행되는데, 만물의 생성과 생명체의 증식은 특별히 낙서의 패턴으로 전개된다고 말한다.

> "1은 수의 시작이고, 9는 수의 끝이다.[298] 1은 변하지 않고, 9는 변화를 극진히 한다. 3·5·7은 변화하여 홀수가 된 것이고, 2·4·6·8은 변화하여 짝수가 된 것이다. … 홀수와 짝수가 서로 섞이고, 많고 적음이 서로 감싸는 것은 오직 9수일 것이다."[299]

> "1은 9의 뿌리이고, 9는 81의 근본이다. 둥글어 하늘이 되고 네모나서

---

297 김연재, 「"홍범황극내편"에 나타난 蔡沈의 數本論과 그 세계관」『유교사상연구 42집』(2010), 58쪽 참조.

298 앤드류 하지스 지음/유세진 옮김, 『1에서 9까지』(서울: 21세기북스, 2010), 358-359쪽 참조. "9는 완성과 마지막을 의미하는 수이다. 인도 유럽계 언어에서 9는 '새롭다(new)'는 뜻이다. 그것은 라틴어의 novem/novus(새롭다), 독일어의 neun(9)/neu(새롭다), 프랑스어의 neuf(9)/neuf(새롭다). 9는 마지막과 시작을 동시에 뜻하는 수인 것이다. 실제로 유라비아의 10진법은 9로 시작한다."

299 『洪範皇極內篇』1, "一者, 數之始也; 九者, 數之終也. 一者不變而九者盡變也. 三五七者, 變而奇者也; 二四六八者, 變而偶者也. … 奇偶相參, 多寡相函, 其惟九數乎."

땅이 되며, 운행하여 사계절이 된다. 하늘은 만물을 덮고 땅은 만물을 싣고, 사계절은 만물을 이룬다. 흩어져서는 밖이 없고 거두어들이면 안이 없으며, 모든 조화의 본체가 되어 (흔적을) 남길 수가 없다."[300]

채침은 1부터 10까지의 수로 만물의 시초와 변화를 설명한다. 1이 시공과 만물의 뿌리라면, 9는 변화의 종결인 동시에 새로운 시작을 뜻한다. 또한 홀수와 짝수의 변화는 9의 바다로 귀결된다. 그러니까 수는 1에서 비롯되지만, 9로 수렴된 다음에 다시 1로 시작한다는 것이다.

낙서는 1부터 9까지의 수가 정사각형으로 배열된 마방진魔方陣(magic sqare)의 형태를 띤다. 마방진은 특히 이슬람 세계에서 애호되었다. 그들은 아담에게 계시된 아홉 문자, 즉 고대 셈어에 나타나는 최초의 알파벳 아홉 자를 담고 있다고 믿었다.

마방진은 9, 16, 25, 36 등과 같이 제곱수로 이루어진 칸을 가진 정사각형으로 만들어진다. 마방진의 (7·2), (9·4), (6·1), (8·3), (5·0) 등의 숫자들은 모두 두 수의 차가 5다. 이것을 5로 나누었을 때, 그 나머지는 일정한 순서를 나타내는 수들을 형성한다. 즉 $7 \equiv 2 (\mathrm{mod}\ 5)$, $9 \equiv 4 (\mathrm{mod}\ 5)$, $8 \equiv 3 (\mathrm{mod}\ 5)$, $6 \equiv 1 (\mathrm{mod}\ 5)$, $5 \equiv 0 (\mathrm{mod}\ 5)$이다. 그러므로 3차 마방진은 5행설의 입장에서는 이상적인 수표가 된다. 실제로 옛날 중국에서는 이 표를 이용해 달력을 만들었다고 전한다.[301]

4	9	2
3	5	7
8	1	6

낙서

300 『洪範皇極內篇』 1, "一者, 九之祖也; 九者, 八十一之宗也. 圓之而天, 方之而地, 行之而四時. 天所以覆物也, 地所以載物也, 四時所以成物也. 散之無外, 卷之無內, 體諸造化而不可遺者乎."

301 이광연, 앞의 책, 288쪽 참조. 합동식에서 mod는 'modulus'의 약자로서 한국어로

마방진은 3 × 3 = 9개의 칸으로 이루어져 있다. 마방진, 즉 낙서의 구성은 가로와 세로와 대각선 어느 방향을 더해도 합은 15다. 15의 각 자리 숫자의 합은 모두 1 + 5 = 6이다. 세 개의 가로줄에 쓰인 수를 각각 곱한 다음에 더하면 225가 된다. 즉 (4×9×2)+(3×5×7)+(8×1×6) = 72+105+48 = 225가 성립한다. 마찬가지로 세 개의 세로줄에 쓰인 수를 각각 곱하여 더해도 그 결과는 225가 된다. (4×3×8)+(9×5×1)+(2×7×6) = 96+45+84 = 225가 그렇다. 225의 자릿수를 더하면 2+2+5=9가 성립한다. 여기서 9의 디딤돌 수는 3-6-9가 밑바탕되어 있음을 발견할 수 있다.

2) 채침의 3수와 9수 코드

모든 수에는 숨어 있는 수가 각각 하나씩 있다. 눈에 보이지 않지만, 그 수의 구조 안에 숨겨진 또 다른 특징으로서의 비밀 코드는 원래의 수를 정의하기도 한다. 화학 원소의 주기율표와 마찬가지로 비밀 코드는 다른 모든 수에 대해 각 수를 구별하는 또 다른 모습인 것이다. 어떤 수이든 각 자리 숫자를 더하면 위 값 중 하나로 바뀐다. 몇 개의 수식을 예로 살펴보자.

3 + 2 = 5　　따라서 32에는 숫자 5가 숨겨져 있다.

8 + 1 = 9　　따라서 81에는 숫자 9가 숨겨져 있다.

1 + 0 + 0 = 1　따라서 100에는 숫자 1이 숨겨져 있다.

'법'이라고 한다. 어떤 정수를 어떤 몫으로 나눈 나머지를 나타내는 것으로, 즉 9를 7로 나눈 나머지는 2이므로 9≡2(mod 7)라고 표기하는 것이다.

비밀 수는 각 자리 숫자를 더하여 만들어지기 때문에 그리스 문자 Σ(시그마)를 사용하여 '시그마 수'라고 부른다. 시그마는 수학에서 수치를 더해 합계를 구할 때 사용한다. 예컨대 $\Sigma32 = 5$, $\Sigma81 = 9$, $\Sigma100 = 1(1+0+0)$, $\Sigma148 = (1+4+8=13, 1+3=4)$의 4이다.

낙서 수 1, 2, 3, 4, 5, 6, 8, 9가 여기에 있다고 하자. 낙서 수를 구성하는 숫자를 모두 더하면 45가 된다. $\Sigma45 = 4+5 = 9$가 성립한다. 결국 낙서 수의 시그마(Σ) 값은 낙서의 궁극적 본질을 나타낸다고 할 수 있다. 'Σ 값'은 그 수의 본질이며, 보다 큰 구조 내에 잠재된 숨겨진 수를 표현한 것이다. 따라서 9는 (낙서에서) 매우 중요한 코드이며, 또 하나의 다른 모습이기도 하다.[302]

시그마 코드는 그 본질이 겉으로 드러나지 않으면서도 계산되는 과정을 유리알처럼 잘 보여주기 때문에 수의 여러 가지 패턴을 알 수 있는 장점이 있다. 이때 9가 수 체계의 중심에 있다는 점이 놀랍다. 보통의 덧셈 계산법에서 9는 반사(아라비아 숫자의 반대 꼴)의 특성이 나타나지 않는다. 하지만 9에 9를 더하면 어떤 일이 생길까?

$$9 + 9 = 18$$
$$9 + 9 + 9 = 27$$
$$9 + 9 + 9 + 9 = 36$$
$$9 + 9 + 9 + 9 + 9 = 45 \cdots$$

위의 네 수 18, 27, 36, 45의 각 자리 숫자를 더하면 9가 된다. 9를 아무리 더하더라도, 각 자리 숫자를 더한 계산 결과는 모두 9이다.

302 세실 발몬드 지음/오혜정 옮김, 『넘버 나인』(서울: 이지북, 2010), 78-79쪽 참조.

단지 9의 변하지 않는 성질만 남는다는 뜻이다. 그러나 9의 곱셈표를 보면 흥미로운 '반사(거울처럼 반대로 비추는 현상, 즉 36과 63 또는 45와 54처럼)'를 발견할 수 있다.[303]

$$9 \times 1 = 09 \qquad 90 = 10 \times 9$$
$$9 \times 2 = 18 \qquad 81 = 9 \times 9$$
$$9 \times 3 = 27 \qquad 72 = 8 \times 9$$
$$9 \times 4 = 36 \qquad 63 = 7 \times 9$$
$$9 \times 5 = 45 \qquad 54 = 6 \times 9$$

이처럼 덧셈, 뺄셈에서와 마찬가지로 곱셈에서 독특한 특성을 나타내는 수 또한 9이다. 어떤 수에 9나 9의 배수를 곱하면, 그 결과 각 자리 숫자의 합은 항상 9가 된다. 곱셈에서 9는 덧셈과 뺄셈에서 볼 수 없었던 강력한 힘을 드러낸다. 어떤 수에 9를 더하거나 뺄 때는 시그마 코드가 변하지 않지만, 곱셈의 경우에는 9의 유무에 따라 달라진다. 시그마 코드에 의한 곱셈에서 9는 어떤 수에 0을 곱할 때와 같이 9에 곱해지는 수의 정체성을 넘겨받기 때문이다.[304]

---

303 마이클 슈나이더 지음/이충호 옮김, 『자연, 예술, 과학의 수학적 원형』(서울: 경문사, 2002), 309쪽 참조. "'구구단표는 흥미로운 패턴을 드러낸다. 어떤 행과 열은 1에서 9까지의 모든 수를 포함하고 있지만, 순서는 서로 다르다. 6행과 같이 일부 행과 열에서는 똑같은 숫자(3, 6, 9)가 반복된다. 상보적인 줄, 그러니까 더해서 9가 되는 줄(1과 8, 2와 7, 3과 6, 4와 5)은 서로에 대해 90°의 각도를 이루는 거울상의 패턴을 나타낸다. 9로 곱하는 것은 수들 사이의 거울 대칭을 드러낸다. 어떤 수에다 9를 곱했을 때, 그 답의 각 자리수를 모두 더하면 항상 9가 된다. 이러한 성질 때문에 고대 히브리인은 항상 다른 모든 수를 자신의 우리 속에 감싸 안으면서 자신과 같은 수를 낳고, 자신으로 돌아가는 9를 변하지 않는 진리의 상징으로 여겼다."

304 세실 발몬드, 앞의 책, 84-97쪽 참조.

$7 \times 9 = 63 \; \Sigma 63 = 9$

$4 \times 45 = 180 \; \Sigma 180 = 9$

$11 \times 72 = 792 \; \Sigma 792 = 18(1+8=9)$

특별히 '3 × X' 값은 처음 9개의 값들의 곱셈 결과에 잘 나타난다. 3, 6, 9, 12, 15, 18, 27에 대한 시그마 코드 역시 3, 6, 9, 3, 6, 9, 3, 6, 9와 똑같다. 계속 '3 × ?'의 곱셈을 진행하여 그 결과를 살펴보면, 9의 디딤돌인 '③ - ⑥ - ⑨'가 계속 반복하여 나타나는 패턴이 숨겨져 있음을 알 수 있다. 따라서 모든 곱셈은 9 × 9개의 수 배열 구조, 즉 81개의 값으로 축소하여 간단히 나타낼 수 있다. 또 이 '81'은 8+1이 되어 다시 9로 돌아간다. 9가 모든 곳에 스며들어 존재한다는 뜻이다.

도표 A (곱셈표)

	× 1	× 2	× 3	× 4	× 5	× 6	× 7	× 8	× 9
1	1	2	3	4	5	6	7	8	9
2	2	4	6	8	10	12	14	16	18
3	3	6	9	12	15	18	21	24	27
4	4	8	12	16	20	24	28	32	36
5	5	10	15	20	25	30	35	40	45
6	6	12	18	24	30	36	42	48	54
7	7	14	21	28	35	42	49	56	63
8	8	16	24	32	40	48	56	64	72
9	9	18	27	36	45	54	63	72	81

도표 B (시그마 코드 값으로 만든 곱셈표)									
	×1	×2	×3	×4	×5	×6	×7	×8	×9
1	1	2	3	4	5	6	7	8	9
2	2	4	6	8	1	3	5	7	9
3	3	6	9	3	6	9	3	6	9
4	4	8	3	7	2	6	1	5	9
5	5	1	6	2	7	3	8	4	9
6	6	3	9	6	3	9	6	3	9
7	7	5	3	1	8	6	4	2	9
8	8	7	6	5	4	3	2	1	9
9	9	9	9	9	9	9	9	9	9

　여기서 깜짝 놀랄만한 발견은 시그마 코드 자체의 값들 사이에 상호 관계가 있다는 사실이다. 도표 B에 나타난 것처럼, 숫자 9는 가장자리를 채우는 극한값인 동시에 중앙의 정사각형 꼭지점(네 곳의 9)과 대칭을 이루기도 한다. 9는 선의 끝이나 테두리, 또는 중심에 위치함으로써 중심과 테두리라는 이원적인 특성을 보여주고 있다.

　신화와 설화에 따르면 9에는 창시와 시작의 의미가 있다. 그래서 9는 선의 끝이 아닌 오히려 출발점, 시작점, 원점이라 할 수 있다. 9는 일종의 거울로서 모든 수의 숨겨진 모습인 시그마 코드는 9개의 값을 가지고 있다. 9의 본질은 코드 그 자체이며, 9의 특성은 모든 수의 기본 숫자 코드에 강력한 영향을 미친다. 또한 시그마 코드로 나타낸 곱셈표(도표 B)에서 1과 8, 2와 7, 3과 6, 4와 5는 일정한 대칭 형상을 이룬다.[305]

---

305 세실 발몬드, 앞의 책, 102-110쪽 참조.

세실 발몬드에 의하면, 시그마 코드는 4가지 산술 계산(덧셈, 뺄셈, 곱셈, 나눗셈) 과정에서 발생하는 모든 것을 설명한다. 숫자 9는 축이자 출발점, 끝점인 동시에 모든 수는 9에서 출발하여 원둘레를 돈다. 9개의 궤도는 동심원을 이룬다. 가장 바깥 궤도에 있는 9는 다른 모든 것을 보호하고 통제하는 파수꾼 모양으로 둘러싸고 있다. 9의 만다라에서 1과 8, 2와 7, 3과 6, 4와 5의 각 쌍은 상시 협력 관계에 있다. 각 쌍의 경우, 두 수의 곱셈 결과를 시그마 원 위에 점으로 나타내면 똑같은 모양이 되지만, 그 중 한 가지는 다른 것을 거꾸로 한 것과 같은 모양임을 알 수 있다.

이 원들은 어떤 방법으로 돌든지, 미로 내의 모든 경로를 따라가면

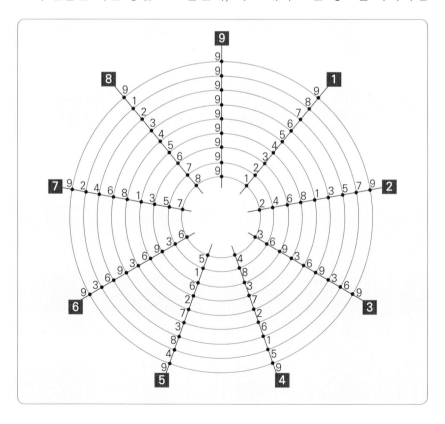

Σ에 이른다. 그것은 각 수들 사이의 관계 유지를 위한 중요한 행위인 것이다. 각 방사상 가지 위의 수와 마찬가지로, 각 궤도에 놓인 수의 합도 9이다. 보다 경이로운 것은 모든 원 위의 값들을 모두 더해도 9가 된다는 것이다. 수의 보이지 않는 세계는 모두 9의 독특함과 연결되어 있다는 뜻이다.

시그마(Σ) 코드 값과 거듭 제곱은 무슨 관계가 있는가? (N = 1, 2, 3, …) 값을 나열하면 다음과 같다. 그리고 그 밑의 도표는 N값을 다시 10^2에서 18^2까지의 수로 확대한 것이다.

1^2	2^2	3^2	4^2	5^2	6^2	7^2	8^2	9^2	...
1	4	9	16	25	36	49	64	81	...

10^2	11^2	12^2	13^2	14^2	15^2	16^2	17^2	18^2	19^2
100	121	144	169	196	225	256	289	324	361

사실 N값을 더 확대하여 제곱수를 구해보면, 코드 값들이 계속하여 되풀이된다. 3번 째, 6번 째, 9번 째의 값은 모두 9이다. 마찬가지로 1에서 9까지의 수 N을 세제곱(N^3)하면 다음과 같다.[306]

1^3	2^3	3^3	4^3	5^3	6^3	7^3	8^3	9^3
1	8	27	64	125	216	343	512	729

채침은 홍범구주에 숨겨진 1 - 3 - 9 - 81의 수열을 중시여기고,

306 세실 발몬드, 앞의 책, 140-167쪽 참조.

그것은 낙서의 핵심이라고 보았다. 그는 이러한 패턴이 세계와 역사와 문명의 향방을 결정짓는 수의 법칙이라고 말한다.

"수는 1에서 시작하고, 3에서 참여하고, 9에서 수의 궁극을 다하고, 81에서 이루고, 6,561에서 완비된다. 81은 수의 작은 완성이고, 6,561은 수의 큰 완성이다. 천지의 변화, 인사의 시작과 끝, 고금의 인습과 변혁이 여기서 드러나지 않음이 없다. 그러므로 1 곱하기 9하여 9가 되고, 9 곱하기 9하여 81이 되고, 81에 (9를 곱하여) 729가 된다. 2 곱하기 9하여 18이 되고, 18에 (9를 곱하여) 162가 되고, 162에 (9를 곱하여) 1,458이 된다. 3 곱하기 9하여 27이 되고, 27에 (9를 곱하여) 243이 되고, 243에 (9를 곱하여) 2,187이 된다. 4 곱하기 9하여 36이 되고, 36에 (9를 곱하여) 324가 되고, 324에 (9를 곱하여) 2,916이 된다. 5 곱하기 9하여 45가 되고, 45에 (9를 곱하여) 405가 되고, 405에 (9를 곱하여) 3,645가 된다. 6 곱하기 9하여 54가 되고, 54에 (9를 곱하여) 486이 되고, 486에 (9를 곱하여) 4,374가 된다. 7 곱하기 9하여 63이 되고, 63에서 (9를 곱하여) 567이 되고, 567에 (9를 곱하여) 5,103이 된다. 8 곱하기 9하여 72가 되고, 72에 (9를 곱하여) 648이 되고, 648에 (9를 곱하여) 5,832가 된다. 9 곱하기 9하여 81이 되고, 81에 (9를 곱하여) 729가 되고, 729에 (9를 곱하여) 6,561이 된다. 나열하여 차례를 지으면 1부터 9에 이르고, 9부터 1에 이른다. 한 번은 거스르고 한 번은 순한다. 1과 9, 2와 8, 3과 7, 4와 6은 서로 변통한다. 5는 언제나 중으로 길함만 있고 흉함은 없으며, 화는 없고 복만 융성하므로 군자가 집으로 삼는 곳이다. 그러므로 1변은 시작의 시작이고 2변은 시작의 중이고 3변은 시작의 끝이며, 4변은

중의 시작이고 5변은 중의 중이고 6변은 중의 끝이며, 7변은 끝의
시작이고 8변은 끝의 중이고 9변은 끝의 끝이다. 수는 사건으로 정
립되고 또한 사건으로 끝난다. 주고받음에 일정함이 없이 시간과 더
불어 통한다."[307]

채침의 수학은 홍범과 낙서에 뿌리를 두고 있다. 홍범과 낙서는 음
양 논리보다는 '1·3' 논리 또는 '1·3·9' 논리에 기초한다. 그것은 수
의 제곱셈 법칙이 주축으로 작용하고 있기 때문이다. 81은 9를 제
곱한 수이고, 9는 3을 제곱한 수이고, 3은 1에서 나왔다. 81이 천지
변화의 큰 가닥이라면, $81^2=6,561$은 만물을 포괄하는 체계를 상징
한다. "1은 곱셈이 끝나는 것으로 말한 것이니, 9×9=81이며, 81×
81=6,561이다. … 1은 수의 근원이고, 9는 수의 궁극이다."[308] 이것은
곧 낙서가 1에서 시작하여 9로 끝나는 이치와 전혀 다를 바가 없다.
1은 시공과 생명이 최초로 움트는 곳이며, 3은 만물이 생기는 곳이
다. 3이 만물이 생기는 곳이라면, 9는 만물이 끝나는 곳이다. 9가 만

---

307 『洪範皇極內篇』1, "數始于一, 參於三, 究於九, 成於八十一, 備於六千五百六十一.
八十一者, 數之小成也, 六千五百六十一者, 數之大成也. 天地之變化, 人事之始終, 古今
之因革, 莫不於是著焉. 是故一九而九, 九九而八十一, 八十一而七百二十九. 二九十八,
十八而百六十二, 百六十二而一千四百五十八. 三九二十七, 二十七而二百四十三,
二百四十三而二千一百八十七. 四九三十六, 三十六而三百二十四, 三百二十四而
二千九百一十六. 五九四十五, 四十五而四百有五, 四百有五而三千六百四十五. 六
九五十四, 五十四而四百六十八, 四百六十八而四千三百七十四. 七九六十三, 六十三而
五百六十七, 五百六十七而五千一百有三. 八九七十二, 七十二而六百四十八, 六百四十八
而五千八百三十二. 九九八十一, 八十一而七百二十九, 七百二十九而六千五百六十一.
列而次之, 自一而九, 自九而一, 一逆一順, 一九二八, 三七四六, 互相變通. 五則常中, 有
吉無凶, 禍亡而福隆, 君子之所爲宮. 是故一變始之始, 二變始之中, 三變始之終, 四變中
之始, 五變中之中, 六變中之終, 七變終之始, 八變終之中, 九變終之終. 數以事立, 亦以事
終. 酬酌無常, 與時偕通."
308 『洪範皇極內篇』1, "一者, 以乘數終而言, 九九八十一也, 八十一其八十一而六千五百六
十一也. … 一者, 數之原也; 九者, 數之究也."

물이 시작하는 곳이라면, 81은 만물이 끝나는 곳이다. 81이 만물이 시작하는 곳이라면, 6,561은 만물이 끝나는 곳이다.

이처럼 채침이 구상한 우주 수학은 1-3-9-81의 수론이 밑받침되어 있다.[309] 낙서 9수가 천지 만물의 수학적 유전자 정보로 작동하는 것처럼, 홍범사상 역시 구주(9수)[310]를 바탕으로 정치와 문화를 비롯한 인류 전반의 문제를 총괄했던 것이다.

『홍범황극내편』1의 마지막 부분은 정치를 비롯한 사회 제도의 문물 형태를 9수로 풀이한다. 먼저 밤하늘을 수놓는 28수를 9개 분야로 나누고[分天爲九野분천위구야], 땅을 9주로 나누었는데[別地爲九州별지위구주], 그것은 하늘땅을 9수로 규정한 낙서와 홍범의 이치와 똑같다. 이어서 사람은 9가지의 행실로 분류한다[制人爲九行제인위구행]는 것은 곧 천지인의 사유를 반영한다. 다음으로 벼슬은 9품으로 임명한다[九品任官구품임관]는 원칙이 있다. 그리고 토지 제도는 9정으로 균전하고[九井均田구정균전], 9족의 풍속을 화목하게 한다[九族睦俗구족목속]. 9례로 분수를 구별하고[九禮辨分구례변분], 9변으로 음악을 이룬다[九變成樂구변성악]. 8진으로 군대를 제어하고[八陳制兵팔진제병],[311] 9형으로 범죄를 금지한다[九刑禁姦구형금간]. 9촌을 율로 정하고[九寸爲律구촌위율],[312] 9분법으로 역법을 제정한다[九分造歷구분조력]. 9서로 의심

---

309 『洪範皇極內篇』2, "一者, 九之祖也; 九者, 八十一之宗也."

310 마이클 슈나이더, 앞의 책, 303쪽. "9는 수의 생성 원리가 미칠 수 있는 한계이다. 9는 특별한 정체성을 지니고 있는 마지막 수이다. 9는 최고의 단계, 더 이상 넘어갈 수 없는 극한의 경계이자, 수의 원형 원리들이 도달하여 세상에서 발현될 수 있는 궁극적인 최대 범위이다. 고대 그리스인들은 9를 '지평선'이라 불렀다."

311 『洪範皇極內篇』1, 小註, "八八六十四而軍制備矣. 用八而不用九, 所以藏其用也."

312 이런 연유에서 채침은 『律呂新書』를 지은 아버지의 영향을 받아 9수 중심의 율려학을 강조한다.

을 풀고[九筮稽疑구서계의], 9장으로 계산한다[九章命算구장명산]. 9직으로 만민을 담당하고[九職任萬民구직임만민], 9가지 세금으로 재화를 거둔다[九賦斂財賄구부렴재회]. 9개 법도로 재물을 절제하고[九式節財用구식절재용], 9부로 유통 질서를 확립한다[九府立圜法구부입환법]. 9복으로 제후 나라를 분별하고[九服辨邦國구복변방국], 9가지 명으로 나라의 지위를 정하고[九命位邦國구명위방국], 9의로 나라에 명령을 내린다[九儀命邦國구의명방국]. 9법으로 나라를 평안하게 하고[九法平邦國구법평방국], 9벌로 나라를 바로잡는다[九伐正邦國구벌정방국]. 9공으로 나라의 쓰임을 극진하게 하고[九貢致邦國之用구공치방국지용], 9량으로 나라의 백성들을 연계시킨다[九兩繫邦國之民구량계방국지민]. 나라를 경영하는 것은 9리[營國九里영국구리]이고, 성을 쌓은 제도는 9치[制城九雉제성구치]이고, 9계와 9실과 9경과 9위가 있다[九階九室九經九緯구계구실구경구위].

채침이 9수로 이 세상을 경영해야 마땅하다고 인식한 이유는 천지의 구조와 생성이 9수 법칙이라는 인식에서 비롯되었다. 그것은 자연학에서 인문학의 근거를 도출하려는 의식의 소산이라 하겠다. 채침 수학의 꽃은 9수로 조직된 율려학이다. 그것은 천지의 숨결이 뿜어내는 만물의 리듬을 9수 체계로 구성한 점이 압권이다.

9수의 뿌리는 3에 있다. '3×3=9'의 마방진은 우주의 구조와 생성의 전개 과정을 보여주는 전범인 까닭에 황제가 거처하는 명당明堂 9궁을 설계하는데 이용되었다. 황제는 땅 기운이 순환하는 방식에 의거하여 1년 중 40일에 맞추어 천하를 순방하거나 거처를 옮겨 살았다. 그래서 풍수 이론은 마방진의 각 칸에 들어가는 수(4×90=360)들은 땅의 오묘한 창조적 에너지의 특별한 의미를 지니고 있다고 주장한다.

81수는 채침의 수학에서 자연의 율동과 리듬을 이해하는데 매우 중요하다. 그는 '구구원수도九九圓數圖'를 제작하여 자연은 81수의 리듬으로 순환한다는 것을 설명했다. 1년 사계절은 '1-3-9-81'의 법칙으로 생성 변화한다는 뜻이다.

> "하나의 수의 주기가 곧 1년의 운행이다. 9수의 중첩은 여덟 절기의 나뉨이다. 1·1은 양의 시작이고, 5·5는 음의 싹틈이다. 3·3은 양의 중간이고, 7·7은 음의 중간이다. 2·2는 양의 자라남이고, 4·4는 양의 장성함이며, 5는 양의 극한이다. 6·6은 음의 자라남이고, 8·8은 음의 장성함이며, 9는 음의 극한이다. 1과 9가 머리와 꼬리로 하나가 되는 것은 1년이 동지에서 머리와 꼬리가 되는 것이니, 동지는 둘이지만 나머지는 하나인 것이다."[313]

채침은 자연계의 운동을 방정식으로 설명한 수학자였다. 그는 홍범의 1을 바탕으로 하여 3이 되고, 3이 바탕이 되어 9가 되며, 그 9가 바탕이 되어 81이 되는 방식으로 1년 사계절이 형성된다는 의미의 도표를 그렸다. 1년은 크게 이분이지二分二至(춘분春分과 추분秋分, 동지冬至와 하지夏至)와 사립四立(입춘立春, 입하立夏, 입추立秋, 입동立冬)으로 구성된다. 동지에서 출발할 경우, 입동을 거쳐 다시 동지에 도달하면 1년이 이루어진다. 따라서 1·1은 동지, 2·2는 입춘, 3·3은 춘분, 4·4는 입하, 5·5는 하지, 6·6은 입추, 7·7은 추분, 8·8은 입동이 바로 그것이다.

이러한 '구구원수도'는 낙서 방위도와 일치한다. 생명 탄생의 자궁

---

313 『洪範皇極內篇』1, "一數之周, 一歲之運也. 九數之重, 八節之分也. 一一, 陽之始也; 五五, 陰之萌也. 三三, 陽之中也; 七七, 陰之中也. 二二者, 陽之長; 四四者, 陽之壯; 五則陽極矣. 六六者, 陰之長; 八八者, 陰之壯; 九則陰極矣. 一九首尾爲一者, 一歲首尾於冬至也, 蓋冬至二而餘則一也."

인 북쪽은 1수水이고, 남쪽은 9화火이고, 동쪽은 3목木이고, 서쪽은 7
금金이고, 중앙은 5토土가 배당된다. 채침은 1년 사계절 운행을 5행으
로 배속하여 문왕팔괘도와 연관된 상생相生과 상극相克 논리를 개발하
였다.[314]

'구구원수도'의 왼편은 양 기운이 상승하고, 오른편은 음 기운이
상승하는 과정을 표현한 것이다. 채침은 낙서의 도상이 상생과 상극
을 드러낸 것이라고 인식하여 낙서의 5행 법칙을 한 단계 발전시킨
점은 분명한 사실이다. 그러나 천구天九가 화火이고, 천칠天七이 금金이

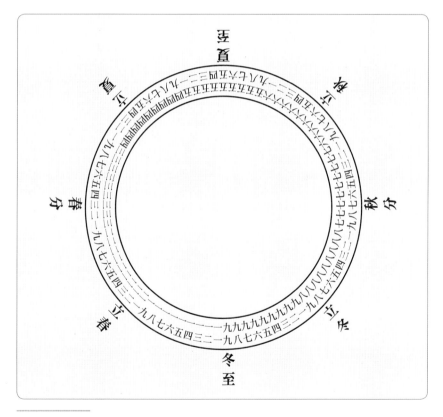

314 『洪範皇極內篇』 1, "相生則水木火土金, 相克則水火金木土. 出明入幽, 千變萬化. 四時之
運, 生克著焉. 自陰而陽也順, 自陽而陰也逆."

라 한 것은 상생 관계이지만, 다른 한편으로는 천구天九는 금金, 천칠天七을 화火로 본 것은 상극 관계이기 때문에 논리적으로 충돌을 빚기도 한다.[315]

채침은 하도낙서학에 근거한 '수' 위주의 학문을 수립하였다. 채침의 인문 수학이 스승 주희와 부친 채원정 학술과 크게 차이나는 세 가지 특징이 있다. 첫째, 『역학계몽』이 하락을 『주역』 상수론의 연원으로 본 것은 서법筮法의 정당성을 밝히기 위한 목적 때문이다. 그러나 채침은 하락을 천지만물의 변화 법칙을 밝힌 도상으로 인식하였다. 하도낙서 도식은 세계의 존재와 운동을 설명하는 코드라는 것이다. 둘째, 『역학계몽』은 하락을 말할 때 상과 수, 정靜과 동動을 구분하지 않았으나, 채침은 '하우낙기河偶洛奇'의 구분을 통해 하도는 상 중심의 정靜을, 낙서는 수 중심의 운동을 위주로 한다고 말했다. 셋째, 『역학계몽』은 소강절의 선천괘위도先天卦位圖를 하도로, 낙서의 '기우 수'가 있는 방위로 해석했다. 그러나 채침은 소강절의 선천도先天圖를 하도로, 후천도後天圖를 낙서로 간주했다. 이 셋은 『역학계몽』의 하락관을 발전시킨 내용이라 할 수 있다.[316]

황서절黃瑞節은 채침의 학문적 성과를 다음과 같이 평가하였다. "『주역』은 네 분 성인을 거치면서 상이 이미 드러났지만, 「홍범」은 우임금에 주어졌으나 수가 전해지지 못했다. 구봉채씨 채침이 「황극내편수」를 하나의 책으로 만들었다. 여기 「범수도範數圖」에 81장훈 6,561의 변화가 있다. 진덕수眞德秀가 '채침의 「범수」는 세 성인(복희, 문왕·주공, 공자)을 거친 『주역』의 공로와 같다'라고 한 것이 그것이

---

315 朱伯崑, 『易學哲學史(中)』(北京: 北京大學出版社, 1988), 417쪽 참조.
316 朱伯崑, 앞의 책, 415쪽 참조.

다."[317] 따라서 천지의 조화를 밝힌 채침의 『홍범황극내편』이 1,415년에 지어진 『성리대전性理大全』에 편입되고, 제2의 『주역』으로 칭송될 만한 충분한 이유가 있다고 할 수 있다.[318]

3) 홍범과 한민족의 3수 논리- 천부경

무왕을 가르친 기자는 과연 동쪽으로 이동했는가? 역사는 기자동래설을 어떻게 얘기하는가? 기자의 동래는 한漢의 (고)조선 정벌과 함께 『사기』에 처음으로 등장하였다. 기자동래설이 갑자기 역사책에 실린 배경은 분명하다.[319] 한무제漢武帝가 새롭게 지배권을 확보한 상황에서 옛 국가는 원래부터 중원에 종속되었을 뿐만 아니라 야만족이었다는 것을 입증하려는 목적 때문이었다. 한말의 지식인 전병훈全秉薰(1857-1927)은 기자가 동이를 중화로 만든 것이 아니라, 본래 단군 시절부터 성인의 나라이자 문명국이었던 조선에 이르러 더욱 상등의 도덕국을 세웠을 뿐이라고 주장했다.

"단군의 겸성에 다시 기자의 겸성이 덧붙여졌다. 실로 세계에 없었던

---

317 『洪範皇極內篇』1,「自序」小註, "黃氏瑞節曰: 易更四聖而象已著, 範錫神禹而數不傳. 九峯蔡氏撰皇極內篇數爲一書. 於是有範數圖, 有八十一章, 六千五百六十一變. 西山眞氏云, '蔡氏範數與三聖之易同功'者, 是也."

318 추기연, 『性理大全』권5 『洪範皇極內篇』 "解題"(서울: 학고방, 2018), 555-557쪽 참조.

319 김성환, 『우주의 정오- 晷宇 전병훈과 만나는 철학 그리고 문명의 시간』(서울: 소나무, 2016), 908-909쪽 참조. "『사기』에서 기자를 빛내기 위해 조선을 동원했다면, 『한서』는 조선에 대한 영유권을 주장하려고 기자를 동원했다. 즉 기원전 11세기의 기자가 천 년 뒤인 기원후 1세기에 옛 조선의 시조로 재생했다. … 한민족 국가가 중원 왕조에 대해 종속적이라는 것을 정당화할 때, 언제나 기자 이야기를 동원했다."

겸성의 오래된 국가로구나!『선감』이 조선을 단지 기자의 성스러운 국가로만 여긴 것은 일찍이 단군의 겸성이 존재했음을 몰랐기 때문이다. '홍범'에서 하늘을 본받아 세상을 경영하는 이법은 진실로 최고의 철리 도덕이다. 그러나 애석하게도 무왕은 그 도를 천하에 다 쓰지 않고, 또한 (기자를) 은나라 땅에 봉해 백성을 다스리게 하지도 않았다. 그런데 기자가 백마를 타고 동쪽으로 간 뒤에야 그를 조선에 봉하고 요동을 아울러 다스리게 했다. 내 생각에는 동쪽 백성의 행복이요, 은나라 백성의 불행이로다. 아아!"[320]

기자의 동래는 중화 문명의 일방적 전파로 직결되지 않는다는 뜻이다. 주나라와 조선은 대등한 문명의 고국으로서 문물의 교류에서 있어서도 서로 손익을 주고받은 관계로 묘사되고 있는 것이다. 주나라 무왕이 기자를 조선에 봉한 것은, 중화 문명의 '확장'이 아니라 '손실'이라는 것이다. 무왕은 기자를 품지 못해서 밑지는 장사를 했고, 조선은 기자를 받아들여 남는 장사를 했다. 기자 이전에 조선이 기자를 포용할 정도로 본디 위대했다는 문맥이다. 전병훈에 의하면, 한국 고대의 도덕 문명은 단군에서 비롯되어 기자가 증익하고[321] 확충한 것이다.

동북 아시아 문명의 뿌리인 홍산문화와 단군조선에서 꽃핀 문화의 실체는 무엇인가? 그것은 아마도 '천부경天符經'에서 찾을 수 있을 것

---

320 『精神哲學通編』, 202-203쪽, "檀君之兼聖, 又箕子之兼聖幷臻, 誠可謂世界所未有之兼聖古邦乎. 仙鑒以朝鮮只爲箕子之聖國者, 不識曾有檀君之兼聖, 故云也. 蓋洪範之體天經世之至理, 誠最高之哲理道德. 然惜武王不盡用其道於天下, 而又不封殷地以治殷民. 而白馬道東之後, 封以朝鮮, 兼治遼東. 竊爲東民之幸福, 而殷民之不幸也. 吁!"
321 김성환, 앞의 책, 623쪽 참조.

이다. 천부경의 핵심은 무엇인가? "수의 원리로 동방 우주론의 핵심을 밝힌 천부경은 9천 년 전 삼신 상제님이 인류에게 내려준 천강서이자 최초의 계시록이다. 천부경은 여든 한 자로 구성되어 있는데, 그 중에서 무려 서른 한 자가 수數이다. 그 서른 한 자를 통해 수의 생성 과정과 상호 관계를 밝힌 천부경은 우주 수학 원전이다. 인류 원형 문화의 제1 성전이자 우주 수학 원전인 천부경을 바르게 깨침으로써 지구촌 인류 원형 문화의 시원 코드를 해석할 수 있는 지혜를 얻을 수 있다."[322]

천부경 81자 원문

中	本	衍	運	三	三	一	盡	一
天	本	萬	三	大	天	三	本	始
地	心	往	四	三	二	一	天	無
一	本	萬	成	合	三	積	一	始
一	太	來	環	六	地	十	一	一
終	陽	用	五	生	二	鉅	地	析
無	昻	變	七	七	三	無	一	三
終	明	不	一	八	人	匱	二	極
一	人	動	妙	九	二	化	人	無

천부경은 왜 81자로 구성되었는가? 81자는 우연인가 필연일까 궁금하다. 판본학을 중시하는 천부경 연구자들은 곧잘 『노자』 81장과

322 안경전, 『증산도의 진리』(대전: 상생출판, 2014), 272-273쪽 참조.

양웅揚雄(BCE 53-ADE 18)의 『태현경太玄經』이 81자라는 문화사적인 공감대에 의존하는 버릇이 있다. 이를 넓은 의미에서 긍정할 수도 있으나, 수학적 필연성 또는 뚜렷한 객관적 근거로는 부족하다. 천부경 81자의 형성 근거는 어디서 찾을 수 있는가?

천부경을 읽는 최고의 코드는 하도낙서일 것이다. 하도낙서를 연구하는 방법에는 크게 두 가지가 있다. 하나는 괘의 구성 법칙, 즉 64괘의 근거를 하도와 낙서에서 찾는 것이다. 다른 하나는 만물의 구성과 생성 문제를 비롯한 시공 운행의 목적과 과정을 밝히는 수의 근원 패턴이라는 것이다.[323]

위 도표에서 확인할 수 있듯이, 천부경의 81은 9×9의 형식으로 이루어진 낙서의 구성을 표상한다. 그렇다고 천부경이 곧 낙서 원리에 한정된다는 뜻은 아니다. 왜냐하면 '하나가 쌓여 열까지 열린다[一積十鉅일적십거]'는 말은 10수 하도가 전제되어 있고, 1로 시작한 9수 낙서의 극한(9×9=81)을 넘어 10수 하도를 지향한다(10×10=100)는 뜻이 내포되어 있기 때문이다. 그리고 천부경 81수의 중앙은 6이 자리 잡고 있다.[324] 왜 중앙이 6인가? 6은 낙서 9의 중심인가, 혹은 하도 10

---

323 조선조 말기 忠淸道 連山 땅에서 활약한 金一夫(1826-1898)는 正易思想에서 時空의 재편성을 통해 선천이 후천으로 전환한다는 것을 밝혔다. 그는 하도와 낙서의 수리론과 60갑자 이론, 율려로 전개되는 3극을 바탕으로 선천이 후천으로 뒤바뀐다는 것을 『正易』에서 말했다. 김일부 선후천 사상의 밑바탕을 이루는 것은 하도낙서이다. 그는 낙서에서 하도로의 회귀가 곧 선천의 1년 365¼日에서 후천의 1년 360日로 바뀌는 현상으로 나타난다고 말했다. 이때 낙서에서 하도로의 회귀는 본체와 작용의 전환을 통해 가능하다. 그것은 '體用不變'(본체는 본체이고, 작용은 작용일뿐이라는 성리학의 근본 명제) 이론을 극복하여 선천의 본체가 후천에는 작용으로 바뀌고, 선천의 작용은 후천에는 본체로 바뀐다는 '체용의 전환'을 통해 과거의 형이상학에 대한 혁명 사상을 수립하였다.

324 낙서는 5土가 지배하는 세상이며, 하도는 10土가 지배하는 세상이라는 뜻이다. 낙서 선천은 중앙의 5土를 중심으로 움직이는 세상이고, 하도 후천은 10土가 前面에서 주재한다는 뜻이다.

의 중심을 예고한 것인가라는 문제가 결부되어 있다.

하도낙서의 기본인 순역順逆의 논리 중심으로 풀어보자. 낙서는 1
→ 2 → 3 → 4 → 5 → 6 → 7 → 8 → 9 →(10)의 방향[逆]으로 진행
하고, 하도는 10 → 9 → 8 → 7 → 6 → 5 → 4 → 3 → 2 → 1의 방
향[順]으로 진행한다. 전자는 시간의 화살처럼 과거에서 현재로, 현재
에서 미래로 흘러간다는 뜻이다. 후자는 만물 구성 원리를 비롯하여
이 세상은 미래에 뿌리를 두고 현재를 거쳐 과거로 흘러 간다는 진리
의 본질을 상징한다. 진리는 미래 지향의 성격뿐만 아니라, 오히려 미
래에 뿌리를 두고 현재로 다가와 과거로 흐르면서 만물을 비춰준다는
뜻이다. 그것은 진리와 시간에 대한 혁명이 아닐 수 없다.

낙서	1	2	3	4	5	6	7	8	9	(10)
하도	10	9	8	7	6	5	4	3	2	1

그러니까 선천의 질서를 표상하는 낙서의 중심은 5이고, 후천의 질
서를 표상하는 하도의 중심은 6이다.[325] 그런데 김일부는 하도와 낙
서, 즉 선천과 후천을 관통하는 중심을 '5인 동시에 6'이라고 했다.
즉 선후천의 중도(중용)는 '5와 6을 동시에 포함한다[包五含六포오함
육]'[326]는 뜻의 새로운 중도를 발견함으로써 이를 일컬어 진정한 의미
의 '시간의 중도[時中시중]'라 불렀다. 이런 의미에서 천부경 도표의 중
앙에 6이 자리 잡은 이유는 하도의 중도를 암시한 것이라 할 수 있다.

---

325 하도에서 숫자는 비록 6이지만, 자릿수[位數: 순서]는 다섯 번 째이다. 5는 여섯 번
째 수이지만, 본질은 土이고 속성은 水이다.
326 이것은 하도와 낙서를 통합한 시각에서 규정한 개념이다.

즉 천부경은 겉으로 보면 낙서 81수로 구성되어 있으나, 속으로는 하도 10수가 밑바탕에 깔려 있는 것이다.

十은 十九之中이니라	10은 19의 중이요
九는 十七之中이니라	9는 17의 중이요
八은 十五之中이니라	8은 15의 중이요
七은 十三之中이니라	7은 13의 중이요
六은 十一之中이니라	6은 11의 중이요
五는 一九之中이니라	5는 9의 중이요
四는 一七之中이니라	4는 7의 중이요
三은 一五之中이니라	3은 5의 중이요
二는 一三之中이니라	2는 3의 중이요
一은 一一之中이니라	1은 1과 1의 중이다.
中은 十十一一之空이니라	중은 10과 10, 1과 1의 공이다.
堯舜之厥中之中이니라	요순의 궐중의 중이요
孔子之時中之中이니라	공자의 시중의 중이요
一夫所謂 包五含六	일부의 소위 5를 내포하고 6을 함축하며,
十進一退之位니라	10은 물러나고 1은 나아가는 자리다.
小子아 明聽吾一言하라	소자들아! 나의 한마디 말을 밝게 들어라.
小子아	소자들아!

(『정역』「십일일언十一一言」 "십일귀체시十一歸體詩")

위 내용이 제시하는 가장 중요한 것은 하도낙서의 숫자 배열을 통하여 선천의 중과 후천의 중을 통합한 새로운 중中을 발견한 것에 있다고 하겠다. 19의 중은 9.5가 아니라 10이며, 17의 중은 8.5가 아니라 9라는 사실은 9.5나 8.5가 어느 공간의 중간을 지시하는데 반하여 10과 9는 각각 1과 19 또는 1과 17의 정 중앙에 있는 '자릿수'를 뜻한다. 그렇다고 자릿수만 지칭하는 것이 아니라, 수와 수 사이를 가득 채우는 에너지의 총체를 뜻한다.

김일부는 11의 중은 5.5가 아니라 6이라는 사실에서 낙서 선천 9수의 중[位數위수]인 5와 숫자 10(10 ÷ 2 = 5)의 중간수 5가 똑같다는 모순이 생기는 이유를 깨달았다. 그는 선후천을 관통하는 중은 '5인 동시에 6[包五含六포오함육]'[327]이라는 통찰을 통하여 선후천 전환의 논리적 근거를 확보할 수 있었던 것이다.

이때 5와 6, 7과 8 등 모든 숫자 사이에 존재하는 수는 무한하다. 이 무한한 수를 꿰뚫는 것이 바로 천지天地의 중이며, 이 천지의 중에

김일부　　　　　　　　　　김일부의 묘

327 낙서 9수의 중(1 2 3 4 ⑤ 6 7 8 9)이 5라면, 하도 10수를 둘로 나눠도(10 ÷ 2 =) 5라는 모순이 생긴다. 전자는 位數로 본 것이고, 후자는 나눗셈으로 계산한 것이다.

서 선후천 변화의 관건은 낙서를 하도로 전환시키는 황극에 있다. 이 황극을 낙서에서 보면 5이지만,[328] 하도에서 보면 6이기 때문에 '포오함육'이 성립되는 것이다. 그렇다고 황극이 두 개라는 뜻이 결코 아니다. 황극 앞에 놓인 숫자가 다를뿐 황극은 불변의 존재이기 때문이다.

선후천을 관통하는 수는 낙서의 5도 아니고, 하도의 6도 아닌 '5인 동시에 6[包五舍六포오함육]'이라는 것이다. 5황극과 6황극은 별도의 존재가 아니라 황극 앞에 붙는 숫자가 낙서의 입장에서는 '5와 6'이고, 하도의 입장에서는 '6과 5'일 뿐이다. 즉 5와 6은 동전의 양면처럼 서로가 서로를 머금는 존재라는 것이다.[329]

낙서에서 하도로의 전환 문제[330]를 『환단고기』에서 찾을 수 있는가? 그렇지 않다면 위의 논의는 논리의 비약 혹은 헛된 주장에 불과할 것이다. 낙서에서 하도로의 전환에 대한 얘기는 두 곳에서 찾을 수 있다. 하나는 「소도경전본훈蘇塗經典本訓」에 나오는 '호체효용互體互用'과 다른 하나는 「천부경」의 '용변부동본用變不動本'이 바로 그것이다. 전자는 우주가 어떻게 구성되었는가에 대한 '천원지방설天圓地方說'과 만물 형성과 근거를 뜻하는 본체와 작용의 '체용體用' 문제를 결합하고 있으며, 후자의 핵심은 작용이 본체로, 또는 본체가 작용으로 뒤바뀐다는 '체용의 본질적 전환'을 뜻한다.

---

328 낙서는 자릿수 5와 중도가 일치하지만, 하도는 6이 다섯 번 째 자릿수인 까닭에 낙서와는 다르다.

329 하나의 황극을 설명하는 두 측면이지, 결코 황극이 두 개라는 뜻이 아니듯이 5와 6은 '동일한 황극'에 대한 설명의 차이에 불과하다.

330 낙서에서 하도로의 전환이라는 표현보다는 복귀 또는 회귀라는 말이 옳다. 전자가 낙서를 망각, 포기, 배제한 다음에 하도를 지향한다는 뜻이 강하다면 후자는 낙서를 포용, 소통, 통합을 겨냥하면서 원래의 곳으로 되돌아가 시간은 1년 360일, 공간은 360°로 완성된다는 뜻이다.

"환역은 체원용방, 즉 둥근 하늘을 창조의 본체로 하고, 땅을 변화의 작용으로 하여 모습이 없는 것에서 만물의 실상을 아는 것이니 이것이 하늘의 이치이다. 희역은 체방용원, 즉 땅을 변화의 본체로 하고, 하늘을 변화 작용으로 하여 모습이 있는 것에서 천지의 변화를 아는 것이니, 이것이 하늘의 실체이다. 지금의 역은 호체호용, 즉 체와 용을 겸비하여(체도 되고 용도 되어) 있다. 사람의 도는 천도의 원만(○)함을 본받아 원만해지며 지도의 방정(□)함을 본받아 방정해지고, 천지와 합덕하여 하나(천지인 일체, △)됨으로써 영원한 대광명의 존재가 되나니, 이것이 하늘의 명령이다."[331]

변화의 세계상을 설명하는 역은 역사적으로 환역桓易, 희역羲易, 금역今易이 존재한다고 규정한다. 천문학의 '천원지방설'에 근거하여 하늘의 둥근 모습을 본체로 보거나, 땅의 방정한 특징을 작용으로 보는 '환역'이 있다. 반대로 땅을 변화의 본체로, 하늘을 변화 작용하는 것으로 인식하는 '희역'이 있다. 그리고 체용을 겸비하여 '원방각'이라는 하늘의 섭리 자체가 그대로 드러나는 것을 반영한 지금의 주역周易이 있다는 것이다. 이때 본체와 작용의 관계를 어떻게 설정하는가에 따라 그 성격이 달라지는 것을 알 수 있다.

우리의 관심은 '호체호용'에 있다.[332] 그것은 천부경 중앙에 6이 존재하는 이유와 '용변부동본' 문제를 한꺼번에 관통시킬 수 있는 열쇠이기 때문이다. '호체호용'은 세 가지의 해석이 가능하다. 첫째, 『주

331 『환단고기』「소도경전본훈」, "桓易은 體圓而用方하야 由無象以知實하니 是天之理也오 羲易은 體方而用圓하여 由有象以知變하니 是天之體也오 今易은 互體而互用하야 自圓而圓하며 自方而方하며 自角而角하니 是天之命也라"
332 互體互用은 '互 × (體 + 用)'으로 압축해서 표현할 수 있을 것이다.

역』은 본체와 작용 문제를 겸비한 완벽한 체계라는 뜻이다. 둘째, 본체와 작용은 음양 관계처럼 양은 음이 되고 음은 양이 되어 이 둘은 떼려야 뗄 수 없는 함수 관계라는 것이다. 또한 태극은 음양의 존재 근거이지만, 음양의 작용이 없으면 태극 역시 존립할 수 없다는 '체용일원體用一源' 이론처럼 태극은 본체요 음양은 작용이라는 사유를 반영한다. 셋째, 앞 양자의 해석 차원을 넘어서 체용의 본질적 전환을 의미한다. 그것은 선천이 후천으로 전환되는 논리를 가리킨다. 본체가 작용으로 바뀌고, 작용이 본체로 바뀌어야 낙서에서 하도로의 전환이 가능하다는 이론이다.

그래서 천부경에는 1에서 시작하여 9까지 진행하는 낙서의 세계상을 넘어 10수 하도를 지향한다는 '일적십거一積十鉅'가 등장하고, 그것은 체용의 전환에 의해 가능하다는 의미의 "하나가 오묘하게 뻗어나가 수없이 오고 가는데, 작용은 변하여 바뀌지 않는 본체가 된다[一妙衍일묘연, 萬往萬來만왕만래, 用變不動本용변부동본]"[333]는 논리가 성립한다. 그러니까 '호체호용'의 실제 내용이 곧 '용변부동본'인 셈이다. 그것을 입증하는 논거가 바로 천부경 81자의 중앙에 존재하는 6에 있다.

여기서의 본본은 작용作用(function)에 대한 본체本體(substance)이고, 천부경 앞부분에 나오는 '석삼극무진본析三極無盡本'의 본본은 작용과 본체를 통합한 우주의 '근본(reality)'으로 봐야 옳을 것이다. 왜냐하면 우주의 근본에 대한 두 얼굴이 곧 작용과 본체이기 때문이다.

'용변부동본'의 논리적 근거(수학적 근거)는 "천부경" 전체가 81자로 구성된 점에서 찾을 수 있다. 81은 낙서 작용수(9 × 9)의 총합이고,

---

333 用變不動本'은 "작용이 움직이지 않는 본체로 변한다"의 번역도 가능하다.

또한 '일적십거−積十鉅'에서 10의 제곱(10 × 10) 역시 하도를 가리키기 때문이다.[334] 따라서 "천부경"은 겉으로는 낙서를 말하면서도 그 이면에서는 '십거十鉅'의 하도를 전제하고 있는 것이다.

이때 '용변부동본'의 논거에 해당하는 81자 구성에서 왜 '6'이 중앙에 있는가에 대한 물음이 전제되지 않으면 불가능하다. 선천 낙서의 중中이 5라면, 후천 낙서의 중은 6이기 때문이다. 그래서 김일부는 선후천을 관통하는 중을 '5와 6'이라고 불렀던 것이다. 5를 황극皇極으로 이해하면 낙서만 보고 하도는 인정하지 않는 오류가 생긴다. 5와 6은 낙서와 하도에서 바라보는 시각 차이일뿐, 똑같은 황극이다. 낙서의 황극 또는 하도의 황극이 별도로 존재하는 것이 아니라 똑같은 황극을 낙서에서 봤느냐, 하도에서 봤느냐의 차이가 있을 따름이다.

'6'이 천부경의 중앙에 존재하는 필연성이 인정된다면, 천부경은 하도낙서 이론의 원형과 뿌리로 부각될 수 있을 것이다. 천부경에 바탕한 하도와 낙서의 논리, 그리고 후대에 출현한 홍범사상의 객관성과 합리성이 보증될 수 있는 것이다. 심지어 '5와 6'이 선후천의 중도라면, "천부경"을 선후천 전환 논리에 입각하여 이해해도 틀리지 않는다는 결론에 도달할 것이다.

이것을 현행『주역』과 천부경의 논리와 비교해보자.『주역』은 천부경에서 말하는 본체와 작용 가운데 작용 중심의 사유가 녹아 있다. 예를 들어 건괘乾卦는 '9수를 사용한다'[335]고 했으며, 곤괘坤卦는 '6수를

---

334 '積'에는 微分法과 積分法이 있듯이, 1부터 시작하여 9수의 극한을 넘어 10에 도달한다는 뜻의 '一積十鉅'는 낙서에 대한 하도로 해석할 수 있는 여지가 높다.

335 『주역』乾卦 卦辭, "用九, 見群龍, 无首, 吉." 또한「象傳」은 "用九, 天德, 不可爲首也"라 했으며,「文言傳」은 "乾元用九, 乃見天則"라 하여 9수의 작용 법칙으로『주역』의 체계를 설명한다.

사용한다'[336]고 했다. 그러면 『주역』은 왜 용구용육用九用六으로 만물의 변화를 설명했는가라는 물음은 매우 적절하다.

건괘 9수의 근거는 10이고, 곤괘 6수의 근거는 5다. 그러니까 건괘는 10을 근거로 삼아 9로 작용하고, 곤괘는 5를 근거로 삼아 6으로 작용하는 체계로 이루어졌다는 뜻이다. 한마디로 건괘는 '체십용구體十用九', 곤괘는 '체오용육體五用六'으로 전개되는 원리를 바탕으로 『주역』이 성립되었다고 할 수 있다. 역사적으로 보아서 복희, 문왕·주공, 공자에 의해 『주역』이 형성된 이후, 몇 천 년 뒤 조선땅에서 『정역』이 출현했으나, 원리의 측면에서는 『정역』에 근거하여 『주역』이 성립되었다고 말할 수 있다.

그렇다면 천부경에 숨어 있는 수학 법칙의 핵심은 무엇인가? 천부

정역팔괘도

---

336 『주역』 坤卦 爻辭의 "用六, 以永貞"에 대해 「象傳」은 "用六永貞, 以大終也"라 하여 6수의 작용 법칙으로 곤괘의 성립 이유를 설명했다.

경은 다음과 같이 시작한다. "하나는 시작이나 무에서 시작된 하나이다. 이 하나가 세 가지 지극한 것으로 나뉘어도 그 근본은 다함이 없다."[337] 천부경의 수학은 이 글귀에 잘 녹아 있다. '1-3' 논리가 바로 그것이다. 하나가 셋으로 분화되고, 셋은 다시 하나로 귀결된다는 논리다. 1의 자기 분신이 3이요, 3의 부모는 곧 1이다. 이러한 '1-3' 법칙의 자기 복제가 '9-81'[338]인 것이다. '1-3-9-81'의 순서로 전개되는 천부경의 수리는 생명의 수학에서 말하는 '프랙탈' 법칙이라고 할 수 있다.[339]

---

337 『환단고기』「소도경전본훈」"천부경", "一始無始一이오 析三極 無盡本이니라"

338 그러면 천부경은 왜 낙서를 상징하는 81수로 우주의 구조와 생성을 말하는가? 그것은 낙서가 시간 흐름의 목적과 변화의 질서와 과정을 얘기하는데 유용하기 때문이다. 미국의 물리학자 존 아치볼드 휠러(John Archibald Wheeler: 1911-2008)는 다음과 같이 말했다. "시간은 모든 일이 한꺼번에 일어나지(뒤죽박죽) 않도록 해주는 자연의 방식이다. 물리학자들은 모든 장소들을 한데 결합한 전체 집합체를 공간(space)이라고 부른다. 세상은 변한다. 그리고 이 세상은 계속해서 사건이 일어난다. 시간은 다른 순간들의 순서를 정할 수 있게 해준다. 어떤 물체가 시간의 흐름에 따라 공간에서 그리는 궤적을 세계선(world line)이라 불리는데, 사물은 어떤 특정 장소를 지정하려면 3개의 수가 필요하다. 3차원의 공간을 뜻하는 위도와 경도와 높이가 바로 그것이다. 이 3개의 수가 공간의 위치를 알려주는 '좌표(coordinates)'이다. 매 순간마다 공간의 각 지점에 어떤 일이 발생한다. 한 특정 순간에 특정 위치를 규정한 것을 물리학자들은 '사건(event)'이라고 부른다." 여기에 시간을 더하면 4차원 시공간이 되는 것이다.(숀 캐럴 지음/김영태 옮김, 『현대물리학- 시간과 우주의 비밀에 답하다』(서울: 다른 세상, 2012), 30-38쪽 참조.

339 이언 스튜어트 지음/안지민 옮김, 『생명의 수학- 21세기 수학과 생물학의 혁명』(서울: 사이언스북스, 2015), 6-7쪽 참조. "21세기 수학의 지평은 생물학으로 인해 확장되었다. 생명과 관련된 수학의 범위는 매우 넓다. 확률, (동)역학, 카오스 이론, 대칭, 네트워크, 탄성, 심지어 매듭 이론까지 그 범위에 포함된다. 응용 수학의 대부분은 수리 생물학과 관련되어 있다. 수학과 생물학의 연합은 과학에서 가장 뜨거운 주제이다."

9.
에필로그

우리는 『서경』 "홍범"에 나타난 기자와 무왕의 역사적 사명과 낙서에 근거한 천도와 인도 등을 살펴보았다. 유교의 가르침은 천인합일에 기초한다. 이러한 천인합일 이념 형성의 배경은 하늘에 대한 숭배에서 유래하였다. 하늘은 만물의 근거이며, 더 나아가 하늘이 인간의 생명을 부여한다는 연관성은 다시 도덕적 천명사상으로 발전하기에 이른다.

그것은 우주의 질서와 인간의 질서는 애당초 분리되어 존재할 수 없다는 것에 연유한 것이다. 유교의 도덕 원리는 만물의 뿌리인 하늘의 권위에서 비롯되었다. 이처럼 홍범사상에는 존재와 생성, 가치와 정치 및 생명과 수학 법칙이 두루 담겨 있다고 하겠다.

홍범편의 성립 년대에 대해서는 아직까지도 의견이 분분하다. 『서경』의 맥락에서 보면, 홍범사상은 하나라 우禹에서 발단하여 은殷 나라의 사상을 집약하여 기자가 무왕에게 부연 설명한 것이다.

기자는 우주의 발생과 목적을 수학 법칙으로 홍범구주를 설파하였다. 하지만 홍범은 수 자체에 대한 탐구보다는 우주의 생성과 과정을 9개의 범주로 나누어 그 관계성에 주목하였다. 유교의 학술 체계는 크게 본체론(형이상학)·인식론·실천론으로 나뉜다. 유교가 이 세 주제를 끄집어낸 이유는 보편타당한 도덕률을 건립하는 것에 있다. 그래서 도덕 원리를 천도에서 연역해낸 홍범사상은 인도의 정립을 통해 대동 사회의 건설을 목표로 삼았던 것이다.

홍범의 첫 번째 범주인 5행은 천도의 핵심이다. 대부분의 주석가들은 5행을 인간 생활에 없어서는 안 되는 다섯 개의 물질로 보는 경향이 많았다. 하지만 홍범편 이전의 기록에 있는 5행 사유에 투영된 우주의 구조와 생성을 강조하는 입장에서 보면, 5행을 유물론 측면에서 이해하는 것은 오류가 아닐 수 없다. 동중서는 우주를 움직이게 하는 에너지의 실체[氣]가 곧 5행이라고 인식하였다. 5행을 수화목금토의 서로 다른 다섯 개의 구체적인 물질로 말하기는 곤란하다는 것이다. 5행은 만물이 유행하는 과정을 분류한 에너지 변화의 경로와 질서의 존재 양태라 할 수 있다.

자연과학은 천체인 일월의 운행을 시간 형성의 기본으로 보아 시간을 자연화의 방향으로 인식하는 것이 보통이다. 홍범은 일월이 빚어내는 시간을 포함하여 시간이란 인간의 의식 안에서 내면화된 주체성의 본질로 규정한다. 홍범은 시간의 자연화와 인간화를 '역수'로 표현하였다.

그러나 과거에는 역수를 왕위 계승의 순서, 또는 운수로 이해하는 정도였다. 역수는 원래 연월일시로 구성된 시간의 법칙을 의미한다. 그렇다고 달력(calendar)을 구성하는 일월의 운행이 시간 그 자체는 아니기 때문에 인류는 만물의 변화가 지속되는 일정한 질서에서 시간 관념을 도출해내었다. 만물 변화의 척도와 표준을 나타내는 홍범의 네 번 째 범주가 곧 역수인 것이다.

홍범의 다섯 번째 범주인 황극은 국가의 최고 통수권자인 군왕의 권위와 인간의 주체성을 동시에 함축하고 있다. 그것은 유교에서 말하는 천명의 본질과 낙서의 중中 사상과도 일치한다. 이때의 중(황극)은 천명으로 부여된 인간의 본성으로 파악된다. 따라서 황극은 우주 구성의 중추인 동시에 천도를 자각하는 주체요, 인도를 실현하는 주인공을 뜻한다. 즉 황극은 천지인 3재의 핵심이요 가치의 준거로서 천도와 인도를 자각 실천하는 주체라고 할 수 있다.

홍범사상은 우주와 인생을 융합하는 원리의 확립을 주요 과제로 삼는다. 이때 우주 구성의 핵심 뿐만 아니라 천도의 자각과 왕도 실천의 주체는 황극에 있다. 심지어 정치의 구심체인 군왕의 위상 역시 황극으로 설정된다. 홍범에서 말하는 왕도는 천도에 근거한 인도의 구현에 목표가 있다. 천도를 구현하는 것이 인도이며, 인도를 통하여 천도가 실현된다는 의미에서 홍범은 황극을 통해 내성외왕內聖外王의 방법을 가르치고 있는 것이다.

낙서는 문왕팔괘도와 연관되어 방위(공간)를 중심으로 만물의 변화상을 표상한다. 이때 만물의 생성 경로와 패턴을 구분하는 것이 수數이다. 낙서는 수에 의거하여 만물의 생성 변화를 설명한다. 낙서는 1과 9, 2와 8, 3과 7, 4와 6이 5를 중심으로 상호 대대의 관계로 구성되었다. 그것은 만물이 상호 경쟁을 통해 성장하면서[相克상극] 상호 긍정[相生상생]의 방식으로 존재하는 것을 뜻한다. 낙서 9수는 우주의 존재 이유를 비롯하여 만물의 변화와 역사의 흥망성쇠를 압축한 생명의 수학 법칙이라 할 수 있다.

만물의 생성 변화는 시간과 공간의 질서에 따라 이루어진다. 홍범은 시간 구성의 선험 법칙을 역수라고 부른다. 이 역수의 작동으로 인해 수화목금토의 5행이 자연의 변화 현상으로 나타난다. 이때 (인간 주체성을 뜻하는) 황극을 통해 자연 현상을 자각하는 홍범의 인식론이 성립한다. 5행에서 중앙 토土 주변의 네 방위를 공간으로는 동서남북, 시간으로는 춘하추동, 인간 본성으로는 인의예지라 하는 것이다. 이런 의미에서 홍범의 황극은 자연의 본성과 인간의 도덕성이 명칭만 다를뿐 본질은 같다는 이치를 가르치고 있다.

그렇다면 인간의 앎은 어떻게 형성되는가? 역수에 의해 자연 현상으로 나타난 여러 가지 징조[庶徵서징]를 복서卜筮로 판단하는 행위[稽疑계의]에 기초하여 만물의 본체인 5행을 알게 된다는 것이다. 따라서 홍범구주의 앎의 문제는 4 오기五紀 → 8 서징庶徵 → 7 계의稽疑 → 1 오행五行의 순서가 성립된다. 그리고 앎은 행위(실천)로 직결되는 까닭에 3덕으로 인격 완성을 목적으로 삼아 심성 수양의 요건인 5사를 성취하고, 왕도 정치의 방법인 8정을 시행함으로써 대동 사회의 궁극 목표[五福오복]를 구현할 수 있는 것이다. 따라서 홍범구주의 실천은 6 삼덕三德 → 2 오사五事 → 3 팔정八政 → 9 오복五福·육극六極의 순서로 전개된다.

홍범구주의 앎과 실천 문제는 후대의 지행합일설知行合一說의 지평을 여는 실마리가 되었다. 각 범주는 원인과 결과라는 유기적 관계를 맺는다. 천도의 인과율은 오기五紀가 원인이라면, 그 결과는 서징庶徵이다. 서징이 원인이 되어 계의라는 판단을 결과를 가져온다. 계의가 원인이 되어 우주 운행의 본체가 5행이라는 사실을 깨닫게 되는 것이다. 마찬가지로 인도의 인과율은 황극이 근거가 되어 3덕을 통해 5사를 터득하며, 8정의 실천을 통해 5복과 6극의 행복과 불행을 가져온다는 것이다.

기자의 "홍범"과 문왕이 지은 『주역』이 소통할 수 있는 근거는 무엇인가? 이미 한대 학자들은 홍범과 『주역』의 유래에 대한 이원성을 말하면서 소통의 필요성을 제기했으나 성공하지 못했다. 송대에 이르러 만물의 공식을 '하나'로 수립하려는 사유를 비롯하여 리理 철학과 수학을 하나로 통합하려는 학술 풍토가 싹트기 시작했다. 이러한 문화를 주도한 대표자는 바로 주희와 채침이다.

특히 채침은 『주역』의 '상'과 "홍범"의 '수'를 비교하는 방식에서 벗어나 리와 수의 본질 문제로 환원시키고, 사회의 윤리 규범도 수의 법칙을 통해 밝힐 수 있다고 주장하였다. 수는 '리'에서부터 비롯되고, 리는 수로 인해 밝혀진다고 확신했기 때문이다. 리와 수는 존재와 인식, 본질과 형식 등을 비롯하여 인문학 영역으로 설명하는 개념으로 확대되었다. 특히 그것은 하도와 낙서를 '천원지방天圓地方'과 본체와 작용 관계로 확정짓는 사유의 기반이 되었다.

채침은 홍범구주에 숨겨진 1 - 3 - 9 - 81의 수열을 중시여기고, 그것은 낙서의 핵심이라고 보았다. 그는 이러한 패턴이 세계와 역사와 문명의 향방을 결정짓는 수의 법칙이라고 인식했다. 1이 시공과 생명이 깃들어 있는 곳이라면, 3은 만물이 최초로 움트는 곳이다. 3이 만물 생성의 시초라면, 9는 만물이 매듭짓는 곳이다. 9가 만물이 번성하는 곳이라면, 81은 만물이 성숙되는 곳이다. 81이 만물의 작은 완성이라면, 6,561은 만물이 크게 완성되는 마디를 상징한다. 이처럼 채침이 구상한 우주 수학은 1-3-9-81의 수론이 밑받침되어 있다. 낙서 9수가 만물의 수학적 유전자 정보로 작동하는 것처럼, 홍범구주는 9수를 바탕으로 정치와 문화를 비롯한 사회 전반의 문제를 총괄했던 것이다.

주지하다시피 홍범은 고대 문명의 정치와 사상에 기반한 왕권과 통치술의 경험과 교훈, 자연의 징조에 대한 인간의 대응과 마음닦기,

행복은 무엇인가에 대한 기자의 진술을 주나라 사관이 기록한 문건이다.

낙서에 기반한 홍범사상은 기자가 무왕에게 베푼 정치철학 위주로 자리매김하였다. 하지만 홍범이 우임금에서 발단된 것이라는 주장은 최근에 이르러 흔들리기 시작했다. 그것은 중국이 인류 4대 문명의 하나라고 자랑하는 황하문명보다 훨씬 앞선 시기에 성립되었다가 사라진 홍산문화紅山文化 유적이 동북아에서 발굴되었기 때문이다. 20세기 고고학의 성과 가운데 가장 주목받는 발굴은 홍산문화다. 홍산문화 유적은 현 인류 문명의 근원이 되는 '뿌리 문화', '시원 문화'의 모습을 보여준다. 홍산문화의 출현은 세계 문명사를 다시 쓰게 하는 엄청난 사건이었다.

이것을 통해 고대 동북아 역사와 사상의 뿌리가 왜곡되어 전해진 사건들이 수두룩하다는 것을 쉽게 짐작할 수 있다. 그 중에서도 단군조선을 비롯한 기자와 홍범의 유래 문제 등이 가장 뒤틀려 있다. 그런데『서경』의 기록을 뛰어넘는『환단고기桓檀古記』의 출현으로 말미암아 동북아 역사의 진실을 밝힐 수 있는 신기원이 마련되었다. 이 책은 중국 고대의 문헌에는 나오지 않는 사건이 수록되어 있는 까닭에 한민족의 뿌리 역사를 알 수 있는 소중한 역사서라고 할 수 있다.

『환단고기』를 통해 오행치수법은 이웃나라 중국의 우禹에게서 비롯된 것이 아니라, 단군왕검에 있다는 것이 밝혀져 고대 역사의 진실을 복원할 수 있는 길이 열렸다. 그리고 치수 사업의 영웅으로 추앙받았던 우의 리더쉽의 원천은 금간옥첩에서 나왔으며, 그것은 단군왕검이 내려준 은공에서 비롯되었다는 것을 확인할 수 있다. 금간옥첩에 씌여진 오행치수법의 내용이 바로 홍범구주라는 것이다. 이러한 단군조선의 은덕을 잊지 못한 우는 죽음을 앞두고 금간옥첩을 받은 도산 塗山(지금의 절강성 회계산)에 자신을 묻어 달라고 유언을 남겼을 정도로 홍범의 유래는 깊고도 깊었다.

동북 아시아 문명의 뿌리인 환국-배달-단군조선에서 꽃핀 문화의 실체는 무엇인가? 그것은 "천부경天符經"에서 그 실마리를 찾을 수 있을 것이다. 수의 원리로 우주론의 핵심을 밝힌 천부경은 81자로 구성되어 있는데, 그 중에서 무려 31자가 수數이다. 천부경은 9×9=81이라는 수의 방정식을 통해 만물의 생성 과정과 상호 관계를 밝히고 있다. 한마디로 천부경은 하도와 낙서의 이치[一積十鉅일적십거]를 담고 있는 까닭에 만물의 생성 패턴과 그 목적을 밝힐 수 있는 장점이 있다.

지금까지 홍범구주에 나타난 사유 체계를 살펴보았다. 홍범사상은 천도에 순응하여 인도를 정립함으로써 인류를 떳떳한 인륜의 세계로 이끄는 도덕적 교화 원리라 하겠다. 그리고 낙서에 근거한 홍범구주는 인문 수학의 방법으로 새롭게 조명해야 외연과 내포가 넓어질 수 있다는 것을 확인하였다. 이러한 문제가 뒷받침되어야 홍범사상에 대한 이해가 더욱 심화될 수 있으리라 기대한다.

참고문헌

경전

- 書經
- 詩經
- 周易
- 正易
- 禮記
- 論語
- 孟子
- 中庸
- 大學
- 春秋左傳

원전

- 呂氏春秋
- 春秋繁露
- 淮南子
- 史記
- 漢書
- 後漢書
- 洪範口義
- 周易口義
- 太極圖說
- 尙書全解
- 皇極經世書
- 伊川擊壤集
- 二程全書
- 朱子大全
- 朱子語類
- 周易本義
- 朱子文集
- 易學啓蒙
- 陸象山全集
- 律呂新書
- 書集傳
- 洪範皇極內篇
- 性理大全
- 宋史
- 尙書全解
- 入學圖說
- 洪範正論
- 洪範衍義
- 尙書精義
- 毛詩正義
- 高峯集
- 桓檀古記

외국 문헌

• 顧兆駿, 『儒家倫理思想』, 臺北: 正中書局, 1981

• 高懷民, 『先秦易學史』, 臺北: 商務印書館, 1978

• 屈萬里, 『尙書釋義』, 臺北: 中國文化學院出版部, 1980

• 董作賓, 『董作賓學術論著』, 臺北: 世界書局, 1968

• 董作賓, 「堯典天文曆法新證」『董作賓學術論著』卷下, 臺北: 世界書局, 1979

• 杜而未, 『易經陰陽宗敎』, 臺北: 學生書局, 1982

• 杜而未, 『易經原義의 發明』, 臺北: 學生書局, 1983

• 牟宗三, 『中國哲學的 特質』, 臺北: 學生書局, 1982

• 方東美, 『原始儒家道家哲學』, 臺北: 黎明文化事業公司, 1984

• 方東美, 『中國哲學精神及其發展』, 臺北: 中華書局, 2012

• 白川靜 著/溫天河 譯, 『甲骨文的世界』, 臺北: 巨流圖書公司, 1977

• 范壽康, 『朱子及其哲學』, 臺北: 開明書店, 1976

• 徐復觀, 『中國人性論史(先秦編)』, 臺北: 商務印書館, 1984

• 梁啓超, 『先秦政治思想史』, 臺北: 中華書局, 1980

• 王暉, 『商周文化比較硏究』, 北京: 人民出版社, 2001

• 李振興, 『尙書流衍及大義探討』, 臺北: 文史哲出版社, 1982

• 李漢三, 『先秦兩漢之陰陽五行學說』, 臺北: 維新書局, 1981

• 將秋華, 『宋人洪範學』, 臺北: 臺灣大出版委員會, 1986

• 朱伯崑, 『易學哲學史(中)』, 北京: 北京大學出版社, 1988

• 周予同, 『朱熹與中國文化』, 臺北: 學林出版社, 1989

국내 문헌

• 구만옥, 『조선후기 과학사상사 연구(1)』, 혜안, 2004

• 김선주, 『홍산문화- 한민족의 뿌리와 상제문화』, 상생출판, 2011

• 김성환, 『우주의 정오- 署宇 전병훈과 만나는 철학 그리고 문명의 시간』, 소나무, 2016

• 김용규, 『서양문명을 읽는 코드, 신』, 휴머니스트, 2010

- 김용규, 『생각의 시대』, 살림, 2016
- 김용규, 『철학카페에서 작가를 만나다- 시간 언어편』, 웅진지식하우스, 2016
- 김용운, 『동양의 과학과 사상』, 일지사, 1984
- 류승국, 『동양철학연구』, 근역서재, 1983
- 리지린, 『고조선 연구』, 열사람, 1963
- 마리오 비비오 지음/김정은 옮김, 『신은 수학자인가』, 열린 과학, 2009
- 마이클 슈나이더 지음/이충호 옮김, 『자연, 예술, 과학의 수학적 원형』, 경문사, 2002
- 박종홍, 『박종홍전집(Ⅲ)』, 형설출판사, 1980
- 방동미 지음/남상호 옮김, 『원시 유가 도가 철학』, 서광사, 1999
- 배종호, 『한국유학사』, 연세대출판부, 1981
- 복기대, 『홍산문화의 이해』, 우리역사연구재단, 2019
- 세실 발몬드 지음/오혜정 옮김, 『넘버 나인』, 이지북, 2010
- 숀 캐럴 지음/김영태 옮김, 『현대물리학- 시간과 우주의 비밀에 답하다』, 다른 세상, 2012
- 안경전, 『증산도의 진리』, 상생출판, 2014
- 안경전 譯註, 『桓檀古記』, 2016, 상생출판
- 앤서니 애브니 지음/최광열 옮김, 『시간의 문화사』, 북로드, 2007
- 梁啓超·馮友蘭 外/김홍경 편역, 『음양오행설의 연구』, 신지서원, 1993
- 양대연, 『유학개론』, 신아사, 1962
- 엔드류 하지스 지음/유세진 옮김, 『1에서 9까지』, 21세기북스, 2010
- 余英時 지음/이원석 옮김, 『주희의 역사세계(하)』, 글항아리, 2015
- 외르크 뤼프케 지음/김용현 옮김, 『시간과 권력의 역사』, 알마, 2012
- 우실하, 『고조선 문명의 기원과 요하문명』, 지식산업사, 2018
- 유명종, 『송명철학』, 형설출판사, 1982
- 유엠 부찐 저/국사편찬위원회 역, 『고조선』, 국사편찬위원회, 1976
- 이광연, 『수학, 인문으로 수를 읽다』, 한국문학사, 2014

- 이언 스튜어트 지음/안지민 옮김,『생명의 수학- 21세기 수학과 생물학의 혁명』, 사이언스북스, 2015
- 이형구·이기환,『코리안 루트를 찾아서』, 성안당, 2014
- 張志淵 著/유정동 譯,『조선유교연원』, 삼성문화문고, 1975
- 젊은 역사학자 모임,『한국고대사와 사이비역사학』, 역사비평사, 2018
- 조셉 니담 저/李錫浩·李鐵柱·林禎埀 옮김,『중국의 과학과 문명(Ⅱ)』, 을유문화사, 1986
- _____,『중국의 과학과 문명(Ⅲ)』, 을유문화사, 1988
- 탁양현,『서경 홍범구주의 정치철학』, 퍼플, 2017
- 馮友蘭 저. Derk Bodde 譯,『A short history of Chinese Philosophy』, Macmillan Publishing, 1948
- 戶川芳郎·蜂屋邦夫·溝口雄三 지음 /조성을·이동철 옮김,『유교사』, 이론과 실천사, 1990

논문류
- 戴君仁,「陰陽五行學說究源」『中國哲學思想論集(總論篇)』, 臺北: 牧童出版社, 1977
- 李秀美,「董氏天人合一思想」『傳習錄』, 臺北: 東吳大學哲學系, 1981
- 張 華,「洪範與先秦思想」, 吉林大學, 博士論文, 2011
- 丁四新,「再論"尙書"洪範的政治哲學- 以五行疇和皇極疇爲中心」『中山大學學報 第2期』, 2017
- 馮立輝,「周易周期律和洪範五行思想」『周易始義』, 河北: 九州出版社, 2015
- 김남중,「箕子 전승의 형성과 단군신화에의 편입 과정」『한국사학보 65호』, 고려사학회, 2016
- 김연재,「"홍범황극내편"에 나타난 蔡沈의 數本論과 그 세계관」『유교사상연구』 24집, 2010

- 김충열, 「동양 인성론 서설」『동양철학의 본체론과 인성론』, 연세대출판부, 1982
- 남명진, 「홍범사상연구」『충남대 인문과학 논문집(3권1호)』, 1976
- 송인창, 「유가사상에 있어서의 천명의 자각과 인간존재」『동서철학연구(창간호)』, 1984
- 신동호, 「선진유학에 있어서의 인본사상의 전개」『새마음논총(창간호)』, 1977
- 신철우, 「음양오행설의 현대적 해석」『철학연구(32집)』, 1981
- 양재학, 「"서경" 홍범사상의 고찰」, 충남대 석사논문, 1987
- ＿＿＿, 『朱子의 易學思想에 관한 硏究- 河洛象數論을 중심으로』, 충남대 박사논문, 1992
- 오강원, 「중국 중고교 역사 교과서의 고조선 서술 분석과 비판」『중국 역사 교과서의 한국고대사 서술문제』, 동북아역사재단, 2006
- 오현수, 「기자 전승의 확대 과정과 그 역사적 맥락」『대동문화연구 79호』, 대동문화연구원, 2012
- 유남상·신동호, 「주체적 민족사관의 체계화를 위한 한국역학적 연구」『충남대 인문과학 논문집(13집 1호)』, 1974
- 유남상, 「正易의 圖書象數原理에 관한 硏究』『충남대 인문과학 논문집(7권2호)』, 1981
- ＿＿＿, 「金恒의 正易思想」『韓國近代宗敎思想史』, 원광대출판부, 1984
- 정인재, 「淸代實學의 本體論」『동양철학의 본체론과 인성론』, 연세대출판부, 1982
- 조원진, 「기자조선 연구의 성과와 과제」『단군학연구 20』, 단군학회, 2009
- 조희영, 「수학적 인문학 관점으로 본 蔡沈의 象數思想」『대동문화연구』 96집, 2016
- 하기락, 「主理論의 전망」『철학연구(32집)』, 한국철학연구회, 1981

찾아보기

ㅍ

ㅎ

洪範九疇 (홍범구주)

惟十有三祀에 王이 訪于箕子하니라 王이 乃言曰 嗚呼라 箕子아 惟天陰騭下民하사 相協厥居하시니 我는 不知其彝倫攸敍라하노라 箕子乃言曰 我聞호니 在昔鯀이 陻洪水야하 汨陳其五行한대 帝乃震怒사하 不畀洪範九疇하시니 彝倫攸斁라 鯀則殛死늘 禹乃嗣 興하신대 天乃錫禹洪範九疇니하시 彝倫攸敍라니

初一은 曰五行오이 次二는 曰敬用五事오 次三은 曰農用八政이오 次四는 曰協用五紀요 次五는 曰建用皇極이오 次六은 曰乂(義)用三德이오 次七은 曰明用稽疑요 次八은 曰念用庶徵이오 次九는 曰嚮用五福이오 威用六極이니라

一五行은 一曰水요 二曰火요 三曰木이오 四曰金이오 五曰土라니 水曰潤下는 火日炎上이오 木日曲直이오 金日從革이오 土爰稼穡이라니 潤下는 作鹹하고 炎上은 作苦

能使有好于而家ᄒᆞ면 時人이 斯其辜라 于其無好德에 汝雖錫之福이라도 其作汝用

咎ㅣ라 無偏無陂ᄒᆞ야 遵王之義ᄒᆞ며 無有作好ᄒᆞ야 遵王之道ᄒᆞ며 毋有作惡ᄒᆞ야 遵王之路ᄒᆞ라

無偏無黨ᄒᆞ면 王道蕩蕩ᄒᆞ며 無黨無偏ᄒᆞ면 王道平平ᄒᆞ며 無反無側ᄒᆞ면 王道正直ᄒᆞ리니 會

其有極ᄒᆞ야 歸其有極ᄒᆞ리라 曰皇極之敷言이 是彛是訓이니 于帝其訓이시니라 凡厥庶民이

極之敷言을 是訓是行ᄒᆞ면 以近天子之光ᄒᆞ야 曰天子作民父母ᄒᆞ사 以爲天下王이라ᄒᆞ리라

六三德은 一曰正直이오 二曰剛克이오 三曰柔克이니 平康은 正直이오 彊弗友란 剛克ᄒᆞ고

燮友란 柔克ᄒᆞ며 沈漸이란 剛克ᄒᆞ고 高明이란 柔克이니 惟辟이 作福ᄒᆞ며 惟辟이 作威ᄒᆞ며 惟辟이

玉食이니ᄒᆞ나 臣無有作福作威玉食이라니 臣之有作福作威玉食ᄒᆞ면 其害于而家ᄒᆞ며 凶

于而國ᄒᆞ야 人用側頗僻ᄒᆞ며 民用僭忒ᄒᆞ리라 七稽疑는 擇建立卜筮人사ᄒᆞ고 乃命卜筮라니

曰雨와 曰霽와 曰蒙과 曰驛과 曰克이며 曰貞과 曰悔라니 凡七은 卜五요 占用二니 衍忒

曲直(곡직)은 作酸(작산)이고하 從革(종혁)은 作辛(작신)이고하 稼穡(가색)은 作甘(작감)이라니 二五事(이오사)는 一曰貌(일왈모)요 二曰言(이왈언)이오

三曰視(삼왈시)요 四曰聽(사왈청)이오이 五曰思(오왈사)라니 貌曰恭(모왈공)이오이 言曰從(언왈종)이오이 視曰明(시왈명)이오이 聽曰聰(청왈총)이오이 思曰睿(사왈예)라니

恭(공)은 作肅(작숙)이며하 從(종)은 作乂(작예)며하 明(명)은 作哲(작철)이며하 聰(총)은 作謀(작모)며하 睿(예)는 作聖(작성)이라니 三八政(삼팔정)은 一曰食(일왈식)이오이

二曰貨(이왈화)요 三曰祀(삼왈사)요 四曰司空(사왈사공)이오이 五曰司徒(오왈사도)요 六曰司寇(육왈사구)요 七曰賓(칠왈빈)이오이 八曰師(팔왈사)라니

四五紀(사오기)는 一曰歲(일왈세)요 二曰月(이왈월)이오이 三曰日(삼왈일)이오이 四曰星辰(사왈성신)이오이 五曰曆數(오왈역수)라니 五皇極(오황극)은 皇(황)이

建其有極(건기유극)이니이 斂時五福(염시오복)야하 用傅錫厥庶民(용부석궐서민)이면하 惟時厥庶民(유시궐서민)이 于汝極(우여극)에 錫汝保極(석여보극)

凡厥庶民(범궐서민)이 無有淫朋(무유음붕)이며하 人無有比德(인무유비덕)은 惟皇(유황)이 作極(작극)이니라 凡厥庶民(범궐서민)이 有猷有(유유유)

爲有守(위유수)를 汝則念之(여즉염지)며하 不協于極(불협우극)이라 不罹于咎(불리우구)든어 皇則受之(황즉수지)라하 而康而色(이강이색)야하 曰予(왈여)

攸好德(유호덕)커이라 汝則錫之福(여즉석지복)이면하 時人(시인)이 斯其惟皇之極(사기유황지극)이라하리 無虐煢獨(무학경독)이고하 而畏高明(이외고명)이라하

人之有能有爲(인지유능유위)를 使羞其行(사수기행)이면하 而邦(이방)이 其昌(기창)이라하리 凡厥正人(범궐정인)은 旣富(기부)사오 方穀(방곡)이니이 汝不(여불)

228

恒寒이 若하며 曰蒙에 恒風이 若라이니 曰王省은 惟歲오 卿士는 惟月이오 師尹은 惟日이니

歲月日에 時無易면하 百穀用成하며 乂用明하며 俊民이 用章하며 家用平康하리라 日月歲에

時旣易면하 百穀用不成하며 乂用昏不明하며 俊民이 用微하며 家用不寧하리라 庶民은 惟星이니

星有好風하며 星有好雨하나니 日月之行은 則有冬有夏하니 月之從星으로 則以風雨하나니라

九五福은 一曰壽요 二曰富요 三曰康寧이오 四曰攸好德이오 五曰考終命이니 六極은

一曰凶短折이오 二曰疾이오 三曰憂요 四曰貧이오 五曰惡이오 六曰弱이라이니

洪範九疇

立時人(입시인)야하 作卜筮(작복서) 三人(삼인)이 占(점)이어든 則從二人之言(즉종이인지언)이니 汝則有大疑(여즉유대의)든 謀及乃(모급내)

心(심)이 謀及卿士(모급경사)하며 謀及庶人(모급서인)하며 謀及卜筮(모급복서)라하 汝則從(여즉종)하며 龜從(귀종)하며 筮從(서종)하며 卿士從(경사종)하며 庶

民(민)이 從(종)면이 是之謂大同(시지위대동)이니 身其康彊(신기강강)하며 而子孫(이자손)이 其逢吉(기봉길)라하리 汝則從(여즉종)하며 龜從(귀종)하며 筮從(서종)

卿士(경사)오이 逆(역)하며 庶民(서민)이 從(종)하며 龜從(귀종)하며 筮從(서종)오이 汝則逆(여즉역)도하야 吉(길)라하리 卿士從(경사종)하며 龜從(귀종)하며 筮逆(서역)하며 庶民(서민)이 逆(역)도하야 吉(길)

庶民(서민)이 從(종)하며 龜從(귀종)하며 筮從(서종)오이 汝則逆(여즉역)하며 卿士逆(경사역)도하야 吉(길)라하리 汝則從(여즉종)하며 龜從(귀종)하며 筮逆(서역)하며 卿士逆(경사역)도하야

卿士逆(경사역)하며 庶民(서민)이 逆(역)면하 作內(작내)는 吉(길)고하 作外(작외)는 凶(흉)라하리 龜筮共違于人(귀서공위우인)면하 用靜(용정)은 吉(길)고하 用

作(작)은 凶(흉)라하리 八庶徵(팔서징)은 曰雨(왈우)와 曰暘(왈양)과 曰燠(왈욱)과 曰寒(왈한)과 曰風(왈풍)과 曰時(왈시)니 五者來備(오자내비)대호 各(각)

以其敍(이기서)면하 庶草(서초)도 蕃廡(번무)라하리 一(일)이 極備(극비)야도 凶(흉)며하 一(일)이 極無(극무)야도 凶(흉)라하리 曰休徵(왈휴징)은 曰肅(왈숙)에

時雨若(시우약)며하 曰乂(왈예)에 時暘(시양)이 若(약)며하 曰哲(왈철)에 時燠(시욱)이 若(약)며하 曰謀(왈모)에 時寒(시한)이 若(약)며하 曰聖(왈성)에 時風(시풍)이

若(약)라이니 曰咎徵(왈구징)은 曰狂(왈광)에 恒雨若(항우약)며하 曰僭(왈참)에 恒暘(항양)이 若(약)며하 曰豫(왈예)에 恒燠(항욱)이 若(약)며하 曰急(왈급)에